beck'sche reihe

bsr

Dem Apostel Paulus erschien vor Damaskus der auferstandene Christus, zu Augustinus sprach eine Kinderstimme «Nimm und lies!», Luther hatte sein «Turmerlebnis», Pascal nähte die Erinnerung an eine Vision in seinen Mantel, und Martin Luther King hatte einen Traum von Freiheit und Gleichheit. Ob mystische Vision oder plötzliche Einsicht: Von den religiösen Schlüsselerlebnissen aus können Leben und Werk großer Theologinnen und Theologen auf einprägsame Weise erschlossen werden. Insgesamt ergeben die 28 Einzelporträts eine kurzweilige Einführung in die Grundgedanken der christlichen Theologie.

Alf Christophersen ist Privatdozent an der Evangelisch-Theologischen Fakultät der Universität München. Für sein Buch «Kairos» wurde er mit dem Max Weber-Preis der Bayerischen Akademie der Wissenschaften ausgezeichnet.

Alf Christophersen

Sternstunden der Theologie

Schlüsselerlebnisse christlicher Denker von Paulus bis heute

Verlag C.H.Beck

Originalausgabe

Satz, Druck und Bindung: Druckerei C.H.Beck, Nördlingen
Umschlaggestaltung: malsyteufel, Willich
Umschlagbild: Michelangelo, Die Schöpfung des Menschen, Sixtinische Kapelle, Rom (Detail)
Printed in Germany
ISBN 978 3 406 61377 7

www.beck.de

Inhalt

Vorwort

Sternstunden sind unverfügbar, nicht zu berechnen und immer erst in der Rückschau als solche zu erkennen. Sie sind aber auch Verdichtungsphänomene: Ereignis- und Problemgeschichte, die Fragen, Hoffnungen und Ängste einer Generation oder einer ganzen Epoche verschmelzen in einem Werk oder einer Biographie. So verstanden bietet gerade auch die Vergegenwärtigung großer Gestalten der Theologiegeschichte weitaus mehr als nur den etwas musealen Charme einer glanzvollen Ahnengalerie. Denn jeder dieser Lebensläufe, jedes Jahrhundertwerk eröffnet auf je eigene Art und Weise einen ganz überraschenden Zugang zu den zentralen Fragen nach dem Sinn menschlichen Seins oder der Möglichkeit einer Existenz Gottes. Im Kontext ihrer jeweiligen Epoche und beeinflusst von vielerlei politischen, kirchlichen und wissenschaftlichen Prägungen haben vom Apostel Paulus bis hin zu Dorothee Sölle und Papst Johannes Paul II. Gottsucher, Gottesdenker individuell Antworten auf diese Fragen zu geben versucht. Wer sich mit ihnen beschäftigt, kann erstaunlich viel über die Tiefen eigener Existenz erfahren und für sich selbst neue Weltwahrnehmungspotentiale erschließen.

In 28 Einzelporträts gibt dieses Buch Einblick in besondere Biographien und Werke, indem entscheidende Gedanken, «Entdeckungen» oder Einsichten beleuchtet werden, die gerade diese eine theologisch argumentierende Stimme aus dem gelehrten Hintergrundrauschen ihrer Zeit herausheben. Stets schwingt daneben jedoch eine mahnende Beobachtung mit: Schlüsselerlebnisse haben viele, aber nicht jeder versteht es, daraus auch eine Sternstunde zu formen. Sternstunden sind außergewöhnliche Momente, aber oft ist das schicksalhafte Ereignis eines Augenblicks weniger faszinierend als die Leistung des Autors, eine bestimmte Konstellation mit dem Nimbus einer Sternstunde zu versehen, die vom Publikum gefeiert wird. Auch um solche Sternstunden wird es im Folgenden gehen.

Das Buch soll sich auf (mindestens) doppelte Weise lesen lassen: zum einen als biographische Präsentation, die auf knappem Raum Grundwissen in pointiert-essayistischer Form vermittelt, zum anderen als komprimierte Problemgeschichte der Theologie, denn bei jeder ausgewählten Gestalt treten ganz eigene, unverwechselbare Grundfragen hervor. In der Summe ergibt sich so eine Einführung in die Kernmotive der Theologie – von der Rechtfertigungslehre bis hin zum römisch-katholischen Amtsverständnis.

1. **Paulus:** Das Damaskuserlebnis

Saulus Paulus, der den Konventionen der Zeit entsprechend einen Doppelnamen trug, wurde um das Jahr 1 – wann genau ist nicht überliefert – in der heute verlandeten, zur Türkei gehörenden Hafenstadt Tarsus am Mittelmeer geboren. Er kam aus einer jüdischen Familie, die auf den Stamm Benjamin zurückging, und besaß wohl das Bürgerrecht von Rom, vermutlich auch das von Tarsus. Paulus, dessen Muttersprache Griechisch war, wurde zum Zeltmacher ausgebildet und hatte damit einen Beruf, der ihn finanziell absicherte und es ihm auch ermöglichte, an verschiedenen Orten zu arbeiten. Er blieb unverheiratet, und nachdem er sich der jüdischen Strömung der Pharisäer angeschlossen hatte, studierte er in Jerusalem die theologischen Lehrtraditionen. Mit großem Ehrgeiz verfolgte Paulus die ersten Christen und versuchte, Gemeindebildungen zu verhindern.

Dann ereignete sich etwas, das auf ihn wie eine zweite Geburt wirkte: Im Jahr 32 oder 33 – die Kreuzigung Jesu lag etwa drei Jahre zurück – war Paulus auf dem Weg nach Damaskus, um gefangene Christen von dort nach Jerusalem zu führen. In der Nähe der Stadt, so hat es der Evangelist Lukas später in der Apostelgeschichte (Kap. 9; vgl. 22) festgehalten, umleuchtet ihn um die Mittagszeit plötzlich ein vom Himmel ausgehendes Licht. Er fällt auf die Erde und hört eine Stimme sagen: «Saul, Saul, was verfolgst du mich?» Es ist Jesus selbst, der sich als Sprechender zu erkennen gibt. Paulus solle nach Damaskus gehen. Weitere Anweisungen werde er bekommen. Die Gefährten, die ihn begleiten, müssen Paulus führen, da er, geblendet von dem Licht, drei Tage lang nichts mehr sehen kann. Schließlich schickt Jesus einen Mann namens Hananias als Boten zu dem Geblendeten, von dem dieser erfährt, dass er mit dem Heiligen Geist erfüllt werde: «Und sogleich fiel es von seinen Augen wie Schuppen, und er wurde wieder sehend; und er stand auf, ließ sich taufen und nahm Speise zu sich und stärkte sich» (Apostelgeschichte 9,18–19). Es ist der Beginn eines neuen Lebens, der hier eindrücklich beschrieben wird. Das Damaskuserlebnis des Paulus gehört seitdem zum festen Repertoire der biographischen und theologischen Annäherung an den Apostel. In der Kunstgeschichte wurde es oft in Szene gesetzt. Berühmt sind die Darstellungen von Caravaggio und Pieter Bruegel dem Älteren.

In dem Bewusstsein, ein Werkzeug des göttlichen Heilsplans zu sein, zog Paulus nun alle Register seines Könnens. Mit großer Ausdrucksstärke und Überzeugungskraft erfüllte er den Auftrag, Jesus, den Heilsbringer und Sohn Gottes, zu verkündigen. Juden und Heiden zu Buße, Bekehrung und gerechtem Handeln zu ermahnen, wurde zu seiner Passion. Seinen Anspruch, ein rechtmäßiger Apostel zu sein, obwohl er – das hielten ihm seine Gegner vor – nicht zu Lebzeiten Jesu von diesem auserwählt wurde, verteidigte er unter Berufung auf das Damaskuserlebnis. Mit Nachdruck verwies er auf seine gnadenhafte Erwählung durch Gott und die Begegnung mit dem Auferstandenen (1. Korinther 15,1–11). Als eigentlichen Zweck seiner Berufung betrachtete Paulus die Missionierung der Heiden. Seine entscheidende theologische Erkenntnis, die auf das Damaskuserlebnis zurückgeht, sieht er in der Abkehr vom jüdischen Gesetzesverständnis und in der Zuwendung zur Rechtfertigung allein aus Glauben (s. Römer 3,21–31).

Die Bekehrung war für Paulus eine Initialzündung, durch die er zum «ersten Christen» (Friedrich Nietzsche) und zum ersten Theologen wurde, der kritisch über sein Christsein nachdachte. Von Damaskus aus machte er sich auf den Weg, um den Glauben an Jesus Christus zu verbreiten. Bis zum Jahr 50 wirkte Paulus in Jerusalem, Tarsus und Antiochien, auf Zypern und in Kleinasien, dann reiste er mehrfach in das griechische Korinth. Nachdem er zu Pfingsten 57 von den Römern verhaftet und in Caesarea an der Mittelmeerküste gefangen gesetzt worden war, brachte man ihn im Jahr 59 nach Rom, wo er zwischen 60 und 62 – wahrscheinlich durch Enthauptung – hingerichtet und so zum Märtyrer wurde.

Paulus entfaltete seine Theologie, indem er auf konkrete Anfragen der Gemeinden in seinen Briefen ausführlich antwortete. Sieben Briefe, die im Neuen Testament überliefert sind, stammen mit Sicherheit von ihm: der 1. Thessalonicherbrief, der 1. und 2. Korintherbrief, der Brief an die Philipper, der Brief an Philemon sowie der Römer- und der Galaterbrief. Sechs weitere gehen wahrscheinlich nicht auf Paulus selbst zurück und werden daher «Deuteropaulinen» und «Pastoralbriefe» genannt: der Epheserbrief, der Kolosserbrief, der 2. Thessalonicherbrief, der 1. und 2. Brief an Timotheus sowie der Brief an Titus. Im Falle des Kolosserbriefes sind sich die Theologen nicht einig, ob er nicht doch von Paulus selbst verfasst wurde.

Angesichts einer derart vielschichtigen Überlieferungslage lässt sich die Theologie des Paulus nur schwer bündeln. Sie steht nicht wie ein monolithischer Block fest, sondern durchläuft voller Dynamik eine Entwicklung. In den jeweiligen Briefen stehen unterschiedliche Themen und Botschaften im Vordergrund. Die beste Zusammenfassung der paulinischen Lehre bietet der Brief an die Römer aus dem Jahr 56. Neben dem Bezug auf die Gerechtigkeit Gottes spielen hier Schlüsselbegriffe wie Gesetz, Evangelium, Sünde, Sühne, Versöhnung, Erwählung, Gnade, Erlösung und Liebe eine tragende Rolle. In der sich an Paulus anschließenden Entwicklung christlicher Theologiemodelle und dogmatischer Systeme wird oft versucht, den einen oder anderen dieser Begriffe zum Mittelpunkt eines Gesamtkonzepts zu machen. Dies führt leicht zu Verzeichnungen ursprünglicher Aussageintentionen, die dann mehr über den theologischen Standort des Interpreten als über die Einsichten des Apostels Paulus verraten. Entscheidend ist, dass es eine vermeintlich objektive Annäherung an den Quellenbestand, *die* authentische Auslegung nicht geben kann. Es sind immer unterschiedliche Deutungen und Perspektiven, die gegeneinander abzuwägen sind. Bleibend faszinierend ist gerade auch der dialogische Grundzug der paulinischen Theologie, der durch die Jahrhunderte ein fortwährendes Gespräch mit dem Apostel ermöglicht.

Paulus bestimmt den Menschen als ein von Gott geschaffenes Wesen, das von seinem Schöpfer bejaht und gestützt wird. Allerdings steht das gesamte menschliche Sein unter dem Zeichen der Sünde, die sich als Widerstand gegen den Willen Gottes, seine Gebote und Gesetze, ausdrückt. Durch den sühnenden Kreuzestod Jesu Christi aber ist der Mensch ein für alle Mal von der Sünde erlöst worden, sind Gott und Mensch miteinander versöhnt. Durch Christus ist der Mensch zu einem neuen Sein bestimmt, so dass er zwar als Sünder in einer durch und durch sündigen Welt existiert, gleichzeitig aber bereits erlöst ist – ein Zusammenhang, dessen endzeitliche Vollendung er hoffend und glaubend vorwegnehmen kann. Die Ausrichtung des Menschen auf das Ende der Welt wird auf diese Weise zu seiner Bestimmung.

Paulus vertritt eine dezidiert eschatologische Theologie. Die Eschatologie, die «Lehre von den letzten Dingen», ist zwar kein spezifisch christliches Phänomen, spielt jedoch im Christentum eine besondere Rolle. Unter wesentlichem Rückgriff auf alttestamentliche und frühjüdische Elemente, etwa aus der Tradition von Weisheit und Prophetie, entwickelt das Neue Testament eine eschatologische Vorstellung, die sich auf ein spannungsreiches Grundmodell reduzieren lässt: Den Ausgangspunkt bildet die Rede vom Reich Gottes, das mit dem messianischen

Wirken Jesu Christi schon begonnen hat und von dem er verheißt, dass es sich bei seiner Wiederkunft, der sogenannten Parusie, endgültig durchsetzen wird. Christen erwarten, dass Jesus am «Ende der Welt» wiederkommt, die Toten auferweckt und Gericht über alle Menschen hält.

Zwei Richtungen lassen sich dabei voneinander unterscheiden: eine futurische Eschatologie, die das Weltende und das Jüngste Gericht in der Zukunft erwartet, und eine präsentische oder auch sich realisierende Eschatologie, die davon ausgeht, dass das Reich Gottes und das Gericht schon begonnen haben. Beide Formen vermischen sich oft mit unterschiedlichen Akzenten auf der Zukunft oder der Gegenwart. Auch die Apokalyptik ist als eine besondere Form der Eschatologie anzusehen.

Paulus verbindet die Apokalyptik mit der Eschatologie. Er greift apokalyptische Traditionselemente auf und interpretiert sie neu. So verkündet er einen zukünftigen Herrschaftswechsel hin zum Reich Gottes, der den Menschen von Grund auf verändern wird, sagt aber zugleich, dass der durch die Sünde bestimmte, aber im Glauben gerechtfertigte Mensch bereits jetzt schon im Geist Gottes lebt. Im 2. Korintherbrief (5,17) heißt es: «Ist jemand in Christus, so ist er eine neue Kreatur; das Alte ist vergangen, siehe, Neues ist geworden.» Das Wesen des Menschen findet somit seine Bestimmung in Jesus Christus, nach dessen Tod am Kreuz in dieser Welt nichts mehr so ist, wie es vorher war.

Die gesamte Menschheit steht den paulinischen Briefen zufolge unter dem Verhängnis der Sünde. Nur durch die Kraft des Evangeliums und den Glauben an die Gerechtigkeit Gottes können Sünde und Tod überwunden werden. Um das menschliche Wesen näher zu bestimmen, bedient sich Paulus einiger anthropologischer Grundbegriffe. So bezeichnet «Fleisch» (griech.: *sarx*) den Menschen als ganz und gar sündiges Individuum; auch «Leib» *(soma)* meint den sterblichen, der Sünde verfallenen Menschen. Die «Seele» *(psyche)* wird dem Leib zugeordnet. Der «Geist» *(pneuma)* bezeichnet dagegen die neue Existenz des Menschen, der durch den Geist Christi befreit wird. Der tiefste Sinn der Existenz liegt nicht in ihr selbst, sondern bei Gott. «Denn welche der Geist Gottes treibt, die sind Gottes Kinder» (Römer 8,14). Die Wahrheit des Geistes ist es, die den Menschen lebendig macht und vom Gesetz der Sünde und des Todes befreit (Römer 8,2). Der Geist der Wahrheit überführt ihn seiner Sündhaftigkeit und stellt den verdorbenen «Geist der Welt» (1. Korinther 2,12) bloß. Die Einsicht in seine Hinfälligkeit und Verlorenheit führt den Menschen aber gleichzeitig zu der Erkenntnis der Aufhebung der Sünde, der Aufhebung des aus ihr folgenden Todes durch den erlösenden und versöhnenden Kreuzestod Jesu Christi. Er ist Ausdruck der freisprechenden und Heil schaffenden Gerechtigkeit Gottes, die Freiheit und ein neues Leben gibt. Dies meinte Paulus, vor den Toren von Damaskus selbst erlebt zu haben, weshalb es seine gesamte Theologie leiten und formen sollte.

Im Neuen Testament ist Paulus freilich nicht die einzige Zentralgestalt. Er ist eingebunden in ein Konkurrenzverhältnis, zunächst zur Gestalt Jesus Christus und damit auch zu den ganz eigenen Traditionen der vier Evangelien, dann aber überdies zu den Aposteln Petrus oder Johannes. Die Kirchen-, Dogmen- und Theologiegeschichte hängt somit in ihrem konkreten Zuschnitt stets auch davon ab, welche Bezüge auf die zur Verfügung stehenden neutestamentlichen Referenzpersonen die größte Durchschlagskraft entfalten – harmonische Zeiten des Ausgleichs sind selten, und in der Regel lauern unter der scheinbar ruhigen Oberfläche nicht ausgetragene Konflikte oder es bahnen sich neue an, die nur darauf warten, ihre Virulenz unter Beweis zu stellen. Über die Frage, wer die Deutungshoheit über Person und Werk des Apostels Paulus besitzt, wird in der Geschichte des Christentums seit jeher gestritten, geht es hier doch um wesentliche Bestandteile der neutestamentlichen Theologie. Wer Paulus autoritativ deuten kann, bestimmt zugleich, was zum mehr oder weniger normativen Gehalt des Christentums gehört. Damit sind bis in die Gegenwart immer wieder kirchliche Machtansprüche verbunden – und dies stets in konfrontativer Spannung zwischen der Institution und dem Selbstbestimmungswillen des Einzelnen.

2. Marcion: Die Modernität der Häresie

Der Apostel Paulus hatte in Marcion einen leidenschaftlichen Anhänger, der alles unternahm, um die Überlegenheit einer Theologie zu demonstrieren, deren zentrale Botschaft die Überwindung des Gesetzes war. Marcion entwickelte sich im massiven Einsatz für dieses Ziel zu einem «Erzhäretiker», der die sich entfaltende Kirche in eine schwere Existenzkrise stürzte. Die Quellenbasis zu seiner Biographie ist schmal und von zahlreichen Versuchen geprägt, Marcion der herrschenden Kirchendoktrin gegenüber als subversiv zu präsentieren. Etwa im Jahr 85 in der Hafenstadt Sinope am Schwarzen Meer geboren, war er danach im Seehandel beschäftigt und besaß ein Schiff. Um Marcion zu diskreditieren, wurde ihm späterhin nachgesagt, er sei von seinem Vater exkommuniziert worden, da er eine Jungfrau verführt habe. Überliefert ist sein enger Kontakt zur christlichen Gemeinde in Rom, deren Mitglied er wurde und die er mit einem Geldbetrag in Höhe von 200 000 Sesterzen unterstützte, was bei aller Vorsicht ungefähr zwei Landgütern mittlerer Größe entsprach. Der griechische Kirchenvater Irenäus (um 135–202), der sich in seinem einflussreichen Werk *Adversus haereses* (Gegen die Häresien; Entlarvung und Widerlegung der fälschlich sogenannten Gnosis) entschieden mit den Gnostikern auseinandersetzte, geht von einem Kontakt Marcions zu dem

Gnostiker Kerdon aus, der aus Syrien stammte und nach Rom gelangt war. Diese Aussage des Irenäus war maßgeblich dafür verantwortlich, dass Marcion über Jahrhunderte hinweg unter «Gnosis» (Erkenntnis) subsumiert wurde.

Erst im 19. Jahrhundert setzte ein allmählicher Wandel ein, als das Phänomen der Gnosis immer differenzierter betrachtet wurde – ein Prozess, der auch im 21. Jahrhundert noch keineswegs abgeschlossen ist. Marcion wurde stärker als selbständiger Denker wahrgenommen, der zudem Elemente der zeitgenössischen Philosophie zu integrieren vermochte. Unterschiede zwischen ihm und der Gnosis, die vor allem im 2. und 3. Jahrhundert zum Sammelbecken verschiedenster religiöser Strömungen und zur Hauptgefahr für das Christentum wurde – gesprochen wird von der «Gnostischen Krise» –, bestehen beispielsweise in folgenden Zusammenhängen: Die Gnosis verfügt, anders als Marcion, über breit entfaltete Ursprungsmythen, wie den Gedanken eines Abfalls der «Seelenfunken» in das «Gefängnis» des menschlichen Körpers. Darüber hinaus ist der Schöpfer nicht als gerechter Gott gedacht, sondern zeigt sich als sündig. Andererseits spielt die Existenz zweier Götter, wie bei Marcion, eine zentrale Rolle. Gnostiker beabsichtigten eine aus verborgenen Traditionen schöpfende Lehre von der Erkenntnis zu gestalten, die es den Seelenfunken, durch Christus motiviert, ermöglichte, das Geheimnis des Aufstiegs zu Gott zu erfassen und diesen Weg auch zu gehen. Marcion seinerseits bezog sich entschieden auf eine bestimmte Textgruppe der heiligen Schriften und kannte keine Sonderoffenbarung (vgl. präzise Barbara Aland, Was ist Gnosis?, 2009, bes. 291–352).

Nachdem er sich mit der römischen Gemeinde überworfen hatte, trat er als Gründer einer eigenen Kirche in Erscheinung, die er als die allein wahre ansah und mit enormem missionarischem Ehrgeiz propagierte. Das Jahr 144 lässt sich – auch wenn dies eine Rekonstruktion auf unsicherer Quellenbasis ist

– als das entscheidende Datum angeben. Der Zulauf, den Marcion fand, war erheblich, so dass er seinen Einflussbereich nach West und Ost ausdehnen konnte. Im 4. Jahrhundert jedoch unterlagen die Marcioniten schließlich nach harten Auseinandersetzungen. Nur im syrischen Bereich existierten weiterhin Splittergruppen.

Worin bestand die Faszinationskraft, die von Marcions Theologie ausging? Es waren zwei Götter, von denen er sprach: Den einen erkannte er im Alten Testament. Dieser Gott war durch und durch gerecht, aber ohne Barmherzigkeit, voller Wankelmut und zorniger Energie. Er hatte als Demiurg (griech.: *demiourgos*, Handwerker) die Welt erschaffen. Dabei verwandte er die unvollkommene Materie, so dass das Ergebnis entsprechend mangelhaft ausfiel. Der Sündenfall des Menschen folgte der Logik des Systems. Er war nicht stark genug, um der Versuchung, wie Gott zu sein, zu widerstehen. Es traf ihn die ganze Härte des Gesetzes, für das der gerechte Gott unerbittlich und ohne Absicht, Ausnahmen zu gestatten, einstand. Ihm stellte Marcion den absolut guten Gott gegenüber, der dem gerechten überlegen war und der noch überhaupt nicht realisiert hatte, dass es neben ihm einen anderen gab. Dieser Gott ist Inbegriff von Liebe und Barmherzigkeit. Er will das Elend von Mensch und Kosmos nicht ertragen und offenbart sich deshalb, erstmalig und ausschließlich, in seinem Sohn Jesus Christus, den er mit einem klaren Auftrag schickt: Erlösung.

Marcion lässt nun eine Vorstellung zum Einsatz kommen, die in der Dogmen- und Theologiegeschichte unter dem Begriff «Doketismus» verhandelt wird: Christus ist nicht wirklich Mensch geworden – wie es die «Zwei-Naturen-Lehre» unter der Prämisse, er habe eine göttliche und eine menschliche Natur, postuliert –, sondern bediente sich der menschlichen Gestalt nur zum Schein. Daraus zog Marcion die Konsequenz, das alleinige Heil der Seele zu behaupten, so dass die Leiblichkeit des

Menschen zurücktrat. Für die Seele bewirkte Jesus aber viel, sorgte er doch dafür, dass das Gesetz seine Relevanz einbüßte. Dafür musste Christus allerdings sein Leben opfern – dies war die Leistung, die dem gerechten Gott zu erbringen war, damit er auf seine Ansprüche verzichtet.

Der lateinische Kirchenvater Tertullian (um 150–230) stellte sich im Rahmen der breiten Verteidigung des Christentums, der er sich verschrieben hatte, in einem eigenen Werk «Gegen Marcion» (*Adversus Marcionem*). Viele, sonst unbekannte Marcion-Details sind dieser fünfbändigen Schrift zu verdanken. Tertullian beherrschte den Stil der Polemik und brachte gegen Marcion und seine Anhänger nicht zuletzt den Einwand, den wahren Sinn der Inkarnation, der Menschwerdung Jesu, zu verkennen; denn nicht der ferne, teilnahmslose Gott, sondern der sich selbst erniedrigende, der leidende, bringe die Erlösung.

Christus, propagiert Marcion, kam zu den Menschen, ohne dass dies in irgendeiner Weise vorher erkannt werden konnte. Er erschien aus dem Nichts und stellte die Menschen vor die Alternative, weiterhin am Gesetz festzuhalten oder an seine Erlösungsbotschaft zu glauben. Diese Trennung bestimmt hinfort die Lage, und der gerechte Gott lässt es sich nicht nehmen, seinen Zorn an denen, die sich zu Christus hin von ihm abwenden, auszuleben. Erst im Eschaton, zu Beginn des Endes dieser Welt, wird die Macht des Demiurgen gebrochen, wobei er vom guten Gott die Funktion erhalten wird, über die Sünder zu richten. Um sich in dieser Welt aus der Einflusssphäre des gerechten Gottes zu befreien und den Glauben an Christus zu unterstreichen, verlangte Marcion von den Mitgliedern seiner Kirche scharfe Askese und Abkehr von der Welt. Damit konnte er seine Anhängerschaft erfolgreich disziplinieren und die Gruppenbindung zementieren.

Aber Marcion dokumentierte seinen besonderen Zugriff auf die Erlösungsbotschaft Christi noch auf eine andere Weise: Er wählte aus der ihm bekannten schriftlichen Evangelien- und Briefüberlieferung aus und schuf dadurch einen eigenen Kanon. Damit hatte er eine gewisse Katalysatorwirkung, sah sich doch die im Aufbau begriffene Konkurrenzkirche ihrerseits genötigt zu bestimmen, welchen Texten Vorrang einzuräumen sei. Marcion war sich sicher: Das Alte Testament, die Urkunde des Demiurgen, sei zu verwerfen, einzig das Lukasevangelium habe Anspruch auf Gültigkeit und nur die Briefe des Apostels Paulus dürften verwandt werden. Als Maßstab legte er die Frage der in den Schriften vertretenen Haltung zum Gesetz, zur umfassenden Barmherzigkeit Gottes an, und bei dem Material, das übrig blieb, griff er zudem in den Textbestand ein, nahm Änderungen und Streichungen vor, die aber nicht sehr extensiv ausfielen. Große Überlieferungsbestände hielt er für judaistisch manipuliert. Zudem war es für ihn unstatthaft, das Alte Testament allegorisch so zu deuten, dass es bereits auf Christus bezogen werden könne. Mit seiner Kreation des Kanon wirkte er epochal: «Idee und Wirklichkeit einer christlichen Bibel sind von Markion geschaffen worden, und die Kirche, die sein Werk verwarf, ist ihm hierin nicht vorangegangen, sondern – formal gesehen – seinem Vorbild nachgefolgt» (Hans Freiher von Campenhausen, Die Entstehung der christlichen Bibel, 1968, unver. Nachdruck 2003, 174).

Etwa 160 gestorben, hatte Marcion bei den Mitgliedern seiner Kirche, die über eine feste Struktur verfügte, weiterhin einen Ausnahmestatus. Sein Hoheitstitel war «der Bischof», und es wurde davon ausgegangen, dass er im Himmel zur Linken Christi saß und Paulus zur Rechten. Sein Theologiekonzept und wohl auch Hinweise zur korrekten Auslegung des Evangeliums und der Paulusbriefe fixierte er in einem selbständigen Werk, den «Antithesen», das sich nicht erhalten hat und nur noch teilweise mehr schlecht als recht aus Werken anderer rekonstruiert werden kann.

Eine Wende in der Marcion-Interpretation brachte Adolf von Harnack, der schon in jungen Jahren Marcion als den «modernen Gläubigen des 2. Jahrhunderts» und als «ersten Reformator» bezeichnete. Doch damit nicht genug: 1921 und dann in zweiter Auflage 1924 veröffentlichte Harnack eine Marcion-Monographie mit einem ausführlichen Quellenanhang, in der er erneut unterstrich, dass Marcions Werk Durchbruchscharakter gehabt habe. Er sei kein Gnostiker unter anderen gewesen und könne, heißt es in Parallelität zu Martin Luther, nicht nur als Reformator, sondern sogar als «Religionsstifter» gelten. Beschrieben wird ein Genie, dessen Größe sich schon darin zeige, dass die durch ihn gegründete Kirche ohne ihren Stifter verflacht und kollabiert sei. Indem der Paulus-Verehrer Marcion radikal Gesetz und Evangelium kontrastierte, habe er Luther vorgearbeitet, denn diese «Paulinisch-Marcionitische Erkenntnis ... wurde der Hebel der Reformation als geistlicher Bewegung» (Harnack, Marcion. Das Evangelium vom fremden Gott, 218).

Harnack übernimmt von Marcion jedoch auch die kritische Haltung dem Alten Testament gegenüber. Dieser habe richtig gelegen, es nicht in seinen Kanon aufzunehmen. Dass das Alte Testament stets kanonisch blieb, sei «Folge einer religiösen und kirchlichen Lähmung» (ebd., 217). Mit dieser Einschätzung lieferte die theologisch-politische Autorität Harnack antijudaistischen und antisemitischen Tendenzen zwar eher unabsichtlich, aber dennoch eine nicht zu unterschätzende Vorlage.

Die von Marcion auf Harnack ausgehende Faszination war erheblich: «Etwas Expressionistisches» liege in seiner «Orientierung über Gott und Welt, man kann auch sagen, eine gewisse Flucht vor dem Denken». Entgegenzutreten sei ihm jedoch dort, wo er das Kreuz und das Leid «nicht mehr als Schickungen desselben Gottes» ansieht, «der das Heil schenkt» (ebd., 234). Trotz des Widerspruchs an entscheidender Stelle, der wiederum auch dazu verhilft, das eigene Urteil zu schärfen, wird Harnack nicht müde, den von Marcion ausgehenden Impuls zu bekräftigen, den es neu aufzunehmen gelte: «Zwar geht ein Marcionitisches Wetterleuchten durch die ganze Kirchen- und Dogmengeschichte von Augustins Gnaden- und Freiheitsempfindung an, deren theoretischer Deutung die Marcionitische Lehre ohne große Schwierigkeiten unterlegt werden kann; aber eben nur ein Wetterleuchten ist zu konstatieren» (ebd., 233). Das Wetterleuchten kündet von den nicht zu sehenden, aber andernorts durchaus vorhandenen Blitzen. Für Harnack mag die eigentliche Leistung Marcions darin liegen, zum Ausdruck gebracht zu haben, dass der Geist der Reformation und des Protests schon immer die Geschichte der Kirche begleitet hat und nicht erst ein Charakteristikum des 16. Jahrhunderts ist. Das Grollen der Gewitter schwebt über jeder Epoche – und das wissen nicht nur die Häretiker.

3. **Origenes:** Theologie als Wissenschaft

Innerhalb der Ausbildung exegetischer Methoden nimmt der Kirchenvater Origenes eine herausgehobene Position ein. Die alt- und neutestamentlichen Überlieferungen, dann aber auch Texte des näheren Umfeldes, die nicht in den Kanon aufgenommen wurden, sollten regelgeleitet ausgelegt werden, und zwar in einer Weise, die skeptischen Rückfragen, etwa philosophischer Provenienz, standhalten konnte, zumindest, wenn es darum ging, vernünftig und auf dem Stand der zeitgenössischen Wissenschaft zu argumentieren. Im Hinblick auf ihre mögliche Kanonizität unterschied Origenes wegweisend zwischen einmütig anerkannten, umstrittenen und ‹lügnerischen›, beziehungsweise häretischen Schriften. Er unterzog die Texte einer kritischen Analyse, indem er wesentliche Aspekte griechischer Sprach- und Literaturwissenschaft anwendete – etwa durch die vergleichende Gegenüberstellung unterschiedlicher Überlieferungen eines Textes. Als wichtige Grundlage für seine Kommentarliteratur diente die von ihm erstellte *Hexapla* («Sechsfache»), eine *Synopse*, in der die Texte, nebeneinandergesetzt, zusammengesehen werden konnten. Angeordnet in sechs Spalten enthielt die *Hexapla* außer dem hebräischen Originaltext des Alten Testaments eine buchstabengetreue Übertragung (Transliteration), dann – jeweils benannt nach dem Verfasser – die *Aquila* (eine extrem wörtliche Übersetzung ins Griechische aus der Zeit um 125 n. Chr.), darauf den *Symmachus* (eine hochwertige, recht stilsichere Übersetzung aus dem späten 2. Jahrhundert), dann die *Septuaginta* (sie stammt aus der Zeit von 250 v. bis 100 n. Chr. und ist die älteste und umfassendste Übersetzung aus der Hand verschiedener Personen; der Legende nach waren es 70) und schließlich die *Theodotion*-Übersetzung (ebenfalls griechisch, aus der Zeit um 150 n. Chr.). In einer anderen Synopse, der *Tetrapla*, gruppierte Origenes in vier Spalten *Aquila*, *Symmachus*, *Septuaginta* und *Theodotion*. Auf diese Weise bemühte er sich, Vergleichsmöglichkeiten zu schaffen, um der unsicheren Textlage Herr zu werden.

Origenes stellte sich auf den Standpunkt, dass die Exegese das Zentrum der Theologie bilde, da sich Gott in der Heiligen Schrift offenbare. Zum Schlüssel des gesamten Schriftverständnisses wird für ihn Jesus Christus. Auch die alttestamentliche Überlieferung erhält erst durch den Sohn Gottes, den Logos, ihren wahren Sinn, allerdings müssen die Texte entsprechend interpretiert werden. In den Mittelpunkt rückt Origenes die allegorische Auslegung, die von den einzelnen Elementen und Aussageebenen eines Textes auf einen in ihnen verborgenen, tieferen geistigen Sinn schließt. Aber auch eine andere Deutungsmöglichkeit wird aufgewiesen. Im ersten Entwurf einer christlichen Dogmatik, seiner Abhandlung *Peri archon*, «Über die Urdinge» oder «Hauptlehren», ins Lateinische übersetzt durch Rufinus von Aquileia (*De principiis*), zeigt Origenes eine Analogie zwischen dem Menschen und der Schrift auf: Es gibt einen wörtlichen, buchstäblichen Sinn, der mit dem Leib des Menschen verglichen werden kann, einen ethisch-moralischen Sinn, der sich in Bezug zur Seele setzen lässt, und schließlich einen auf den Geist beziehbaren mystischen Sinn (*De principiis* IV, 2, 4). Entscheidend für die Auslegung der Texte, die sich als offen für unterschiedliche Interpretationsansätze präsentieren, ist und bleibt die geistige Kapazität des Theologen. Origenes sah es als seine Lebensaufgabe an, das Evangelium zu verkündigen sowie das Niveau und die Kompetenz von Exegese und theologischer Reflexion zu befördern. Es gelang ihm, die christliche Theologie in den wissenschaftlichen und religiösen Deutungskämpfen seiner Zeit konkurrenzfähig zu machen.

Geboren wurde er im Jahr 185 oder 186 in der nordafrikanischen Metropole Alexandria. Der auf ägyptischen Hintergrund verweisende Name Origenes, der wegen der unerbittlichen Strenge und asketischen Haltung seines Trägers um den Zusatz *Adamantius*, der «Diamantene», erweitert wurde, bedeutet «von Horus stammend». Die biographische Überlieferungslage ist dürftig und wird im Kern durch die *Historia ecclesiastica* (Kirchengeschichte; hier Buch VI.) des Eusebius von Caesarea (260/64–339/40) dominiert, der aufs Engste mit der Origenes-Tradition vertraut war, ihr allerdings kaum mit kritischer Distanz begegnen konnte oder wollte. Bekannt ist, dass der Vater des Origenes, Leonides, im Jahr 202 im Zuge einer Christenverfolgung den Märtyrertod erlitt. Eusebius berichtet, dass auch Origenes unter der Folter als Märtyrer starb, doch ist hier ein deutliches Interesse an Rezeptionslenkung und Legendenbildung erkennbar. Andere Quellen sprechen davon, dass er die Folter im Rahmen der systematisch angelegten Christenverfolgung unter Decius 253 überlebte und erst darauf im Jahre 254 in Tyros, Libanon, verstarb. Origenes kam in den Genuss einer umfassenden Ausbildung, unterrichtete dann bald selbst für einige Zeit Grundlagen der Grammatik beziehungsweise Literatur und übernahm die Unterweisung von Taufwilligen in Alexandria – freilich mit kirchlicher Erlaubnis. Verstärkt entwickelte er eine von Askese bestimmte Lebenspraxis, legendär sind der Verkauf seiner Bibliothek und der (womöglich geglückte) Versuch einer Selbstkastration im sehr konkret verstandenen Sinne von Matthäus 19,12: «Denn einige sind von Geburt an zur Ehe unfähig; andere sind von Menschen zur Ehe unfähig gemacht; und wieder andere haben sich selbst zur Ehe unfähig gemacht um des Himmelreichs willen. Wer es fassen kann, der fasse es!» Umstritten ist, ob Origenes in Ammonius Sakkas (gestorben 242/43) einen Lehrer fand, der ihm den Platonismus nahe brachte.

Ausgedehnte Reisen führten Origenes nach Rom und Arabien. Für einige Jahre wirkte er dann in Caesarea (Palästina), um anschließend (wohl 219) wieder nach Alexandria zu gehen. Hier fing er an, sich intensiv mit der Auslegung der Heiligen Schriften zu befassen. Auf einer Reise nach Athen berief ihn der Erzbischof von Caesarea ins Leitungsamt des Presbyters, des Ältesten. Demetrius, der Bischof von Alexandria, begegnete der Theologie und der Persönlichkeit des Origenes mit deutlicher Reserve und war entsprechend entsetzt über die neue Entwicklung. Er sorgte dafür, dass Origenes die Amtswürde wieder verlor und zudem mit einem Lehrverbot belegt wurde. Der so unter kirchlichen Beschuss geratene Theologe blieb daraufhin in Caesarea, predigte im kleinen Kreise, unterrichtete und arbeitete intensiv literarisch weiter.

Aus seiner Feder stammte ein ungeheuer umfängliches Werk, von dem nur noch Teile erhalten sind. Neben der *Hexapla*, der Schrift *De principiis* und seinen Kommentaren, etwa zum Johannesevangelium, der Genesis (Erstes Buch Mose) oder dem Römerbrief, ist seine Schrift *Contra Celsum* (245/250) am bekanntesten; darin setzt er sich mit der Christentumskritik des Celsus auseinander, einem einflussreichen Vertreter des Mittelplatonismus, der in den Christen Separatisten sah, die das politische Gemeinwohl gefährdeten. Auch Origenes' eigenes Werk war durch und durch von Platon geprägt. Das von ihm konzipierte Weltbild lebt davon, dass er mehrere Ebenen einzieht, hinter denen Gott als unveränderliches Absolutes gedacht wird. Das, was dem Menschen als wirklich erscheint, ist nur ein Abbild des Ursprünglichen, der Ideen. Einst von Gott geschaffene Seinsweisen, die ihn unmittelbar schauen konnten, fielen ab, wurden zu Seelen, für die Gott die Welt kreierte, in der sie nun mit menschlichem Körper versehen existieren. Die Seelen stellte sich Origenes als präexistent vor, das heißt, es gab sie schon vor der Geburt des Menschen. Durch Jesus Christus, den Logos, das Abbild des absoluten Gottes, wird ihnen ermöglicht, zur Erkenntnis zu gelangen und sich Gott wieder anzunähern. Denn Christus als der Logos ist dazu in der Lage, zwischen den Ebenen als Mittlergestalt aufzutreten (vgl. ausführlich Campenhausen, 48 f.). Er selbst ist, wie der Heilige Geist, Gott dem Vater untergeordnet. Die Seelen streben, durch Christus animiert, zu Gott, wollen ihn schauen. «Erlösung ist zuallererst Erleuchtung und Erkenntnis, dann aber auch Heilspädagogik hin zu einer besonderen Form erfahrbarer und doch primär intellektueller Gemeinschaft mit Gott» (Markschies, 11). Origenes traut der Bildungsfähigkeit des Menschen viel zu, er setzt auf das diesem innewohnende Potential, das dann besonders ausgeschöpft wird, wenn die Erkenntnis Gottes an Tiefe gewinnt. Genau diesen Weg hat Origenes in seinem Leben beschritten, er lotete als «work in progress» die Möglichkeiten menschlicher Vernunft aus und verband sie mit dem Studium der Heiligen Schriften und dem zeitgenössischen Diskurs.

Es ist der Vorsehung Gottes zu verdanken, so betont er, dass die Welt trotz ihres Abfalls vom Schöpfer erhalten bleibt und sogar wieder in die Einheit mit ihm überführt werden soll. Selbst das Böse wertet Origenes nicht als «radikales Böses», es ist für ihn «nur ein dunkler Übergang» (Campenhausen, 48 f.). Am Ende, das gemessen an der Ewigkeit durchaus wieder ein vorläufiges sein kann, steht die Allversöhnung, die *Apokatastasis panton* (Wiederbringung aller). Diese eschatologische Aussicht, dass schließlich alle Menschen zum Heil bestimmt sind, löste eine heftige Kontroverse aus, die bis in die Gegenwart nicht verstummt ist; denn die Macht des Bösen und der Sünde, so die Gegner, werde massiv unterschätzt. Der Gedanke an einen allumfassenden Gnadenerweis Gottes taucht in der Theologiegeschichte allerdings in ganz unterschiedlichen Modifikationen immer wieder auf und wird etwa von einer doppelten Prädestinationslehre, der zufolge die einen zum Heil, die anderen zum Unheil bestimmt sind, oder der «klassischen» Deutung der Scheidung der Menschen im Gericht Gottes (vgl. Matthäus 25,31–46) abgesetzt. Friedrich Schleiermacher und Karl Barth haben sich beispielsweise intensiv mit der Allversöhnungsfrage auseinandergesetzt, ohne sich dem Gedanken jedoch unkritisch zu verschreiben.

Die von Origenes überlieferten Lehrelemente gingen nach seinem Tod rasch in einen «Origenismus» und in «Origenistische Streitigkeiten» über, in denen das unmittelbare Werk des Theologen weit überschritten und in den Geist der Zeit und ihre Konfliktkonstellationen überführt wurde. Zum Feld besonders aggressiv und langwierig ausgetragener Grundsatzdebatten, die das sich langsam theologisch differenzierende Christentum begleiteten, wurden Gotteslehre und Christologie, aber auch die Fragen nach der Relevanz allegorischer Auslegung der Heiligen Schrift, der Präexistenz der Seelen – oder der *Apokatastasis panton*, von der sich auch heute noch der eine oder andere durchaus etwas versprechen mag.

4. Augustinus: Das unruhige Herz

Zentraler Ausgangspunkt theologischer Versuche, das Wesen des Menschen zu bestimmen, ist die Aussage der Genesis von einer Schöpfung des Menschen zum «Bilde Gottes», zur *imago Dei*, oder zum «Gleichnis Gottes», zur *similitudo Dei*. Schon diese Grundcharakteristik lässt vielfältigen Interpretationsspielraum zu, in den Elemente der Erlösungslehre (Soteriologie) und Trinitätslehre eingebunden sind. Für Augustinus, den mit Abstand wichtigsten der lateinischen Kirchenväter, ist das Ebenbild Gottes nicht der äußere, leibliche Mensch, sondern der innere: «Wir sehen, wie sich die Erdoberfläche mit ‹Landtieren› schmückt, und wie der Mensch, geschaffen ‹nach Deinem Bild und Gleichnis›, über alle vernunftlosen Lebewesen gestellt ist als dies Dein Bild und Gleichnis, das will sagen: durch die Macht des Geistes und der Einsicht» (*Confessiones* XIII, 32, 47).

Die Seele des Menschen sieht Augustinus dreigeteilt in Liebe, Erkenntnis und Erinnerung. Ihre Grundlage findet diese Bestimmung innerhalb eines relationalen trinitarischen Gottesbegriffs. An seinem fünfzehnbändigen Werk *De trinitate* arbeitete Augustinus ab 399 über 20 Jahre lang. Gott der Vater und der Sohn sind im Heiligen Geist in Liebe aufeinander bezogen und miteinander verbunden. Durch den Heiligen Geist, der eine Gabe Jesu Christi darstellt, offenbart sich Gott als Liebe und stellt eine Gemeinschaft zwischen sich und den Menschen her. Nur weil Gott sich dem Menschen in seinem Sohn zuwendet, erhält er die Möglichkeit der Teilhabe an der von ihm angestrebten Glückseligkeit. Die Liebe wird auf diese Weise zum maßgeblichen Kriterium für das Leben innerhalb menschlicher Gemeinschaft. Die spezifische Verbindung von Geist und Liebe wurde hinfort als Charakteristikum für die Augustinische Verhältnisbestimmung angesehen und fand durch die Jahrhunderte hindurch eine immerwährende breite Resonanz. Augustinus lehrte, so Adolf von Harnack, einer seiner enthusiastischen Verehrer, «den Schrecken über die Tiefe der Sünde und Schuld, die er aufdeckte, zusammen zu empfinden mit dem seligen Gefühl eines immerfort getrösteten Elends und einer nie versiegenden Gnade» (Harnack, Dogmengeschichte, Bd. III, 4. Aufl., 1910, 64).

In seinen *Confessiones* (387–401) legt Augustinus Rechenschaft über sein Leben, seinen Bekehrungsweg zu Gott ab. Es sind stilisierte Erinnerungen, alles andere als eine Biographie, mehr ein Buch zur Erbauung: «Das Bekenntnis (*confessio*) über mein vergangenes Schlechtes ..., wenn man es liest und hört, rüttelt das Herz auf, damit es nicht, in den Schlaf der Verzweiflung sinkend, sein ‹Ich kann nicht› sage, sondern aufwache unter der Liebe Deiner Erbarmung, dem Trost Deiner Gnade, durch die zur Kraft kommt jeder Schwache, der an ihr sich seiner Schwäche bewußt wird» (X, 3, 4). Das Ich tritt Gott in den *Confessiones* gegenüber. Nicht ohne Grund ist Augustinus zu einem der Wegweiser zur neuzeitlich-modernen Subjektivitätstheorie erklärt worden. Das unruhige Herz setzt er an den Anfang: Der Mensch, nur «ein kümmerlicher Abriß» der Schöpfung, will Gott preisen, «denn geschaffen hast Du uns zu Dir, und ruhelos ist unser Herz, bis daß es seine Ruhe hat in Dir» (ebd., I, 1, 1).

Um «wissen und erkennen» ging es Augustinus, und in seinem Leben hatte er zwei Schlüsselerlebnisse, die alles veränderten. Zunächst war es die Begegnung mit einem Text von Cicero, der nur noch fragmentarisch erhalten ist: sein Dialog «Hortensius oder über die Philosophie» aus dem Jahr 45 vor Christus. Nur durch die Philosophie gelange der Mensch zur Glückseligkeit und könne seine Leidenschaften überwinden. Augustinus lernte den Text 373 kennen, als er in Karthago Rhetorik studierte. Durch Ciceros Schrift habe sein Gemütsleben einen Wandel erfahren, berichtet er im Rückblick. «Es schwand mir mit einem Schlag alle Hoffnung auf Nichtiges, mit ungemeiner Bewegung des Herzens verlangte ich nach dem Unvergänglichen der Weisheit, und ich begann aufzustehen, um zu Dir zurückzukehren.» Augustinus entdeckte die «Liebe zur Weisheit» (*amor sapientiae; Confessiones* III, 4, 7 f.) und wandte sich der Bibel zu, die ihn allerdings enttäuschte, konnte sie doch dem Vergleich mit Cicero nicht standhalten. Deshalb habe er den Fehler begangen, «Menschen des Irrgeschwätzes» (ebd., III, 6, 10) auf den Leim zu gehen und sich für neun Jahre (373–382) den Manichäern anzuschließen, wenn auch nur in einer eher beobachtenden Position. Die Rationalität stellten die Manichäer, die auf den Perser Mani (216–276/77) als Stifterfigur zurückgingen und sich zu einer Weltreligion mit hohem Missionseifer entwickelt hatten, in den Mittelpunkt ihrer Lehre; zudem zeichneten sie sich durch einen radikalen Dualismus zwischen Gut und Böse, Geist und Materie, Licht und Finsternis aus und verlangten von ihren Mitgliedern strenge Askese. Die irdisch-leibliche Existenz des Menschen beurteilten sie als bloßes Gefängnis, aus dem sich der Mensch, in dem ein Lichtfunken wohne, durch Erkenntnis zu befreien habe.

Das zweite, noch wesentlich eindrücklichere Bekehrungserlebnis wurde Augustinus in Mailand zuteil, wo er an der Kaiserresidenz 384 die Funktion des städtischen Rhetoriklehrers erhalten hatte. Er hörte Bischof Ambrosius und war tief berührt von dessen Amtsausübung und Schriftauslegung, die auch das von den Manichäern abgelehnte Alte Testament umfasste. Durch dieses Vorbild motiviert, wurde Augustinus Taufbewerber (Katechumene) und las intensiv die Bibel, vor allem aber die paulinischen Briefe. Er wurde mit Ansichten konfrontiert, die sich in Verbindung mit neuplatonischen Ideen bringen ließen, mit denen er sich ebenfalls in Gestalt von Plotin und Porphyrios befasst hatte. Hier wie dort ging es um den Menschen, der nach dem höchsten Gut, nach umfassendem Glück suchte. Im einen Fall lag es beim Individuum selbst, an das Ziel zu gelangen, im anderen konnte dies durch das Heilshandeln Gottes in Jesus Christus geschehen.

Im August 386 – Augustinus war voll innerer Zerrissenheit und Verzweiflung über sein weiteres Schicksal – ereignete sich im Garten des Hauses in Mailand, in dem er wohnte, der alles entscheidende Moment. Vom «Sturm in seiner Brust» (*tumultus pectoris, Confessiones* VIII 8, 19) getrieben, hatte er sich dorthin zurückgezogen, nur begleitet von Alypius, einem Freund. Schließlich warf sich Augustinus weinend unter einen Feigenbaum, in der «bittersten Zerknirschung» seines Herzens. Da hörte er plötzlich aus dem Nachbarhaus eine Kinderstimme, die wiederholt zu ihm sprach: *Tolle lege, tolle lege* – «Nimm es, lies es, nimm es, lies es.» Umgehend griff Augustinus zu den Briefen des Apostels Paulus, die er mitgenommen hatte, und schlug die Stelle Römer 13,13 f. auf: «Lasst uns ehrbar leben wie am Tage, nicht in Fressen und Saufen, nicht in Unzucht und Ausschweifung, nicht in Hader und Eifersucht; sondern zieht an den Herrn Jesus Christus und sorgt für den Leib nicht so, dass ihr den Begierden verfallt.» Diese Passage löste einen sofortigen Stimmungswandel aus: «Gewißheit als ein Licht» gelangte «ins kummervolle Herz» (*Confessiones* VIII 12, 29). Von nun an entsagte er in strenger Askese dem Weltlichen – wie etwa Eheschließung, Besitz, Ruhm – und richtete sich aus auf Gott. Im Jahre 387 wurde er von Bischof Ambrosius zu Ostern getauft. Besondere Freude über die Bekehrung zeigte seine Mutter Monnica, die, eine Christin, das Leben ihres Sohnes treu begleitet hatte.

Am 13. November 354 kam Augustinus im nordafrikanischen Thagaste (Souk Ahras, Algerien) auf die Welt. Der Vater Patricius war im Verwaltungsdienst tätig. Nach dem Schulbesuch in Madauros begann er ab 370 in Karthago mit dem Rhetorikstudium, das ihm die Welten von Philosophie und Literatur erschloss. Während dieser Zeit fand Augustinus auch eine Konkubine, mit der er, so war es durchaus üblich, zusammenlebte, ohne mit ihr verheiratet zu sein. Um 372 wurde ein Sohn, Adeodatus, geboren, der noch als Jugendlicher starb. Nach einer kurzen Zeit als Lehrer in Thagaste (375/76) wechselte er nach Karthago, um sich dort langsam einen Namen im Rhetorikfach zu erarbeiten. 383 zog es ihn dann nach Rom, ein Jahr später nach Mailand, den Ort seiner Bekehrung. Langfristig jedoch wollte Augustinus zurück nach Nordafrika, und so gelangte er 388 über Karthago zurück nach Thagaste. Bei einem kurzen Zwischenaufenthalt in Hippo Regius, einer Hafenstadt im äußersten Nordosten des heutigen Algerien, wurde er, ohne seine Zustimmung gegeben zu haben, zum Priester geweiht. Zügig folgten nun weitere Karriereschritte: Nach zweijähriger Tätigkeit als Koadjutor des Bischofs Valerius übernahm er nach dessen Tod 397 das Bischofsamt, das er mit Strenge und Konsequenz ausübte. Er achtete darauf, dass die kirchlichen Regeln, gerade im Hinblick auf die Lebensführung, von seinen Untergebenen eingehalten wurden, setzte sich auch für deren theologische Bildung ein, nicht zuletzt durch den Ausbau einer Bibliothek, und engagierte sich nachdrücklich in der Armenfürsorge. Mit großem Erfolg warb Augustinus für das Heilskonzept seiner Kirche, als Prediger war er hoch geachtet. Er starb am 28. August 430, nachdem er während der Belagerung Hippos durch die Vandalen unter Geiserich schwer erkrankt war. An die Wand seines Sterbezimmers hatte er sich die sieben Bußpsalmen hängen lassen.

Immer wieder war der im Fokus der Öffentlichkeit stehende Bischof mit religiös-weltanschaulichen Strömungen und Gruppierungen aneinander geraten, die er allerdings erfolgreich bekämpfte und in ihren Lehrmeinungen widerlegte. In intensiven Debatten mit den Manichäern – als wichtigste Schrift kann *Contra Faustum Manichaeum* (um 402) gelten – entwickelte Augustinus ein Konzept zur Frage nach den Ursprüngen des Bösen. Keinesfalls konnte es für ihn akzeptabel sein, neben dem guten Gott eine dessen Allmacht einschränkende Gegenkraft zu dulden. Er verortete das Böse im freien menschlichen Willen und sah in ihm eine Eintrübung des Guten: Als Quelle galt somit die Sünde, die Gott in seinem Gerichtshandeln ahndete. Dementsprechend kam der Kirche die Aufgabe zu, diesseitige Strafen zu verhängen und den Menschen konsequent zu mahnen. Gegen die Manichäer verteidigte Augustinus das Alte Testament als integrales Element der Bibel (vgl. nur den Kommentar zur Genesis *De Genesi ad litteram*, die Psalmenauslegungen *Enarrationes in Psalmos*, aber auch *De doctrina Christiana*).

Eine andere Gruppe, gegen die sich Augustinus zur Wehr setzten musste, waren die Donatisten, die nach Donatus von Karthago benannt waren, der ihnen von 315 bis 355 als Primas vorstand. Die Theologie dieser christlichen Gemeinschaft war von einem Perfektionismusgedanken bestimmt, und ihre Amtsträger galten als unbedingt heilig sowie durch eine Kette unbefleckter Sukzession miteinander verbunden. Als Pointe ging daraus hervor, dass die Sakramente nur innerhalb dieses Bezugsrahmens Gültigkeit hatten. Um die Reinheit ihrer Mitglieder zu gewährleisten, praktizierten die Donatisten an denjenigen, die zu ihnen übertraten, die Wiedertaufe. Vor allem in seiner Schrift *De baptismo* arbeitete Augustinus demgegenüber heraus, dass das Sakrament nicht von der Würdigkeit desjenigen abhänge, der es spende; denn hinter dem sichtbaren Akt stehe als eigentlicher Spender und Garant der Wirkung Jesus Christus.

Ab 411 setzt sich Augustinus mit dem britischen Mönch Pelagius (360–420) und seinen Anhängern, den Pelagianern, auseinander. Das alles bestimmende Thema des Streites, der sich bis 431 hinzog, war die Gnadenlehre. Dem Pelagianismus zufolge gibt es die Erbsünde, die die Natur des Menschen verdirbt, nicht, sondern lediglich die einzelnen Tatsünden. Die Lehre des Pelagius läuft darauf hinaus, dass der Mensch selbst dazu in der

Lage ist, sich zu erlösen. Die Gnade erkennt er im *liberum arbitrium*, im freien Willen, aber auch im Gesetz des Alten Testaments und im Vorbildcharakter Christi. Im Jahre 418 wurde der Pelagianismus auf der Synode von Karthago als häretisch verdammt.

Augustinus schreibt es allein der Gnade Gottes in Jesus Christus zu, dass der Mensch erlöst wird. Der gute Wille des Menschen geht auf sie zurück und ist kein Werk des Individuums. Die Erbsünde erhält dabei für ihn einen fundamentalen Rang. Es ist nur dem gnadenhaften Handeln Gottes, dessen Beweggründe menschlicher Erkenntnis verschlossen bleiben, zu verdanken, dass der Sünder befreit wird. Permanent ist er bestimmt von der Liebe zu sich selbst (der *amor sui*) und nicht von der Liebe zu Gott (der *amor Dei*). Über den Heiligen Geist gelangt die Liebe in das Herz des Menschen, der nun dazu in der Lage ist, gute Werke zu tun. Durch den Geist erzeugt die Gnade im Menschen das Rechtfertigungserlebnis, die *iustificatio ex fide* (Rechtfertigung aus Glauben). Augustinus' Gnadenlehre findet ihre Zuspitzung im Gedanken der Prädestination. Im unergründlichen Ratschluss Gottes liegt begründet, dass die meisten Menschen zum Unheil, nur wenige zum Heil vorherbestimmt sind (doppelte Prädestination, *gemina praedestinatio*). Auf diese Weise schränkt er die Reichweite der Heilsbotschaft des Christentums auf relativ wenige Zielpersonen ein.

Auf die Frage des Mailänder Bischofs Simplician, der Ambrosius im Amt gefolgt war, wie es sich etwa mit der göttlichen Vorherbestimmung bei der Aufnahme von Jakob und Esau in Römer 9 verhalte, verfasste Augustinus den Text *De diversis quaestionibus ad Simplicianum* (Verschiedene Probleme, an Simplician; um 396). Einen Teil daraus hat Kurt Flasch 1990 erstmals auf Deutsch veröffentlicht, und zwar unter dem Titel «Logik des Schreckens». Augustinus' Abhandlung, die dieser selbst als Durchbruch und Wende empfunden habe, sei die Präsentation eines «Willkürgottes» und die Rechtfertigung späterer Ketzerverfolgungen. Hier von «Gnadenlehre» zu sprechen, verdecke die «Grausamkeit und kulturelle Fremdheit, man könnte auch sagen: die Roheit dieser Konzeption» (Logik des Schreckens, 10 und 13). Trotz der polemischen Verzeichnung des Textes durch Flasch ist die Problematik der scharfen Rede Augustinus' von der doppelten Prädestination in aller Deutlichkeit zu erkennen und hat seit dem 4. Jahrhundert immer wieder zu Versuchen geführt, sie etwa durch eine Allversöhnungslehre auszuhebeln oder auch theoretisch weiter zu untermauern.

Als im Jahr 410 Rom von den Westgoten geplündert wurde, erhielt der Gedanke eine besondere Dringlichkeit, ob nicht heidnische Götter zum Schutz fähiger gewesen wären als der offenkundig versagende Gott des Christentums. Aus diesem Anlass holte Augustinus zu einer ausführlichen Verteidigung, Apologie, des Christentums aus und verfasste von 412 bis 427 das zweiundzwanzig Bücher umfassende Werk *De civitate Dei* (vgl. die Übersetzung von Wilhelm Thimme, eingel. und kommentiert von Carl Andresen, 2007). Zwei Staaten stünden sich seit Kain und Abel gegenüber, der Gottesstaat, der auf der Liebe zu Gott beruhe, und der von der Liebe des Menschen zu sich selbst bestimmte Teufelsstaat (*civitas diaboli/civitas terrena*). Im Geschichtsverlauf könne es nicht gelingen, sie auseinanderzuhalten, da beide verwoben seien. Erst am Ende der Zeiten werde dies möglich. An dieser Stelle tritt der Prädestinationsgedanke ebenfalls wieder in Erscheinung; denn übrig bleiben die Erlösung oder die Verdammung – abhängig vom Ausgang des Gerichts. Wirkungsgeschichtlich wurde das *civitas Dei*-Konzept in einer politischen Ethik relevant, in der die Kirche und der weltliche Staat den Einteilungen Augustinus' simplifiziert zugeordnet wurden. Aber auch die Zwei-Reiche-Lehre Martin Luthers und die moderne Unterscheidung von Religion und Politik sind ohne die Überlegungen Augustinus' nicht denkbar.

Augustinus ist nicht nur im Mittelalter – dort besonders bei Anselm von Canterbury und Thomas von Aquin – eine zentrale Identifikationsfigur gewesen, an deren Thesen das eigene Denken profiliert wurde. Auch der ehemalige Augustinermönch Martin Luther entwickelte seine Rechtfertigungslehre gerade in kritischer Auseinandersetzung mit dem Kirchenvater. Adolf von Harnack hob als eine besondere Leistung des Augustinus hervor: «Durch Glaube, Demuth und Liebe überwundenes Sündenelend – das ist die christliche Frömmigkeit. In dieser Stimmung soll der Christ leben» (Harnack, Dogmengeschichte, Bd. III, 70). Er habe die «Allgewalt» der Gnade beschworen und die Kirche als Autorität in Szene gesetzt, da für ihn die Glaubenswahrheit über das Individuelle und sein begrenztes Erkenntnisvermögen hinausgegangen sei; denn: «Die Glaubensacte sind zugleich Acte des Gehorsams» (ebd., 79).

Hannah Arendt, die bei Karl Jaspers ihre Dissertation über den «Liebesbegriff bei Augustin» (1929) schrieb, unterstreicht aus ganz anderer Perspektive die Modernitätskompatibilität des Theologen. Aus eigenem Antrieb, betont Arendt, fange der Mensch immer wieder etwas Neues an. Stets erscheine er in der Welt als etwas Neues, das einzigartig sei. Dies komme einer steten Wiederholung des göttlichen Schöpfungsaktes gleich. Zur zentralen Referenz wird ein Satz aus *De civitate Dei* (XII, 20). In ihrem «Denktagebuch» (Bd. 1, 2. Aufl., 2003, 66) notiert Arendt 1951: «*‹(Initium) ergo ut esset, creatus est homo, ante quem nullus fuit.›* Der Mensch wurde geschaffen, damit überhaupt etwas begann. Mit dem Menschen kam der Anfang in die Welt. Hierauf beruht die Heiligkeit menschlicher Spontaneität.»

5. Anselm von Canterbury: Der rächende Gott

Wie sein Leitbild Augustinus reflektiert auch Anselm von Canterbury konsequent die Möglichkeiten der menschlichen Vernunft. In seinem *Monologion* (Selbstgespräch) ergründet er mit der Trinitätslehre einen derjenigen theologischen Bereiche, die der Vernunft immer wieder ihre Grenzen demonstrieren, bleibt ihr doch das innere Wesen Gottes verschlossen. Hier ist Anselm ganz bei sich selbst und denkt nach über Fragen zum Wesen Gottes (*divinitatis essentia*). Er sei von Mitbrüdern darum gebeten worden, die ihm die Vorgabe gemacht hätten, nichts aus der Autorität der Heiligen Schrift abzuleiten, sondern klar verständlich die Vernunft walten zu lassen, auf dass die Wahrheit einsichtig werde (s. *Monologion,* Prolog). Statt *Monologion* hatte Anselm seine Selbstgespräche eigentlich *exemplum meditandi de ratione fide* nennen wollen: «Beispiel dafür, wie man über den Grund des Glaubens nachsinnt» (*Proslogion, Prooemium*/Vorwort). Die Schrift *Proslogion* (Anrede) sollte ursprünglich ebenfalls einen anderen Titel haben: *fides quaerens intellectum* (Glaube, der nach Einsicht sucht; ebd.).

Auch das *Proslogion* folgt den Vorgaben der Vernunft, Anselm entwickelt darin seinen ontologischen Gottesbeweis. Als *id quo maius cogitari nequit* wird Gott präsentiert, als «das, über dem Größeres nicht gedacht werden kann» (*Proslogion,* cap. II). Er führt vor, dass vom Begriff des höchsten Seins, wenn er denn gesetzt wird, gleichermaßen auf die Existenz dieses Seins geschlossen werden muss; denn «es kann nicht im Verstande allein sein» (*non potest esse in solo intellectu;* ebd.). Verschärft wird diese Argumentation dadurch, dass Anselm ein Sein postuliert, «das schlechthin so wahrhaft existiert, daß nicht gedacht werden kann, daß es nicht existiert» (*aliquid, quod non possit cogitari non esse*; ebd., cap. III). Dieses muss zwingend größer sein als etwas, von dem sich auch seine Nichtexistenz denken lässt. Das Ergebnis fällt eindeutig aus: *sic ergo vere est aliquid quo maius cogitari non potest, ut nec cogitari possit non esse. Et hoc es tu, Domine Deus noster*: «So wirklich also existiert ‹etwas, über dem Größeres nicht gedacht werden kann›, daß es als nichtexistierend auch nicht gedacht werden kann. Und das bist Du, Herr, unser Gott» (ebd.). Anselm entfaltet seinen Beweis, indem er den Begriff «Gott» bereits zugrunde legt. Seine Argumentation dient deshalb nicht dem Interesse, einem ungläubigen Menschen «Gott» als vernünftig zu oktroyieren. Vielmehr ist er bestrebt, die Gotteserkenntnis zu vertiefen, und entsprechend formuliert er: *neque enim quaero intelligere ut credam, sed credo ut intelligam* («Ich suche ja auch nicht einzusehen, um zu glauben, sondern ich glaube, um einzusehen»; ebd., cap. 1). Der Duktus der Überlegungen orientiert sich an der Form des Gebetes, und so bittet Anselm um «Glaubenseinsicht» (*fidei intellectum*): «Verleihe mir, daß ich, soweit Du es nützlich weißt, einsehe, daß Du bist, wie wir glauben, und das bist, was wir glauben» (ebd., cap. 2 II). In einem ist er sich sicher: Gott und das Denken bilden eine Einheit, sie lassen sich nicht gegeneinander ausspielen. Anselm beförderte nachhaltig die (Früh-)Scholastik (*scholasticus*: zum Studium gehörig), in der auf der Basis aristotelischer Philosophie ein allumfassendes Lehrgebäude aufgestellt wurde, das von der Schlüssigkeit der Beweisketten lebte. Mit seinen Werken prägte er den Wissenschaftscharakter der Theologie, indem er konsequent auf der Kraft der Vernunft und der Notwendigkeit, logische Schlüsse zu ziehen, beharrte.

Um 1033 in Aosta in den italienischen Alpen geboren und in Frankreich erzogen, kam Anselm 1060 in die Benediktinerabtei Le Bec in der Normandie. Nach nur drei Jahren wurde er mit den Ämtern des Priors und Schulleiters betraut, und 1078 folgte er schließlich dem Klostergründer Herluin von Brionne in der

Funktion des Abtes. Im Jahr 1093 wurde er Erzbischof von Canterbury in der Nachfolge seines Lehrers Lanfranc, der von 1070–1089 Träger dieser herausragenden kirchlichen Position gewesen war. Hier geriet Anselm mitten in die Auseinandersetzungen zwischen Päpsten und Königen, die in den Kontext des legendären Investiturstreits gehören. Mehrfach verließ er Canterbury, wandte sich nach Rom und wurde zweimal über Jahre in das Exil nach Lyon gedrängt. Erst 1106 verständigten sich Anselm, im Hintergrund entscheidend Papst Paschalis II., und König Heinrich I. auf eine akzeptable Lösung, die weltliche und geistliche Würde bei der Investitur, der Amtseinsetzung, differenzierte. Anselm von Canterbury starb am 21. April 1109.

Stets war es ihm in seinen Texten darum gegangen, mit den Mitteln der Vernunft und somit logisch nachvollziehbar das Gleichgewicht zwischen Gott und der von ihm geschaffenen Welt zu erörtern. Der Mensch habe durch die Sünde genau dieses Verhältnis zerstört und sei nicht dazu in der Lage, es aus eigener Kraft wiederherzustellen. Es ist der zentrale alt- und neutestamentliche Themenkreis von Sünde und Tod, Gerechtigkeit Gottes, Zorn, Gericht, Versöhnung und Sühne, der für Anselm zum bestimmenden Motiv seines Satisfaktionsverständnisses, seiner Lehre von der Genugtuung wird. In der mit dem imaginär-konstruierten Gegenüber «Boso» dialogisch konzipierten Erörterung *Cur Deus homo* (Warum Gott Mensch geworden ist, 1094–1098) entwickelt er sein Heilskonzept der Satisfaktion, das – wie der ontologische Gottesbeweis – mit seinem Namen untrennbar verbunden ist. Er setzt es an die Stelle der überkommenen «Redemptionslehre», der zufolge der Mensch vom Teufel «losgekauft» werden müsse. Die Erlösung des sündigen Menschen könne, so Anselm dagegen, nur gedacht werden, wenn Jesus Christus für ihn die Genugtuung vor Gott übernimmt. Er geht sogar so weit zu behaupten, dass Christus auch dann notwendig gewesen wäre, wenn er nicht Mensch geworden wäre. «Und schließlich, mit Beiseitesetzung Christi (*remoto Christo*), so, als ob niemals etwas von ihm gewesen wäre, beweist es mit zwingenden Gründen, daß es unmöglich sei, daß ein Mensch ohne jenen gerettet werde» (*Cur Deus homo*, Vorwort).

Der Zorn des gekränkten Gottes über die menschlichen Verfehlungen müsse besänftigt werden, aber vor allem sei es erforderlich, den entstandenen Schaden angemessen auszugleichen. Geschehe dies nicht, gebe es keine Möglichkeit, sich dem Strafhandeln Gottes zu entziehen. Der Mensch müsse das, was er Gott geraubt hat, zurückerstatten, andernfalls bleibe er in der Schuld (*manet in culpa*), könne seine Ehre nicht wieder erlangen; dabei genüge es aber «nicht, nur das zurückzugeben, was geraubt wurde, sondern wegen der zugefügten Entehrung muß er mehr erstatten, als er genommen hat» (ebd., *Liber I,* cap. XI). Nur durch Bestrafung sei die Ordnung wieder zu gewinnen, es reiche nicht aus, wenn Gott sich einfach als barmherzig erweise; denn es könne prinzipiell nicht angehen, dass Gott «etwas in seinem Reiche ungeordnet» lasse (ebd., cap. XII). Die Sünde des Menschen ist nun aber derartig groß, dass sie nur von Christus getilgt werden kann (ebd., cap. XXV) – sein stellvertretender Tod ist die einzige Möglichkeit, um einen vollkommenen Ausgleich zwischen Gott und Mensch zu bewirken. Gott, der Vater, gibt seinem Sohn eine Belohnung für die Übernahme der Sünden, die auf den Menschen übertragen wird, damit er seine Schuld begleichen kann; denn der Sohn kann mit dieser Belohnung gar nichts anfangen, weil er sie nicht benötigt: «Also ist es notwendig, daß es einem anderen erstattet wird, weil es ihm nicht erstattet werden kann» (ebd., *Liber II,* cap. XIX).

Mit seiner Satisfaktionslehre entwickelte Anselm einen Entwurf, der über die Reformationszeit hinweg breit rezipiert wurde. In seiner Wirkungsgeschichte hat das Motiv des strafenden Rachegottes, den es zu besänftigen gelte, in der Regel die Debatten geprägt, wobei auf diese Weise die ursprüngliche Absicht, die Frage der verletzten Ordnung, verzerrt in den Hintergrund trat. Ob sich das barmherzige Handeln Gottes und auch die Möglichkeit seiner Leidensfähigkeit so ohne Weiteres abweisen lassen, dies gehört zu den zentralen Rückfragen an Anselms Gedanken zur Satisfaktion. Ansätze für derartige Überlegungen finden sich schon bei Peter Abaelard (1079–1142), der in seinem Römerbriefkommentar (*Expositio in epistolam ad Romanos*, übers. von Rolf Peppermüller, 2000) die Satisfaktionslehre Anselms mit Verweis auf die versöhnende Liebe Gottes ablehnte.

6. **Hildegard von Bingen:** Medizin und Mystik

Seit Beginn der 1970er Jahre führten Protagonistinnen der Feministischen Theologie – zunächst amerikanisch dominiert – massive Attacken gegen die überkommene christliche Traditionsbildung und deren institutionelle Repräsentanz. Mit befreiungstheologischem Impetus und bewusst überkonfessionell forderten Theologinnen wie Elisabeth Schüssler-Fiorenza, Elisabeth Moltmann-Wendel, Elisabeth Gössmann und Dorothee Sölle die Überwindung patriarchaler Machtkonstrukte und -ausübung. Die feministisch-theologische Fragestellung war dabei immer auch politisch-theologisch, somit eminent gesellschaftskritisch ausgerichtet.

Zur theoretischen Untermauerung der sich ausbildenden Konzepte wurden die das Christentum begründenden und in seiner historischen Entwicklung entstandenen Quellentexte einer neuen Lektüre und Auswertung unterzogen. Neben der Bloßstellung auf das Männliche fixierter Deutungsansprüche ging es aber auch darum, sei es im exegetischen, kirchen- oder theologiegeschichtlichen Bereich, verschüttete Entwicklungspotentiale neu zu aktivieren und auszudeuten oder die Originalität bislang im Schatten männlicher Dominanz stehender Frauengestalten produktiv herauszustellen.

Vor dem Hintergrund dieses Theorieanspruchs formulierte Elisabeth Gössmann programmatisch: «Die theologiegeschichtliche Frauenforschung, in der Hildegard von Bingen großen Raum einnimmt, bildet die Längsachse der Feministischen Theologie» (Gössmann, 29). Aber Hildegard von Bingen sperrt sich mit ihrem emanzipatorischen Leben und Werk konsequent gegen Normierungsversuche unterschiedlicher Herkunft, ob sie nun als mittelalterliche Feminismusikone, erste Ärztin und Naturwissenschaftlerin im deutschen Bereich oder epochale Mystikerin, Visionärin und Weissagerin umjubelt wird. Ihr Leben verlief äußerlich unspektakulär, doch innerlich hoch konzentriert und war geprägt von der Spannung zwischen klösterlicher Kontemplation und praktischer Lebensgestaltung.

In Germersheim nahe Alzey und Worms im Jahr 1098 geboren, wurde Hildegard als Achtjährige der Erziehung durch Jutta von Sponheim (um 1090–1136) überantwortet. Im Laufe der Jahre erarbeitete sich Hildegard einen soliden Bildungshintergrund: So war sie vertraut mit der maßgeblichen lateinischen Bibelübersetzung, der *Vulgata*, den lateinischen Kirchenvätern und setzte sich mit Grundelementen der *artes liberales*, der freien Künste, auseinander. Ab November 1112 lebten Jutta von Sponheim und Hildegard im Status von Reklusinnen am Benediktinerkloster Disibodenberg, das bei Kreuznach lag und heute nur noch als Ruine besichtigt werden kann. Reklusen, oder auch Inklusen, ließen sich in einen Raum oder ein kleines Haus einschließen, sogar einmauern, um sich ganz auf Buße und Gebet konzentrieren zu können. In der Regel konnten sie in Kirchenräume schauen und hielten durch ein Fenster mit der Außenwelt Kontakt. Auf dem Disibodenberg entstand daraus eine Frauenklause, der Jutta von Sponheim als *Magistra* vorstand. Nach ihrem Tod 1136 ging das Leitungsamt an Hildegard über.

In der Folgezeit entwickelten sich mit dem Kloster der Benediktiner erhebliche Konflikte, da man dort von der neuen Konkurrenz, die deutlichen Zuspruch fand, wenig begeistert war und den Schwestern Selbstdarstellungsdrang vorhielt.

Schließlich gelang Hildegard der Weg in die Selbständigkeit: Sie gründete 1151 auf dem bei Bingen gelegenen Rupertsberg ein eigenes Kloster (zerstört 1632), wobei dort in den ersten Jahren ärmliche Zustände herrschten. 14 Jahre später, 1165, errichtete sie in Eibingen bei Rüdesheim eine Filiale, in der sie die Position der Äbtissin einnahm. In der Eibinger Kirche St. Hildegard und St. Johannes der Täufer sind ihre Reliquien verwahrt. Ergänzt werden diese um einen Reliquienschatz, den sie selbst zusammentrug.

Hildegard von Bingen erfuhr in ihrem Leben Schlüsselerlebnisse ganz eigener Art: Sie hatte ausgeprägte Visionen, die sie im autobiographischen Rückblick beschreibt: «In meinem dritten Lebensjahr sah ich ein so großes Licht, daß meine Seele erbebte, doch wegen meiner Kindheit konnte ich mich nicht darüber äußern. ... Und bis zu meinem fünfzehnten Lebensjahr sah ich vieles, und manches erzählte ich einfach.» Ihre Berichte stießen auf Verwunderung, und Hildegard litt immer wieder an Krankheiten und Schwächezuständen. Sie habe ihre Amme gefragt, ob diese eigentlich «abgesehen von äußeren Dingen, irgend etwas sähe. Und sie erwiderte: ‹Nichts›, weil sie nichts dergleichen sah. Da ward ich von großer Furcht ergriffen und wagte nicht, dies irgendjemandem zu offenbaren» (Leben, 71 f.). Langsam legt Hildegard diese Hemmungen jedoch ab und wendet sich zunehmend an ihre Umgebung. In einem Brief, den sie an Wibert von Gembloux, ihren späteren Sekretär, schreibt, präzisiert sie den Charakter ihrer Visionen, die ab 1141 an Intensität zunehmen: «In diesem Licht sehe ich zuweilen, aber nicht oft, ein anderes Licht, das von mir das ‹Lebendige Licht› genannt wird. Wann und wie ich es schaue, kann ich nicht sagen. Aber solange ich es schaue, wird alle Traurigkeit und alle Angst von mir genommen, so daß ich mich wie ein einfaches junges Mädchen fühle und nicht wie eine alte Frau» (Briefwechsel, 227; vgl. dazu Gössmann, 24).

Da sich Hildegard sehr unsicher war, wie das Wesen und die Bedeutung ihrer Visionen einzuschätzen seien, wandte sie sich an Bernhard von Clairvaux, der sie unterstützte und darin bestärkte, ihre Erfahrungen als von Gott gegeben anzunehmen. Eine wichtige Zäsur bildete die Synode von Trier (1147), weil Papst Eugen III., ein Schüler des Bernhard von Clairvaux, Hildegards Visionen akzeptierte und ihnen damit eine öffentliche Resonanz verschaffte. Überliefert ist ein verhältnismäßig umfangreicher Briefwechsel mit herausragenden Persönlichkeiten wie Papst Eugen III., seinen Nachfolgern Anastasius IV. und Hadrian IV., oder Kaiser Friedrich I. Barbarossa. Sie scheute dabei vor Kritik an den herrschenden kirchlichen Verhältnissen, die von mancherlei Amtsmissbrauch geprägt waren, nicht zurück.

Aber nicht nur auf schriftlichem Weg war Hildegard über die Enge des eigenen Klosters hinaus präsent. So unternahm sie zwischen 1160 und 1170 insgesamt vier große Reisen und hielt an zentralen Orten wie etwa Mainz, Würzburg, Bamberg, Trier, Metz, Andernach, Köln, Maulbronn und Zwiefalten Predigten. Diese nach außen gewandte Tätigkeit unterstreicht nachdrücklich den ungewöhnlichen Rang, der Hildegard bereits von ihren Zeitgenossen zuerkannt wurde.

Das theologische Konzept, das Hildegard von Bingen vertrat, lebt von einem umgreifenden Einheitsgedanken und der Suche nach Harmonie. Getragen von dem Gedanken an Gott als Schöpfer betrachtet sie den Menschen und die ihn umgebende Natur als aufeinander verwiesen und voneinander abhängig. In ihrem *Liber subtilitatum diversarum naturarum creaturarum* (Buch vom inneren Wesen der verschiedenen Naturen der Geschöpfe) geht sie diesem verzweigten Verweissystem nach. Die Schrift, so wird vermutet, wurde im Prozess ihrer Überlieferung in zwei Teile auseinandergenommen: in die *Physica* und die *Causae et curae* (Ursachen und Heilungen); beide sind eine Mischung aus magischen Spekulationen und tiefen, in langer Traditionsüberlieferung und aus umfassender Naturweisheit gewonnenen Einsichten. Nicht nur den Menschen, sondern auch die Natur sieht Hildegard von gegensätzlichen Kräften bestimmt, die Heil oder Unheil bewirken können; denn durch den Sündenfall des Menschen ist die ursprüngliche Ordnung aus dem Gleichgewicht geraten. Entscheidend ist es, die Bereiche zu trennen und die aufbauenden Elemente zu fördern. Hildegard schreitet sowohl den menschlichen Körper in seinen Funktionen und Dysfunktionen ab als auch die Kräfte der Natur und ihre Manifestationen, etwa Pflanzen, gerade auch Kräuter, Tiere oder Steine.

Eingebunden sind diese oft hochspekulativen Erkundungen von Natur und Mensch in die Botschaften, Bilder, Symbole und Perspektiven der Visionen, die Hildegard von Bingen in drei Werken gebündelt hat: Im *Liber scivias Domini* (Wisse die Wege des Herrn, 1141–1151) präsentiert sie in drei Teilen Visionen, die beim Kosmos und dem Alten Testament ansetzen und mit der eschatologischen Vollendung schließen, nachdem zuvor das Erlösungswerk Christi und die Entstehung des Reiches Gottes verhandelt wurden. Als «Rupertsberger Kodex» ist dieses *Scivias*-Werk in die Kulturgeschichte eingegangen, da es mit 35 Bildtafeln, Miniaturen, die auf ganz eigene Weise die Visionen ausdeuten und über den Text hinaus interpretieren, auch einen Höhepunkt mittelalterlicher Buchmalerei bildete. Vorhanden ist es nur noch als Kopie; vom Original, das zuletzt in Dresden verwahrt wurde, fehlt seit 1945 jede Spur (vgl. Berndt, bes. 349–352).

Das daran anschließende Werk erfasst die Ethik. Im *Liber vitae meritorum* (Buch des verdienstlichen Lebens, 1158–1163) werden die menschlichen Tugenden und Verfehlungen kontrastiert. Dabei entfaltet Hildegard einen bildersprachlichen Kosmos, der das Lesepublikum zum Teil der Auseinandersetzungen zwischen den fördernden und den hemmenden Kräften des Lebens macht. Als Vorbild diente die im 4. Jahrhundert n. Chr. verfasste *Psychomachia* (Seelenkampf) des Dichters Prudentius (s. dazu Gössmann, 21 f.).

Der *Liber divinorum operum*, auch *De operatione Dei* (Buch der Gotteswerke; 1163–1173), befasst sich mit der Verschränkung kosmologisch-visionärer Spekulationen mit ethischen und heilsgeschichtlichen, wobei es Hildegard darauf ankommt, den Mikrokosmos des Menschen und den Makrokosmos in einem Einheitskonzept zusammen zu denken (vgl. dazu ausführlich Gössmann, 174–202). In der literarischen Umsetzung ihrer Visionen orientiert sie sich an einem Doppelschema. Zunächst berichtet sie – existentiell bewegt – von dem, was sie gesehen hat. Danach liefert sie eine Interpretation, die von dem Interesse geleitet ist, den göttlichen Auftrag, die göttliche Botschaft aufleuchten zu lassen, und zwar so, dass nicht der Eindruck entsteht, sie verbalisiere lediglich ihre eigenen, subjektiven Erlebniswelten. Die eigentliche Macht, hinter der Hildegard als Person vollkommen verschwindet, ist Gott (vgl. ebd., 14 f.). Sein Wille, seine heilsgeschichtlichen Pläne, kommen in ihrer Mystik zur Sprache. Sie will den Menschen mit ihren Visionen Perspektiven eröffnen, die es ermöglichen, die Gotteserkenntnis zu vertiefen. Dabei entfaltet Hildegard mit den Mitteln ihrer symbolgesättigten und apokalyptisch-bildhaft aufgeladenen Sprache ein kosmologisches Drama, in dessen Mittelpunkt Jesus Christus als Erlöser steht. Über ihn wird dem Menschen die allumfassende Liebe Gottes vermittelt. Hinzu tritt, in klarer trinitätstheologischer Ausrichtung, der Heilige Geist, der den Menschen leitet und ihm das Heil Gottes vor Augen führt. Hildegard setzt beim Alten Testament an und zieht eine von

Spannungen und Kämpfen gekennzeichnete Linie, die die neutestamentliche Evangeliumsverkündigung, die Kirchengeschichte und die Gegenwart durchläuft, um dann in der Zukunft, im Eschaton zu münden. Stets geht es darum, die Kraft der Sünde zu brechen, die den Kosmos – Mensch und Natur – bestimmt und die ursprüngliche Harmonie trübt. Dem Menschen, auf den die Schöpfung hingeordnet ist, traut Hildegard zu, die zerstörerischen Elemente des Seins zu überwinden, um mit Christus und durch sein Gericht in die Liebe Gottes einzugehen. Ein Leben in Buße im Schutze der Kirche, in Umkehr und mystischer Versenkung wird zum Kennzeichen des sich für das Heil Gottes öffnenden Menschen. Hildegard von Bingen hat diese Einsicht nicht nur in ihren Schriften mit allem Nachdruck festgehalten, sondern sie auch in ihrer Lebenswirklichkeit, in ihrer Spiritualität in einer Form verwirklicht, die bis in die Gegenwart für viele eine Vorbildfunktion hat.

7. Franz von Assisi: Lobpreis der Schöpfung

Ende Oktober 1786 verließ Johann Wolfgang von Goethe auf seiner ausgedehnten Italienreise Perugia: «Der Weg ging erst hinab, dann in einem frohen, an beiden Seiten in der Ferne von Hügeln eingefaßten Tale hin, endlich sah ich Assisi liegen.» Der Wanderer stieg «unter einem starken Wind» zur Stadt hinauf, doch anders als die heutigen Pilgermassen und Heiligenforscher zog es ihn zum antiken Tempel der Minerva, der sich zur «Basilica di Santa Maria sopra Minerva» umgebaut im neuen Gewand gut erhalten hatte. Die um Franz von Assisi herum gruppierten Anlagen ignorierte Goethe: «Die ungeheuren Substruktionen der babylonisch übereinander getürmten Kirchen, wo der heilige Franziskus ruht, ließ ich links mit Abneigung» (HA, Bd. XI, 1981, 116). Die eigenwillige Ästhetik der Wallfahrtsstätte vertrug sich nicht mit einem Blick, der an Johann Joachim Winckelmanns formfixiertem Klassizismusideal geschult war.

An Franz von Assisi scheiden sich die Geister. Die einen sehen in ihm den Inbegriff einer dem Evangelium entsprechenden Nachfolge Christi – in Bescheidenheit und Reichtumsverzicht –, die anderen betonen den ideologischen Charakter dieser Figur und den an ihr aufgezogenen Gesinnungsterror christlichen Moralanspruchs. Die Lage ist undurchsichtig, sind doch die historische Gestalt «Franz von Assisi» und die an diese anknüpfende Wirkungsgeschichte derartig verwoben, dass zwischen ursprünglicher Intention und späterer Deutung nur mit Mühe differenziert werden kann.

Seit Jahrhunderten werden auf ihn Erwartungen, illusionäre Wünsche, Reformgedanken und gesellschaftskritische Argumentationsmuster projiziert, um die je eigenen Gedankenkonstrukte und Lebenskonzepte zu stützen, ihnen Halt und Orientierung zu geben. Eine ausufernde Legendenbildung setzte schon vor seinem Tod ein, und bereits im 13. Jahrhundert wurde darum gestritten, welche Biographie den Anspruch auf Gültigkeit erheben darf. Als Ordensminister bestimmte Bonaventura (1221–1274) die *Legenda maior et minor* 1266 zum offiziellen Dokument, demgegenüber alle anderen Lebensbeschreibungen und selbst das Testament des Franz von Assisi unwirksam seien. Grundsätzlich sind die im kirchlichen Auftrag und Interesse verfassten Schriften von denjenigen zu unterscheiden, die aus dem Orden selbst oder aus der breiten Anhängerschaft hervorgingen. Ohne die nachdrückliche Unterstützung, die Franz von Assisi durch Papst Innozenz III. erfuhr, hätte er seine Projekte nicht durchführen können und wäre aller Wahrscheinlichkeit nach als Häretiker behandelt worden. Dies geschah jedoch nicht, vielmehr nahm er für die katholische Kirche die zentrale Funktion wahr, breitere soziale Schichten, die sich als zunehmend kritisch und unzufrieden erwiesen, wieder an die Institution zu binden.

Daraus erwuchs der immerwährende Vorwurf, Franz von Assisi sei ein instrumentalisiertes Opfer kirchlichen Machtwillens geworden. Diese Lesart vertrat mit ungeheurer Resonanz der französische reformierte Theologe und Historiker Paul Sabatier (1858–1928): Sein 1894 erschienenes *Vie de S. Francois D'Assise* (dt.: Leben des Heiligen Franz von Assisi) wurde von der römisch-katholischen Kirche auf den Index gesetzt, das heißt die Lektüre verboten: Sabatier konstruiere einen überdehnten Widerspruch zwischen seinem Titelhelden und dem Kardinal Ugolino von Ostia; das Bild der Kirche werde unzulässig verzerrt. Doch allen Widerständen zum Trotz löste Sabatier durch seine Monographie und sich anschließende umfängliche quellenkritische Untersuchungen maßgeblich die sogenannte *question franciscaine* aus, die problemorientierte Sichtung und Interpretation der verworrenen Quellenlage zu Franziskus gerade in seinem unmittelbaren historischen Kontext. Ein Millionenpublikum erreichte bis in die Gegenwart die auf das 14. Jahrhundert zurückgehende Sammlung von verklärenden Legenden zum Leben des Ordensgründers *Fioretti di San Francesco,* «Die Blümlein des heiligen Franziskus von Assisi» (z. B. Insel-Taschenbuch 48). Ausführlich wird darin auch auf die spezifische Naturfrömmigkeit eingegangen. So predigte der Schutzpatron der Tierärzte etwa erfolgreich zu den Fischen oder Vögeln.

1181/82 wurde Franz von Assisi geboren. Sein Vater, Pietro Bernardone, war ein vermögender Tuchhändler. Nachdem die Mutter, Pica, ihren Sohn in Abwesenheit ihres verreisten Mannes auf den Namen Giovanni Battista hatte taufen lassen, entschied sich Pietro Bernardone nach seiner Rückkehr indes für den Namen Francesco. Der Junge erhielt eine solide, jedoch begrenzte Bildung und sollte im kaufmännischen Bereich tätig werden. Beschrieben wird Francesco als großzügig, durchaus sensibel und führungsstark, aber auch als etwas exaltiert. Infolge der kriegerischen Auseinandersetzung zwischen den Städten

Assisi und Perugia, in der Assisi unterlag, geriet Francesco 1202 wie viele andere nach der Schlacht von Collestrada in Gefangenschaft und wurde schwer krank. Erst nach einem Jahr konnte ihn der Vater freikaufen. Der Sohn wurde jedoch zunehmend labil, und sein Versuch, im Heer des Papstes Ritter zu werden, misslang. Am Ende eines Prozesses voller Selbstzweifel entschied sich Francesco schließlich dazu, alle bisherigen Pläne über Bord zu werfen, und verzichtete in konfliktreichen, auch juristisch ausgetragenen Debatten mit der Familie auf sein Erbe. Schon zuvor hatte er größere Summen für Wohltätigkeitszwecke und Renovierungen verfallener Kapellen ausgegeben. Wohl 1205 soll ihn der aus Holz gestaltete Kruzifixus von San Damiano, etwas unterhalb von Assisi gelegen, dazu aufgefordert haben, sich für die Wiederherstellung des Hauses Gottes einzusetzen. Aber es blieb nicht beim sprechenden Kreuz.

Der Bericht über die Aussendung der Jünger aus dem Matthäusevangelium (10,5–15), den Francesco 1208 hörte, wurde für ihn zur Initialzündung: «Geht aber und predigt und sprecht: Das Himmelreich ist nahe herbeigekommen. Macht Kranke gesund, weckt Tote auf, macht Aussätzige rein, treibt böse Geister aus. Umsonst habt ihr's empfangen, umsonst gebt es auch. Ihr sollt weder Gold noch Silber noch Kupfer in euren Gürteln haben, auch keine Reisetasche, auch nicht zwei Hemden, keine Schuhe, auch keinen Stecken. Denn ein Arbeiter ist seiner Speise wert» (V. 7–10). Energisch begab sich Franziskus in die Nachfolge dieses Auftrags, rasch sammelte er eine Anhängerschaft um sich, und es gründete sich der Orden der *pauperes minores* oder auch der *fratres minores*, der armen oder minderen Brüder, deren Botschaft der Aufruf zu einem Leben in Buße und Armut war.

Um keine unnötigen Konflikte mit der Kirche zu provozieren, reiste Franz von Assisi mit elf seiner Anhänger im Jahr 1209 nach Rom. Dort genehmigte Papst Innozenz III. mündlich den neuen Orden, der sich vor allem auf Bibelstellen wie Matthäus 16,24; 19,21 und Lukas 9,3 berief. Auch ein Protektor, ein Schirmherr oder Beschützer, wurde zugewiesen, der einerseits die Interessen des Ordens in Rom vertreten und andererseits nach innen eine Ordnungsfunktion ausüben sollte. Zunächst hatte dieses Amt für kurze Zeit Kardinal Johannes von St. Paul inne, ihm folgte Kardinal Ugolino von Ostia. Der neue Orden entfaltete bei Assisi ein reges Leben, insbesondere im Umfeld der kleinen Kirche Porziuncola. Angezogen fühlte sich auch Chiara degli Offreducci, die ihrerseits Sympathisanten fand und, unterstützt von Franziskus, den Klarissinnen-Orden gründete (vgl. Grau/Schlosser). Im Jahre 1219 machte sich Franz von Assisi auf den Weg nach Ägypten, um dort, getragen von dem permanenten Wunsch, seinen Missionsradius zu erweitern, auf das Heer der Kreuzfahrer zu treffen. Diese Unternehmung wurde jedoch nicht nur zu einem inhaltlichen Fiasko – «Bekehrungsdialoge» mit dem Sultan Al-Kamil Muhammad al-Malik (um 1180–1238) erwiesen sich als ineffektiv –, sondern auch zu einer gesundheitlich verhängnisvollen Aktion. Franziskus zog sich nämlich eine Augenentzündung zu, die progressiv verlief und auf eine Erblindung zusteuerte. Als zur gleichen Zeit auch die Entwicklung des Ordens ins Schlingern geriet, vermochte Kardinal Ugolino von Ostia, der spätere Papst Gregor IX., als Protektor lenkend einzugreifen. Mit harter Hand grenzte er innerhalb der verschiedenen Armutsbewegungen die kirchlich anerkannten – Franz von Assisi war sein persönlicher Freund – von den zu verwerfenden Häretikern ab, die Opfer der Inquisition wurden. Sein Amt als Generalminister übergab Franziskus an Petrus Catani, der schon 1221 starb. Auf ihn folgte Elias von Cortona (um 1180–1253), der allerdings wegen seiner Option für Kaiser Friedrich II. und seiner relativ liberalen ethischen Haltung, gerade in der für den Orden konstitutiven Armutsfrage, hoch umstritten war.

Zwar hatte sich Franz von Assisi aus der unmittelbaren Ordensleitung zurückgezogen und auf der Suche nach einem Ort der Ruhe in die Berge begeben, doch dann geschah noch einmal eine unerwartete Wende. Auf dem 25 Kilometer nördlich von Arezzo im Apennin gelegenen La Verna erschienen am 17. September 1224 plötzlich, nachdem sich kurz zuvor ein gekreuzigter Seraph (sechsflügliger Engel) gezeigt hatte, an seinem Körper, den Füßen und den Händen, die Stigmata, die Wundmale Jesu (vgl. die Angaben bei Schmucki, 251). Niemals zuvor hatte sich so etwas in dieser Form ereignet, und ein derartiger Vorgang ruft schnell Zweifler auf den Plan, wenn nicht sogar Nachahmungstäter, die sich selbst entsprechend verletzen. Tür und Tor zu den Wahnwelten religiöser Wirklichkeit stehen an dieser Stelle offen. In der Regel wird jedoch die Echtheit der Stigmata des Franziskus behauptet – obgleich eine historisch stichhaltige Beweiskette schwerfallen dürfte. Für die Legendenbildung und für den Heiligenstatus sind die Wundmale allerdings von unschätzbarem Wert.

Als Franz von Assisi am 3. Oktober 1226 am Hauptort seiner Wirkung starb, wurde er zunächst in San Giorgio bestattet. Vier Jahre später, 1230, erfolgte seine Umbettung nach San Francesco, in eine eigens für ihn erbaute Basilika. Am 16. Juli 1228 sprach ihn Gregor IX. heilig. Die Streitigkeiten darüber, wer über das angemessene Bild des Franziskus verfügte, nahmen an Intensität zu, insbesondere die Stigmatisierung wurde zum Anknüpfungspunkt nachgerade kultischer Überhöhung – man feierte ihn als «zweiten Christus» oder «neuen Menschen». Besonders hervor taten sich in diesem Zusammenhang die Spiritualen (von lat. *spiritus*, Hauch, Geist), der streng-asketische Flügel des Ordens. Über lange Zeit lieferten sie sich mit Funktionären, denen sie mangelnde Ernsthaftigkeit unterstellten, den sogenannten «Armutsstreit», in dem sie schließlich Ende des ersten Drittels des 14. Jahrhunderts unterlagen. Neben rigorosem Armutsstreben zeichneten sich die Spiritualen auch durch deutliche Bildungs- und Wissenschaftsfeindlichkeit aus, da der Mensch nicht zu Hochmut verführt werden dürfe. Ihren Orden integrierten sie in das von Joachim von Fiore (um 1130/35–1202) entfaltete endzeitlich ausgerichtete Heilskonzept, das durch diese Rezeption erst richtig bekannt wurde.

In den Jahren vor seinem Tod verfasste Franz von Assisi den «Sonnengesang» (*Il cantico di frate sole*), einen Lobpreis Gottes und seiner Schöpfung. Dieser gebetsartig-meditative Text, dessen Urfassung altitalienisch ist, markiert nicht nur einen Anfangspunkt der italienischen Literaturgeschichte, sondern unterstreicht auch einen besonderen Wesenszug der von Franziskus vertretenen Theologie: Der Mensch hat sich als integraler Bestandteil der Natur zu verstehen, der er nicht in Selbstgefälligkeit und Größenwahn gegenübertreten darf. Die von Buße und Demut geprägte Grundhaltung bestimmt nicht nur das Sozialverhalten der Menschen untereinander, sondern umfasst die gesamte Lebenswirklichkeit. Nicht von ungefähr begreifen ökologisch ausgerichtete Schöpfungstheologien Franz von Assisi als einen ihrer Kronzeugen: «Preis Dir, o Herr, mit allen Deinen Geschöpfen,/vornehmlich unsrer edlen Schwester, der Sonne;/sie schafft den Tag, und Du leuchtest uns in ihr. (*Laudato sie, misignore, cum tucte le tue creature/spetialmente messor lo frate sole,/lo quale iorno, et allumini per loi.*)/Schön ist sie und strahlend in großem Glanze,/ein Sinnbild von Dir, o Allerhöchster! // Preis Dir, o Gott, durch unsre Geschwister, den Mond und die Sterne;/Du hast sie am Himmel gebildet, so klar, so köstlich, so schön;/.../Preis Dir, o Gott, durch unsre Schwester, die Allmutter Erde,/die uns erhält und heget/und allerlei Früchte hervorbringt, nebst bunten Blumen und Kräutern» (zitiert nach Sabatier, 223 f.).

8. Thomas von Aquin: Gibt es Gott?

In seinem unvollendet gebliebenen Hauptwerk *Summa Theologiae*, einer Zusammenfassung der zentralen Lehrgehalte, präsentiert Thomas von Aquin gleich zu Beginn sein Verständnis der Theologie (*De sacra doctrina;* I, 1). Er begreift sie als «eine Einsenkung göttlicher Wissenheit, welche Eine ist und einfach, indem sie doch alles in sich faßt» (*Summa Theologiae [STh]* I, 1, 3). Der Mensch muss durch die Offenbarung unterrichtet werden. Die Theologie ist eine Wissenschaft, die von den Ursätzen ausgeht, die Gott gegeben hat. «Wie also der Musiker», kommentiert Thomas, «auf die vom Arithmetiker ihm gereichten Ursätze sich verläßt, so die Theologie auf die von Gott geoffenbarten des Glaubens» (*STh* I, 1, 2). Eigentlicher Gegenstand der heiligen Wissenschaft Theologie ist Gott, so «wird alles unter dem Gesichtspunkt Gott behandelt: sei es, weil es Gott selbst ist, oder weil es auf Gott als den Ursprung und das Endziel hingeordnet ist». Wir können nicht wissen, wer Gott ist, aber was er wirkt, ob Natur oder Gnade (*STh* I, 1, 7). Alles ist auf ihn hingeordnet, und das Wort Gottes wird in der Heiligen Schrift bezeugt. Diese ist in einem vierfachen Sinn zu deuten: zum einen buchstäblich, zum anderen aber auch «bildlich (*allegoricum*), sittlich (*moralem*) und hinaufweisend zum Himmlischen (*anagogicum*)» (*STh* I, 1, 10).

In der Geschichte der vielfach verzweigten Versuche, das Sein Gottes zu beweisen, nimmt Thomas von Aquin einen festen Platz ein. Fünf Wege zeigt er unter der Frage «Gibt es Gott?» in seiner «Summe der Theologie» auf, die ausgehen: von der Bewegung (*ex parte motus*), vom Wesen der Wirkursache (*ex ratione causae efficientis*), dem Möglichen und dem Notwendigen (*ex possibili et necessario*), den Stufungen, die sich in den Dingen entdecken lassen (*ex gradibus qui in rebus inveniuntur*), und schließlich von der Regierung der Dinge (*ex gubernatione rerum*). Am Ende gelangen alle fünf zur höchsten Ebene, über die ausgesagt wird: «das heißen alle Gott» (*quod omnes dicunt Deum/et hoc dicimus Deum* o. ä.). Der fünfte Weg schließt entsprechend mit den Sätzen: «Was aber keine Erkenntnis hat, strebt nicht zu einem Ziel, es sei denn, daß es von einem in Richtung gebracht ist, das Erkenntnis und Vernunft hat, gerade wie der Pfeil vom Schützen. Also gibt es ein Vernünftiges, von dem alle Naturdinge zu einem Ziel hingeordnet werden: und das heißen wir Gott» (*STh* I, 2, 3). Thomas hält seine Beweisketten für stichhaltig und erklärt Gott zur «Urheit der Dinge», zu ihrem letzten «Ziel» (*principium rerum et finis earum; STh* I, 2, Vorwort). Allerdings handelt es sich bei dieser Argumentation nicht um den Nachweis Gottes im strengen Sinne, etwa aus der Natur oder dem Wesen der Vernunft; vielmehr wird er dem Beweis immer schon zugrunde gelegt, und seine Notwendigkeit wird demonstriert.

Thomas diskutiert überdies die Frage, wie es dem Menschen überhaupt möglich sein kann, von Gott zu sprechen. Müssen nicht alle Namen und Eigenschaften, die ihm zugeschrieben werden, als unzulänglich gelten, da sie weltlich und endlich sind? Die Antwort ist eindeutig: Es gibt zwar Namen, die «bejahend von Gott gebraucht werden, wie gut, weise und dergleichen», aber es «ist zu sagen, daß derartige Namen zwar das göttliche Wesen bezeichnen und von Gott in Wesensbeziehung ausgesagt werden, daß sie aber nicht zu seiner Darstellung hinreichen», sie bleiben unvollkommen (*STh* I, 13, 2). Der Mensch kann von Gott nur in der ihm eigenen geschöpflichen Sprache reden, diese bleibt jedoch immer uneigentlich. Der Mensch kann sich Gott nur annähern, kann ihn beschreiben, begrifflich eingrenzen, aber nicht so benennen, dass der Rahmen analoger, mit Entsprechungen arbeitender Redeweise überschritten wird. Gott bleibt immer dem Zugriff des Menschen entzogen (vgl. dazu Pesch, Scholastik, 190).

Thomas von Aquin wurde 1224, eventuell auch 1225, auf Roccasecca geboren, einer Burg, die acht Kilometer östlich der Stadt Aquino in der Region Latium liegt. Seine Familie gehörte dem niederen Adel an. Als Thomas ungefähr fünf Jahre alt war, gaben ihn die Eltern – Landulf und Theodora – nach Montecassino. Das zwischen Rom und Neapel gelegene Kloster war im Mittelalter eines der wichtigsten Zentren seiner Art. Dorthin kam Thomas als «Oblate», das bedeutet, er sollte eines Tages Mitglied des Benediktiner-Ordens werden. Im Jahr 1239 allerdings verließ er das Kloster, um in Neapel an der vom Stauferkaiser und Papstantipoden Friedrich II. protegierten Universität zu studieren. 1244 kam es zu einer wichtigen Zäsur, denn gegen den erklärten Willen und heftigen Widerstand seiner Eltern wurde Thomas Mitglied des Dominikaner-Ordens. Dominikus, Domingo de Guzmán, hatte den *Ordo fratrum Praedicatorum* (OP) im frühen 13. Jahrhundert in Toulouse gegründet, 1216 wurde die Ordensregel päpstlich bestätigt. Anders als die Franziskaner legten die Dominikaner von Anfang an den größten Wert darauf, das Christentum intellektuell zu durchdringen, um es besser gegen eine Infragestellung von außen verteidigen zu können. Unmittelbar dem Papst zugeordnet, spielten sie des Öfteren eine maßgebliche Rolle bei der Durchsetzung seiner Interessen.

Mit legendärem Arbeitseifer stürzte sich Thomas in seine Studien, die sowohl die Philosophie als auch die Theologie umfassten. Von 1245 bis 1248 hielt er sich in Paris auf, wo er unter anderem Hilfstätigkeiten für Albertus Magnus versah. Anschließend wurde er in Köln Assistent dieses herausragenden Gelehrten, der die christliche Rezeption des Aristotelismus nachhaltig förderte. Albertus Magnus leitete in Köln, international anerkannt, das *Studium generale* der Dominikaner. Die 1388 gegründete Universität zu Köln geht auf seine Schule zurück. In dieser Zeit , wohl 1250, wurde Thomas auch zum Priester geweiht und unterrichtete als *Baccalaureus biblicus* das Studium der Heiligen Schrift. Vom Orden 1252 nach Paris versetzt, wirkte er nunmehr als *Baccalaureus sententiarius*. In dieser Funktion kam es ihm zu, das über Jahrhunderte entscheidende Grundlagenwerk der Dogmatik, die aus vier Büchern bestehenden *Sententiae* des Petrus Lombardus, des *Magister sententiarum*, wie er genannt wurde, im Unterricht zu präsentieren. Zentrale Passagen der Kirchenväter und -lehrer waren in den Bänden zusammengestellt und sollten in ihrer Summe eine Zusammenfassung der Theologie ergeben. Über dieses Werk verfasste Thomas als eigene erste wichtige und umfassende Arbeit seinen «Sentenzenkommentar».

Nachdem Thomas 1256 vom Papst zum Magister ernannt worden war, verließ er 1259 Paris und setzte nach einer Zeit in Neapel seine Lehrtätigkeit in Orvieto fort. Dann wurde ihm jedoch die Aufgabe übertragen, in Rom, und zwar in Santa Sabina auf dem Aventin, für den Dominikaner-Orden eine Studieneinrichtung zu installieren. Diese leitete er einige Jahre lang, bevor er 1269 erneut seinen Weg nach Paris lenkte, um die Ordensinteressen an der Universität zu verteidigen. Bereits in Rom hatte Thomas damit begonnen, seine *Summa Theologiae* zu schreiben, in Frankreich setzte er seine Arbeit daran dann fort. Das dreiteilige Opus blieb letztlich ein, wenn auch weit gediehenes, Fragment und gilt bis heute als eines der herausragendsten und wirkmächtigsten theologischen Werke, die jemals entstanden sind.

Ab 1272 unterrichtete Thomas in Neapel, um auch hier ein *Studium generale* zu begründen. Am 6. Dezember 1273 erlitt er einen Zusammenbruch, wahrscheinlich aufgrund eines Schlaganfalls oder aber auch einer massiven Überanstrengung im Zusammenhang mit seiner exzessiven literarischen Arbeit. «Ich kann nicht mehr. Alles, was ich geschrieben habe, erscheint mir wie Stroh – verglichen mit dem, was ich geschaut habe», soll

Thomas nach einem dem Kollaps vorangegangenen mystischen Erlebnis gesagt haben (das Zitat bei Pesch, Art. Thomas von Aquin, 436). Von diesem Zeitpunkt an schrieb er nichts mehr.

Papst Gregor X. berief ihn allerdings 1274 zu sich nach Rom. Von Mai bis Juli sollte das Zweite Konzil von Lyon stattfinden, auf dessen Programm unter anderem Kreuzzugsthematik und Kirchenreform standen. Thomas sollte sich beratend in die Verhandlungen einbringen, erreichte sein Ziel Lyon aber nicht mehr, sondern starb auf dem Weg dorthin am 7. März 1274 in Fossanova, einer 80 Kilometer südlich von Rom gelegenen Zisterzienserabtei. 1369 wurde sein Leichnam nach Toulouse überführt, sein Grab befindet sich in der dortigen Kirche der Dominikaner Les Jacobins.

1323 sprach Papst Johannes XXII. Thomas von Aquin heilig. Viele Vorschläge wurden gemacht, wie sein äußerst umfangreiches Werk sinnvoll strukturiert werden könnte. Otto Hermann Pesch vertritt etwa ein konstruktives Modell, das bei der Werkeinteilung die Biographie und den historischen Kontext berücksichtigt. Unterschieden werden im Wesentlichen folgende Kategorien: Lehrtätigkeit, Forschungsbeiträge, Streitschriften aus gegebenem Anlass, Auftragsarbeiten und Gutachten, Traktate und Lehrbücher aus eigener Initiative, Predigten, liturgische Texte und Gebete (s. Pesch, Art. Thomas von Aquin, 437 f.). Thomas von Aquin ist Inbegriff der mittelalterlichen Scholastik. So werden die einzelnen Aussagen zu einer kontinuierlichen Beweiskette verbunden. Eine Aussage geht aus der anderen mit zwingender Logik hervor – bis hin zu den einzelnen «Dienstgraden» der Engel (vgl. *STh* I, 107–113). Theologie und Philosophie bilden dabei eine Einheit zum Ziel universaler Gottes- und Welterkenntnis. Die Vernunft richtet sich nicht selbständig gegen Gott, sondern schreitet immer weiter in der Erkenntnis der durch ihn repräsentierten Wahrheit und Wirklichkeit fort.

Den Menschen verstand Thomas von Aquin als rationales Wesen (*animal rationale*), das eine Geistseele besitzt, welche die Individualität des Menschen bestimmt und die Materie, aus der er besteht, gestaltet. Durch den Person-Begriff wird diese näher bestimmt. Als *persona* ist der Mensch unverwechselbar und einmalig; sie ist «eine unteilige Substanz der vernünftigen Natur» (*STh* I, 29) und Ausdruck des Vollkommensten, das es in der ganzen Natur gibt (*perfectissimum in tota natura; STh* I, 29, 3). Auf Gott übertragen bezeichnet die Person «die Relation als sich selbst tragende Seinswirklichkeit». Die Trinitätslehre nimmt hier ihren Ausgang (vgl. *STh* I, 30 ff.). Das Wesen des Menschen wiederum besteht aus Geistigem und Körperlichem, Seele und Leib, wobei jene im Gegensatz zu diesem unvergänglich ist (*STh* I, 75, 6). Eng verbunden mit derartigen Überlegungen ist die von Thomas präsentierte Lehre vom Sein. Das Sein ist für sich genommen ohne jede Grenze, aber es aktualisiert sich im Seienden und wird an diesen Punkten eingeschränkt, wird zum jeweiligen Sein des Seienden, das sich durch Eigenschaften, wie Quantität und Qualität, näher bestimmt (vgl. Slenczka, 131–136).

Einen hervorgehobenen Stellenwert misst Thomas in seinem Werk der Ethik bei. Er orientiert sich hier mit Aristoteles an den Tugenden, die das Handeln bestimmen. Zusätzlich kommt dem natürlichen Gesetz (*lex naturalis*) eine Steuerungsfunktion zu. Es ist mit den Zehn Geboten in Einklang zu bringen und bedarf der Interpretation, um wirkmächtig werden zu können. Der Mensch hat die Möglichkeit, sich frei für das Gute oder das Böse zu entscheiden. Diese Annahme bringt einen verschärften Verantwortungsbegriff mit sich; denn Gott kann entsprechende Rechenschaft verlangen. Angesprochen ist an diesem Punkt der menschliche Wille, den Thomas durchaus als frei sehen will. Da der Mensch allerdings durch die Sünde geprägt ist, bedarf er der gnadenhaften Zuwendung Gottes, um sich seinerseits auf ihn zubewegen zu können. Thomas spricht in diesem Zusammenhang von den sogenannten «eingegossenen Tugenden» (*virtutes infusae*). Diese sind vor allem, neutestamentlich bezeugt, Glaube, Liebe und Hoffnung. Gott gibt sie dem Menschen, damit er sich auf ihn ausrichten kann (vgl. *STh* II-I, 55 ff.). Direkt aus diesen göttlichen, theologischen Tugenden gehen die sittlichen hervor, die durch die Kardinaltugenden – Klugheit, Gerechtigkeit, Tapferkeit und Maß – abgedeckt sind. Auch sie, die sittlichen, erworbenen Tugenden (*virtutes acquisitae*) sind eine Gabe Gottes; sie müssen durch Wiederholung und Übung angeeignet werden und bedürfen der Vervollkommnung durch die *virtutes infusae*. Trotz aller Tugenden braucht der Mensch allerdings die Erlösung durch Christus, die ein gnadenhaftes Entgegenkommen Gottes ist: «Soweit die Rechtfertigung des Sünders das ewige Gut der göttlichen Teilhabe zum Ziel hat, das das größte Gut ist, soweit ist auch sicher das Werk der Rechtfertigung das größte» (*STh* I–II, 113, 9). Entscheidend ist für Thomas von Aquin, dass die Natur des Menschen nicht durch die Gnade aufgehoben, sondern durch sie vollendet wird: *gratia naturam non tollit, sed perficit* (s. *STh* I, 1, 8 ad 2).

Über seine grundlegenden Gedanken zur Ethik hinaus hat sich Thomas von Aquin auch zu konkreten Anwendungsproblemen geäußert. Es sind vor allem seine Überlegungen zum gerechten Krieg (*iustum bellum*), die bis in die Gegenwart hinein rezipiert werden. Dabei nahm er in seiner *Summa Theologiae* eine komplexe Lehrüberlieferung auf, die wesentlich durch Cicero, die Stoa und Augustinus bestimmt war und um 1140 im *Decretum Gratiani*, dem Hauptwerk des Kamaldulensermönchs Gratian, eine gewisse Zusammenfassung gefunden hatte. Thomas führt drei Kriterien für einen gerechten Krieg (*ius ad bellum*) an, der erforderlich sein kann, um die Bevölkerung zu schützen: 1) Nur eine zuständige Obrigkeit kann den Krieg erklären (*legitima auctoritas/legitima potestas*); 2) die *causa iusta*:

ein gerechter Grund muss vorliegen; 3) die *intentio recta*: der Wille zum Frieden, die rechtschaffene Absicht der Kriegführenden; «in ihr soll nämlich erstrebt werden, daß Gutes gefördert oder Übles verhütet wird» (*STh* II-II, 40, 1). An zentraler Stelle im Abschnitt zum Krieg greift Thomas ein Augustinus-Zitat aus einem Brief an Bonifatius (*Epistel*, 189) auf: «Man sucht nicht den Frieden, um den Krieg zu rüsten, sondern der Krieg wird geführt, um den Frieden zu gewinnen. Sei also im Kriegführen zum Frieden gewillt, damit dein Sieg die Erliegenden zum Segen des Friedens hinbringt» (*STh* II–II 40, 1 ad 3). Der Krieg erhält somit seine eigentliche Wesensbestimmung von einer Ausrichtung auf den Frieden. Nur ein Krieg aus unlauteren Motiven wird als sündhaft beurteilt.

Thomas von Aquin hat sich über die Jahrhunderte hinweg als maßgebliche Autorität römisch-katholischer Theologie etabliert. Seine Werke wurden in den «Thomismus» überführt, der sich, verstärkt durch die Dynamik der Gegenreformation, zum neuerungsskeptischen, monolithischen Bollwerk entwickelte. Durch konsequente Systematisierungen des ohnehin schon scholastisch-ausgefeilten Werks des Aquinaten wurde sein Denken in die Sphären zeitenthobener Gültigkeit und Wahrheit übersteigert. Erst mit dem Zweiten Vatikanischen Konzil setzten schlagkräftige Korrekturbewegungen ein, und zunehmend wurden auch die anderen großen Theologen der Kirchengeschichte in ihrer je eigenen Prominenz profiliert, allerdings ohne dass der normative Rang, den Thomas von Aquin einnimmt, ernsthaft relativiert werden konnte. Am Erhalt des Bestehenden ausgerichtete Vereinnahmungsbemühungen werden unterlaufen und durch die Substanz des von ihm bezeugten «denkenden Gottesdienstes» (O. H. Pesch) stets aufs Neue konterkariert.

9. Nikolaus von Kues: Die belehrte Unwissenheit

Eines der Kennzeichen mittelalterlicher Kirchenherrschaft ist das Pfründewesen. Hinter dem Begriff steht das mittellateinische *provenda*, der Unterhalt. In einer Zeit, die die modernen Gehaltszahlungen nicht kannte, waren die Pfründe ein Weg, weltliche und kirchliche Amtsträger zu finanzieren: Holzlieferungen, Geldzahlungen, Versorgung mit Arbeitskräften und Nahrungsmitteln gehörten dazu, verführten freilich auch zu manchem Missbrauch. Ein geistiges *Beneficium*, ein Lehen, wird ebenfalls als Pfründe bezeichnet. Nikolaus von Kues war ein Meister im Erwerb von Pfründen, die er in beträchtlicher Zahl – es waren an die 30 – anhäufte, oft ohne das damit verbundene Amt jemals auszuüben. 1401 wurde er in Kues (heute Bernkastel-Kues) am Rhein als Sohn eines wirtschaftlich erfolgreichen Schiffers geboren. Bis 1430 führte er den Familiennamen Cryfftz (vom lateinischen *cancer*, Krebs), um sich dann humanistischer Manier gemäß nach einem seiner Wirkungsorte rufen zu lassen: z. B. Nicolaus Trevensis (Trier) oder Nicolaus de Cusa, dann auch Nicolaus Cusanus. Das Studium der Rechtswissenschaft in Heidelberg und Padua schloss er 1423 mit der Promotion zum *Doctor decretorum*, «Doktor der Dekrete», also der Rechte, ab. Anschließend setzte sich der junge Jurist in Köln, angeleitet von Heymericus de Campo, intensiv mit den klassischen Schriften von Albertus Magnus, Raimundus Lullus und Meister Eckhart auseinander und tauchte tief in die Welten des Neuplatonismus ein.

Der Erzbischof von Trier, Otto von Ziegenhain, ernannte Cusanus zu seinem juristischen Berater. Zwei Rufen nach Löwen auf den Lehrstuhl für kanonisches Recht kam er nicht nach, wirkte aber von 1427 bis 1439 als Dekan des Stiftes St. Florin in

Koblenz, wurde 1435 Propst von Münstermaifeld und 1445 Archidiakon von Brabant. Wann genau die Weihe zum Priester stattfand, ist nicht bekannt, frühestens jedoch 1436. 1448 erfolgte seine Erhebung in den Kardinalsstand, zwei Jahre später die von vielen Konflikten vor Ort – vornehmlich mit dem Tiroler Herzog Sigmund – begleitete Weihe zum Fürstbischof von Brixen. Die Auseinandersetzungen, vor allem um Reformen im Bistum, mündeten schließlich in der wiederholten Vertreibung aus Brixen, die dadurch ausgeglichen werden konnte, dass Papst Pius II. Nikolaus von Kues 1458 nach Rom rief und 1459 zum Legaten und Generalvikar ernannte. Am 11. August 1464 verstarb Cusanus im umbrischen Todi – mitten in den Planungen zu einem Kreuzzug gegen die Türken. Die Bestattung fand in der ihm als Kardinal zugewiesenen Titelkirche San Pietro in Vinculi statt. Das Herz wurde allerdings nach Kues überführt, um in der Kapelle des St. Nikolaus-Hospitals, dem Cusanusstift, beigesetzt zu werden, das Nikolaus zusammen mit seiner Schwester Clara und seinem Bruder Johannes 1458 zur Versorgung von genau 33 Armen, berechnet nach den angenommenen Lebensjahren Jesu, gegründet hatte.

Nikolaus von Kues war im Zuge seiner kirchlichen Funktionen immer wieder auch überregional tätig. Von 1432 bis 1437 verhandelte er auf dem Konzil von Basel (1431–1449) mit den sich nach dem 1415 in Konstanz zum Tode verurteilten und verbrannten Reformer Jan Hus nennenden Hussiten. Dabei vermittelte er einen Kompromiss, der in der Eucharistie auf die Zulassung des von den gemäßigten «Kalixtinern» (lat. *calix*, Kelch) geforderten Kelchs auch für die Laien und nicht nur für den Klerus zulief, die freie Predigt im Gottesdienst aber weiter versagte. Nach Basel hatte ihn der Trierer Ulrich von Manderscheid entsandt, der, gefördert von örtlichen Adelskreisen, dem 1430 verstorbenen Otto von Ziegenhain im Amt folgen wollte, sich aber nicht durchsetzen konnte und exkommuniziert wurde. Statt seiner reüssierte hingegen der von Papst Martin V. unterstützte Raban von Helmstatt. Nikolaus von Kues mischte sich in den bis ins Konzil ausgreifenden «Trierer Bischofsstreit» ein und vertrat vergeblich die Linie, dass ein Papst sich nicht über den einmütigen Wunsch von Laien hinwegsetzen dürfe, da dies gegen die Kriterien von göttlichem und Naturrecht verstoße. In *De concordantia catholica* (Über die allumfassende Eintracht) fügte er 1433 seine Gedanken zusammen. Die Kirche sei durch das Konzil, das bei Einstimmigkeit den Papst absetzen könne, zu reformieren. Befänden sich beide Kräfte in harmonischer Übereinstimmung, läge eine Unfehlbarkeit des Konzils vor; eine Reichsreform habe durch den Kaiser zu erfolgen.

Diese Debatten gewannen einen umfassenden Zug, weil 1431 mit Eugen IV. ein neuer Papst gewählt worden war. Dessen Sympathie erarbeitete sich Nikolaus von Kues, als er 1436 die Seiten wechselte und nun für die Interessen des Papstes eintrat und gegen die der «Konziliaristen», denen es um das Primat des Konzils gegenüber dem Papsttum ging. Er tat dies vor allem aufgrund der übergeordneten Überlegung, einen Beitrag zur Wiedervereinigung von römisch-katholischer und orthodox-byzantinischer Kirche leisten zu können. Diesem Vorhaben maß Nikolaus von Kues hohe Priorität bei, wobei er sich dadurch bestätigt fühlte, dass der Papst gegenüber dem Konzil vom Byzantinischen Vertreter als maßgeblich angesehen wurde. Die eindeutige, wohl durchaus auch opportunistische Positionierung zugunsten des Bischofs von Rom wurde zum entscheidenden Ausgangspunkt für seine weitere Karriere, insbesondere als sein Freund Tommaso Parentucelli als Nikolaus V. 1447 Papst geworden war.

Die Reform der Kirche war eines der Lebensthemen des großen Predigers Nikolaus von Kues. Er vertrat den auch in heutigen interkonfessionellen und -religiösen Debatten wiederkehrenden Gedanken einer *una religio in rituum varietate*, unterschiedliche Riten, aber eine Religion (*De pace fidei*; vgl. auch die *Reformatio generalis*, 1459). Bei einem Vergleich der Religionen verfügte allerdings für ihn nur das Christentum über den richtigen Glauben. Tief erschütterte Cusanus der Zusammenbruch des Byzantinischen Reiches, nachdem die Osmanen 1453 Konstantinopel erobert hatten. Die Konfrontation mit dem Islam bestimmte deshalb seine religionstheologischen Überlegungen, die indes erstaunlich liberal ausfielen (*Cribratio Alkorani*/Sichtung des Korans, 1460/61).

Sein Engagement für die Kircheneinheit führte Nikolaus von Kues 1437/38 als päpstliches Gesandtschaftsmitglied nach Konstantinopel. Als er von dort per Schiff nach Venedig zurückreiste, wurde ihm eine ganz besondere Einsicht zuteil, mit der er in die Geschichte der Theologie eingehen sollte: die *docta ignorantia*, die «belehrte Unwissenheit» – sie bildete die Antwort auf die alles entscheidende Grundfrage, wie und ob es überhaupt möglich sein kann, Gott zu erkennen. Das Unbegreifliche, das Göttliche, lasse sich nur in «belehrter Unwissenheit» erfassen, als Form des Aufstiegs zu den Wahrheiten, die unvergänglich sind. 1440 veröffentlichte Nikolaus von Kues sein Werk *De docta ignorantia*, philosophisch vertieft in *De coniecturis* (Über Mutmaßungen) (1442/43). Er nimmt darin einen älteren Gedanken auf, der in der auf Pseudo-Dionysius Areopagita (um 500) zurückgehenden «negativen Theologie» eine große Rolle spielt: Es kann von Gott nicht gesagt werden, was er ist, sondern was er nicht ist. Nur «im Dunkel unserer Unwissenheit» (*in tenebris nostrae ignorantiae*) leuchtet die genaue Wahrheit «in der Weise des Nichterfassens» (*De docta ignorantia* 26, 89) auf. Der Mensch kann Gott nicht begreifen, sondern nur über sein eigenes Unwissen belehrt werden. «Die heilige Unwissenheit» (*sacra ignorantia*), hebt Cusanus hervor, «hat uns die Unaussprechlichkeit Gottes gelehrt, und zwar wegen seiner unendlichen Erhabenheit über alles, was sich benennen läßt» (ebd., 87). Die Suche nach der Wahrheit und der Weisheit treibt den Denkenden voran. Der menschliche Verstand, die *ratio*, ist nur dazu in der Lage, in den Kategorien quantitativer oder qualitativer Steigerung zu denken. Mit einer solchen Strategie lässt sich Gott allerdings nicht erfassen, da der Verstand nur zu relativen Ergebnissen und nicht zur Gleichheit gelangen kann. So bleibt der Mensch in den Grenzen seiner eigenen Fähigkeiten gefangen. Die Vernunft, der *intellectus*, erfasst diesen Umstand, kann ihn aber ebenfalls nicht überwinden. Da sie aber auch etwas Göttliches hat, ist sie dazu in der Lage, die Wahrheit Gottes wenigstens zu berühren. Um dies näher zu präzisieren, nimmt Nikolaus von Kues einen alten vorsokratischen Gedanken wieder auf, die *coincidentia oppositorum*, den in seiner Grundstruktur scheinbar widersprüchlichen Zusammenfall der Gegensätze. In Gott, als dem Mittelpunkt des Alls, sind die Gegensätze eins. Gott selbst ist das widerspruchsfreie erste Prinzip, aus dem alles als Explikation hervorgegangen ist. Die Welt ist vergleichsweise beschränkt. Je mehr sich der Mensch aber bemüht, desto besser gelingt es ihm, an Gott heranzukommen, auch wenn er ihn niemals erreichen kann. «Je gründlicher wir», heißt es in *De docta ignorantia* (I ,3), «in dieser Unwissenheit belehrt sind, desto näher kommen wir an die Wahrheit selbst heran.»

Theologie und Philosophie gehen bei Nikolaus von Kues ineinander über. Immer wieder umkreist er in seinen vielen Veröffentlichungen die Erkenntnisthematik, die Suche nach Gott (*De quaerendo Deum*; *De Deo abscondito*/Über den verborgenen Gott). Eine eigene Reihe bilden seine *Idiota*-Schriften (*Idiota de sapientia I/II*, *Idiota de mente* und *Idiota de staticis experimentis*): Sie handeln von der mystischen Gotteserfahrung des einfältigen Menschen. Deutlicher als alle Gebildeten in ihrem Wissenswahn erkennt er Gott in seinem Geist. 1453 erscheint ein Werk über die Schau Gottes (*De visione Dei*): In einem berühmten Bild beschwört Nikolaus von Kues, Gott befinde sich hinter der «Mauer des Paradieses» in unverhüllter Form, umgeben von den ineinsfallenden Gegensätzen. Cusanus weitete seine theologisch-philosophischen Überlegungen bis in die Mathematik hinein aus; auch dort kam er auf den Gedanken allmählicher Annäherung an das Unendliche zu sprechen, wodurch er als ernstzunehmender Vorläufer der Infinitesimalrechnung gilt.

Eine seiner schwierigsten Schriften ist die 1458 veröffentlichte Abhandlung *De beryllo*, die er für die Benediktiner im Kloster Tegernsee verfasste: Im Mittelpunkt steht der auf zwei Arten, konkav und konvex, geschliffene Stein, durch den sich auf verschiedene Weise Dinge erkennen lassen, die zuvor unsichtbar waren. Beryll, ein Silikat-Mineral, war der Oberbegriff für klare Kristalle und so auch für das Material, aus dem erste *Brillen*gläser hergestellt wurden. Mit Hilfe dieses Bildeinfalls versuchte Cusanus die Koinzidenztheorie in ihrer Universalität zu vermitteln: Nur aus ihrer umgreifenden Perspektive, in der das Unsichtbare sichtbar wird, lässt sich die Welt als Ganzes betrachten. Und am Ende tritt der Beobachter, der schauende Mensch, ins Zentrum, ist er es doch, der die Eindrücke zu verarbeiten hat und dabei – wie es der Satz des Protagoras vorgibt – Maßstäbe setzen muss: «Denn mit dem Sinn mißt er das Sinnfällige, mit der Vernunft das durch die Vernunft Erkennbare, und was über dem durch die Vernunft Erkennbaren ist, berührt er im Überschreiten» (*De beryllo* 6, 2–5).

Auch Cusanus ist aber die Sündhaftigkeit des Menschen nicht entgangen, aus der er nur entkommen kann, wenn er sich Christus, dem Erlöser, angleicht. Allein durch den Glauben an ihn kann der Mensch erlöst werden. An dieser Stelle erhält der Gedanke der *coincidentia oppositorum* eine christologische Spitze: Denn im Sohn Gottes fallen die Gegensätze zusammen und in seiner Universalität findet die Schöpfung zu ihrer Vollendung.

10. Martin Luther: Gesetz und Evangelium

Den entscheidenden Neuansatz gegenüber der scholastischen Theologie des Mittelalters brachte, was die Bestimmung von Mensch, freiem Willen, Sünde und Gerechtigkeit Gottes angeht, die Reformation, allen voran Martin Luther – in den Mittelpunkt trat die Frage nach dem Verhältnis des durch und durch sündigen Menschen zum gerechten Gott. Wie wird der Mensch vor Gott gerecht, wie kann er vor Gottes Zorn bestehen? Luther hat die Situation des Menschen vor Gott in für den Protestantismus grundlegender Weise als existentielles Spannungsverhältnis entworfen. Die Unterscheidung von «Gesetz und Glaube», «Gebot und Evangelium» erscheint ihm als «die höchste Kunst in der Christenheit, die alle … wissen sollen» (Predigt über Galater 3, 23–29, in: WA 36, 24–42, hier: 25). Während das Evangelium als Gnadenzusage gesehen wird, tritt das Gesetz als Forderung in Erscheinung. Das Gesetz klagt den Menschen an, verurteilt ihn als Sünder; das Evangelium gibt dem Menschen Leben, macht ihn lebendig. Im Gesetz konfrontiert Gott den Menschen mit seinem Gericht, zeigt ihm, dass er durch Sünde und Tod gekennzeichnet ist – ein Zustand, der sein ganzes Leben prägt, ohne dass er sich aus eigener Kraft daraus befreien kann. Dies gilt auch für das alle Menschen verpflichtende natürliche Sittengesetz, das sich mit dem Dekalog verbinden lässt, wenn er von den alttestamentlich-zeitgebundenen zeremonialgesetzlichen Elementen getrennt wird.

Anders als der freie Wille hat die Vernunft, die Fähigkeit zur Welterkenntnis, -gestaltung und -ordnung, den Sündenfall überdauert. Aber letztlich kann der Mensch nur unabhängig von ihr allein durch den am verkündigten Evangelium ausgerichteten Glauben gerecht werden. Im Evangelium erfährt der Mensch Gottes Heilszuspruch. Im Glauben verlässt er sich auf diesen und nimmt das Heil als gegenwärtig wahr. «Und in der Tat», so Luther 1536 in seiner *Disputatio de homine* (Disputation vom Menschen), «ist es wahr, daß die Vernunft die Hauptsache von allem ist, das Beste im Vergleich mit den übrigen Dingen dieses Lebens und [geradezu] etwas Göttliches. Sie ist Erfinderin und Lenkerin aller [freien] Künste, der medizinischen Wissenschaft, der Jurisprudenz und all dessen, was in diesem Leben an Weisheit, Macht, Tüchtigkeit und Herrlichkeit von Menschen besessen wird» (ebd., 16). Über sein eigenes Wesen vermag der Mensch allerdings auch mit ihrer Hilfe keine hinreichende Auskunft zu geben, denn «sowohl die Definition als auch die Erkenntnis des Menschen» ist «dürftig, schlüpfrig und allzu sehr an der Stofflichkeit orientiert. Die Theologie hingegen definiert aus der Fülle ihrer Weisheit den ganzen und vollkommenen Menschen.» Den Ausgangspunkt bildet die Erschaffung des Menschen zur *imago Dei,* zum Bild Gottes, «gemacht ohne Sünde», doch dann «nach Adams Fall der Macht des Teufels unterworfen», der Sünde und dem Tod. So steht auch die Vernunft «unter der Macht des Teufels» (ebd., 19 f.). Wenn für Luther die Vernunft von diesem verhängnisvollen Vorzeichen bestimmt ist und erst im Eschaton «das Ebenbild Gottes wiederhergestellt und vollendet sein wird», dann bleibt der Mensch in dieser Welt «in Sünden und wird tagtäglich zunehmend gerechtfertigt oder verunstaltet» (ebd., 24).

Nur durch das Erlösungswerk Jesu Christi besteht für den Menschen die Möglichkeit, die tödliche Kraft der Sünde zu durchbrechen. Für Luther ist dabei die strenge Bindung des Geistes Gottes an das Wort kennzeichnend. Allein im Wort, *solo verbo*, kommt es zu einer Begegnung des Menschen mit Gottes Geist, und diese Begegnung erwirkt den Glauben. Nur durch diesen Glauben, *sola fide*, nur durch den Kreuzestod Jesu Christi und die Gnade Gottes, *sola gratia*, wird der Mensch gerecht, kommt es zu seiner Rechtfertigung und Heiligung. Außerhalb des göttlichen Wortes kann es keine Offenbarung geben. Luther unterscheidet ein äußeres und ein inneres Wort. «Der Geist redet nicht ohne das Wort; und: Der Geist redet durch das Wort, im Worte» (Althaus, 43). Das Wort Gottes begegnet dem Menschen *sola scriptura,* allein in der Heiligen Schrift. Die Tradition besitzt demgegenüber keinerlei Heilsrelevanz, weder der Papst noch die Konzile. Die Heilige Schrift, betont Luther, kann sich selbst auslegen und ist in ihrer Aussage letztlich durch Klarheit (*claritas scripturae*) bestimmt. Dunkle Stellen, deren Sinn sich nicht ohne Weiteres erschließt, lassen sich durch andere, verständliche Passagen auslegen. Hiermit stellte sich Luther gegen den Humanisten Erasmus von Rotterdam, der die Auffassung vertrat, es müsse von außen das Unverständliche aufgelöst werden.

Mit Hilfe des Wortes, des Buchstabens, wendet sich, so postuliert Luther, der Geist dem Menschen zu und wirkt in ihm, lässt ihn durch seine erneuernde Kraft gerecht werden. Im Geist wird dem Menschen das Evangelium zuteil, und nur durch den Geist erkennt er die Botschaft des Evangeliums. «Aber», fragt Luther, «was lehrt uns die Weisheit des Heiligen Geistes? ... die Weisheit des Geistes zeigt Gott als den, der die Zerschlagenen, die Angefochtenen und Niedrigen liebt, der die Seufzer und Stimmen der sehr Elenden erwartet und hört. Aber wenn nicht der Heilige Geist diese Weisheit in die Herzen ausgießt, so wird sie, auch wenn sie äußerlich gehört wird, doch ohne Frucht gehört» (Luther, Der 51. Psalm, 155). Der Ort, an dem der lebendig machende Geist im Wort erscheint, ist maßgeblich die Predigt. Nur hier, in der Verkündigung der biblischen Botschaft von dem Gott, der mit seiner heilschaffenden Gerechtigkeit den Menschen rechtfertigt, wird Gott offenbar. Ob jedoch durch die Verkündigung der Geist wirksam wird und zum Glauben führt, bleibt dem souveränen Ratschluss Gottes überlassen.

Luther erkannte in der Sprachfähigkeit des Menschen seine besondere, ihn vor allen anderen Lebewesen auszeichnende Begabung. In der Predigt wird der Mensch mit dem Wort des Gesetzes und dem des Evangeliums konfrontiert. Die Predigt muss dabei die Unterscheidung zwischen beiden hervorheben. Sie macht deutlich, dass der Christ nicht nur unter der Gesetzesforderung existiert, sondern auch als Mensch lebt, der sich gerechtfertigt und dadurch frei weiß. Die Wahrheit gegenwärtiger Verkündigung ist aber auch abhängig von der Möglichkeit, ihren Aussagegehalt an der biblischen Überlieferung zu überprüfen; hierzu bedarf es freilich, zumindest auf Seiten der Pfarrer und Lehrer, der genauen Kenntnis des Hebräischen, Griechischen und Lateinischen. So ist die Wahl der Sprache und damit die Nachvollziehbarkeit des Ausgesagten ein entscheidendes Kriterium für die gegenwärtige Relevanz der biblischen Verkündigung als Wort Gottes.

Durch die Botschaft des Evangeliums wird der Mensch in ein neues Verhältnis zu Gott gesetzt. Er steht dabei unter der steten Spannung, zugleich sündig und gerecht zu sein, was mit der klassischen, Römer 7 aufnehmenden Formel *simul iustus et peccator* zusammengefasst wird. Nur im Glauben an Christus ist eine Befreiung von der Sünde möglich. Nur durch diesen Glauben verliert sie ihre Macht, und nichts kann dem Christen mehr schaden, alles ist ihm untertan – dies ist die «Freiheit eines Christenmenschen», eine Existenz im Glauben als Freiheit vom Gesetz. Genauso wenig wie Luther diese Gesetzesfreiheit als antinomistischen Libertinismus verstanden wissen will und sehr wohl – vor allem im Rahmen seiner Zwei-Reiche-Lehre – die ordnende und gemeinschaftserhaltende Kraft des Gesetzes betont, die zuallererst die Existenz der Kirche ermöglicht, lehnt er auch entschieden jeglichen Spiritualismus ab, der an der Wortverkündigung vorbei von einer unmittelbaren Offenbarung und Geistmitteilung ausgeht.

Aus dem Blickwinkel Luthers ist Gott nur dort zu beobachten, wo er sich im Wort der biblischen Offenbarung zeigt, sich identifizierbar macht, wobei der Christusbezug entscheidend wird und auch als qualitativer Maßstab für die Stellung der Texte im Kanon dient. Mit der strikten Bindung jeder Erkenntnis Gottes an die Heilige Schrift wird den ungebundenen Formen religiöser Erlebniswirklichkeit, die in den Tiefen seelenfüllender Spiritualität, auf weitem Feld oder im naturmystisch inspirierten Umarmen ahnungsloser Bäume das ersehnte Gottes- oder Versenkungserlebnis zu finden vermag, eine Absage erteilt.

Am 10. November 1483 wurde Martin Luther als Sohn von Margarethe (1459–1531) und Hans Luther (1459–1530), der verschiedene Funktionen im Bergbau ausübte, in Eisleben geboren. Nach dem Schulbesuch in Mansfeld, Magdeburg und Eisenach begann er 1501 in Erfurt ein Studium der *artes liberales*, um dann 1505 in das Fach der Rechtswissenschaften zu wechseln. Am 2. Juli 1505 hatte er ein besonderes Erlebnis. Nach einem Aufenthalt bei seinen Eltern war er auf dem Weg nach Erfurt, als er auf freiem Feld bei Stotternheim in ein Gewitter kam, das ihn in Todesangst versetzte. Luther wähnte sich mit dem Gericht Gottes konfrontiert, und in seiner Not betete er zur Heiligen Anna und gab ihr das Versprechen, Mönch zu werden, wenn sie ihm helfe. Er wurde nicht vom Blitz getroffen und bereits am 17. Mai 1506 in das Kloster der Augustiner-Eremiten in Erfurt aufgenommen. Im April 1507 fand seine Weihe zum Priester statt. Luther begann ein Theologiestudium, das er ab Herbst 1511 in Wittenberg, wo er Mitglied des dortigen Augustiner-Konvents wurde, fortsetzte. Intensiv beschäftigte er sich mit Augustinus, dem mittelalterlichen Lehrsystem der Scholastik, hier besonders angeregt durch den Sentenzenkommentar von Gabriel Biel (etwa 1413/14–1495), und der humanistischen Tradition, vor allem in Gestalt von Johannes Reuchlin (1455–1525). Im Oktober 1512 wurde Luther dann zum

Doktor der Theologie promoviert. Weil sein Lehrer, der Generalvikar des Ordens Johannes von Staupitz, sich anderen Aufgaben widmen musste, wurde mit seiner Professur Martin Luther betraut. In der ersten Vorlesung befasste er sich mit den alttestamentlichen Psalmen und der Frage, wo in ihnen der Geist Jesu Christi zum Ausdruck komme. Im Winter 1515/16 setzte sich Luther mit dem Römerbrief auseinander, wobei er besonders von den antipelagianischen Schriften des Augustinus profitierte.

In der Luther-Forschung ist bis heute umstritten, auf welchen Zeitpunkt – die Zuschreibungen schwanken zwischen 1511 und 1518 – die sogenannte «Reformatorische Entdeckung» Luthers exakt zu datieren ist. Er selbst berichtet in deutlich stilisierter Form erst 1545 in der Vorrede zum ersten Band seiner lateinischen Werke von diesem Erlebnis (WA 54, 185 f.): In seinem Arbeitszimmer, im Südturm des Augustiner-Klosters, habe er mit Blick auf die Bibelstelle Römer 1,17 die plötzliche Einsicht gehabt, dass die Gerechtigkeit Gottes, die *iustitia Dei*, nicht vom zornigen Gott des Gerichtes aus zu bestimmen sei, sondern als Ausdruck der gnadenhaften Zuwendung Gottes verstanden werden müsse, die nur im Glauben aufgenommen werden könne.

Auch die Historizität des von Melanchthon rückblickend dokumentierten Anschlags der 95 Thesen an die Tür der Wittenberger Schloss- und Universitätskirche am 31. Oktober 1517 ist bleibend umstritten. An diesem Tag schrieb Luther zudem an den Erzbischof Albrecht von Mainz und Magdeburg; nachdrücklich beklagt er sich über den Petersablass, der in der Kirchenprovinz Magdeburg von Johannes Tetzel vertrieben wurde, und fügt die Thesen dem Schreiben hinzu. Die Institution des Ablasses wies der Reformator zurück, es sei nicht möglich, sich kirchlich sanktioniert von Sündenstrafen frei zu kaufen. Eine intensive Debatte über Luthers Ansichten fand im April 1518 in der «Heidelberger Disputation» statt. Es gruppierte sich auch eine Anhängerschaft, zu der Martin Bucer, Karlstadt und Philipp Melanchthon zählten.

Mittlerweile war man in Rom hellhörig geworden und strengte einen Häresieprozess gegen Luther an. Vom 12. bis 14. Oktober 1518 wurde er deshalb vom Kardinallegaten Cajetan in Augsburg verhört. Dabei weigerte er sich zu widerrufen, weil keine Beweise aus der Schrift vorlägen, die ihn eines Irrtums überführt hätten. Bei der «Leipziger Disputation» (27. 6.–16. 7. 1519) zwischen dem Luther-Opponenten Johannes Eck, Karlstadt und Luther stand dann erneut die Ablassfrage, aber auch der Primatsanspruch des Papstes zur Debatte.

Unterdessen setzte Luther seinen Kurs unbeirrt weiter fort und veröffentlichte sukzessive immer neue Texte, um seinen Reformwillen zu bekräftigen. Die Schrift «An den christlichen Adel deutscher Nation von des christlichen Standes Besserung» brachte er 1520 in Umlauf: Die Kirche sei durch und durch von Fehlentwicklungen bestimmt, nur der Gedanke des allgemeinen Priestertums aller Gläubigen verspreche Abhilfe. Ebenfalls 1520 erschienen *De captivitate Babylonica ecclesiae praeludium* (Über die babylonische Gefangenschaft der Kirche), eine kritische Analyse des Sakramentsbegriffs, die Luther darauf zulaufen lässt, nur noch Taufe und Abendmahl gelten zu lassen, nicht hingegen Buße, Ehe, Firmung, Krankensalbung und Weihe, weiterhin «Von den guten Werken», eine Auslegung der Zehn Gebote, die die Heilsrelevanz des Glaubens gegenüber den Werken unterstreicht, sowie schließlich «Von der Freiheit eines Christenmenschen» (*De libertate christiana*).

Am 15. Juni des Jahres 1520 meldete sich Leo X. mit seiner Bulle *Exsurge Domine* (Erhebe dich, Herr) zu Wort. Es war die unmissverständliche Verurteilung der von Luther propagierten Ansichten. Seine Veröffentlichungen seien sicherzustellen und sogar zu verbrennen. Nur ein Widerruf könne dies verhindern.

Doch Luther war auch dieses Mal nicht dazu bereit und reagierte stattdessen mit einer symbolträchtigen Aktion, indem er die Bulle am 10. Dezember 1520 in Wittenberg öffentlich den Flammen übergab. Die Folge war, dass der Reformator am 3. Januar 1521 exkommuniziert wurde. Aber der Kampf ging in die nächste Runde. Von Kaiser Karl V. wurde Luther im April 1521 nach Worms bestellt, um auf dem Reichstag doch noch von seiner Haltung Abstand zu nehmen. Erneut jedoch widersetzte er sich, er wolle nichts zurücknehmen, ohne durch Schriftzeugnisse und eindeutige Vernunftgründe überzeugt worden zu sein. Den ihm zugeschriebenen Satz «Hier stehe ich und kann nicht anders!» hat Luther in Worms nicht gesagt, er gehört zur sehr erfolgreich betriebenen Legendenbildung. Am 8. Mai verhängte der Kaiser daraufhin mit dem am 26. Mai bekannt gemachten Wormser Edikt die Reichsacht über Luther und seine Unterstützer.

In einer geheimen Aktion wurde der Reformator, dem immerhin noch freies Geleit zugestanden worden war, durch den Kurfürsten von Sachsen, Friedrich den Weisen, auf die Wartburg verbracht. Bis zum 1. März 1522 konnte er sich dort, verborgen hinter dem Namen «Junker Jörg», aufhalten und brieflich mit der Außenwelt in Kontakt treten, um die weitere Entwicklung seiner Reformationstätigkeit zu steuern. Außerdem nutzte er die Zeit zu intensiver Arbeit – nicht zuletzt übersetzte er auf der Wartburg das griechische Neue Testament ins Deutsche. Das Alte Testament kam, als Luther sich wieder in Wittenberg aufhalten konnte, rasch hinzu. In Gänze erschien die Luther-Bibel 1534 (separat das Neue Testament 1522, 1523 teilweise das Alte), wobei die Übersetzungen konsequent ausgefeilt wurden.

In Vorlesungen, Disputationen und Predigten konkretisierte Luther seine Lehre. 1525 veröffentlichte er mit *De servo arbitrio* (Vom geknechteten Willen) eine seiner bekanntesten Schriften.

Darin grenzt er sich deutlich gegen einen der führenden Humanisten, Erasmus von Rotterdam, ab, der kurz zuvor den Text *De libero arbitrio* (Vom freien Willen) publiziert hatte, welcher bereits eine kämpferische Antwort auf Luthers *De captivitate* von 1520 und eine grundsätzliche Abrechnung mit dem Reformator darstellte. Der Mensch, so Luther, stehe durch und durch unter dem Zeichen der Sünde und es gebe für ihn keine Möglichkeit, sich einfach für die Erlösung durch Jesus Christus selbsttätig zu entscheiden. Gottes Gnade lasse sich nicht erwerben.

Nach einer gewissen Übergangszeit, in der noch auf die «Schwachen im Glauben» Rücksicht genommen wurde, setzte Luther im Herbst 1523 die Abendmahlsfeier in beiderlei Gestalt, also mit Brot und Wein, als verbindlich durch. In der römisch-katholischen Eucharistie blieb der Kelch dagegen den Laien vorenthalten. Die Debatten über das Abendmahl gingen auch im innerreformatorischen Kontext weit über die Grenzen der Wittenberger Stadtkirche hinaus. So stritt Luther heftig mit dem Zürcher Huldreych Zwingli, der nichts von Christi Realpräsenz in Brot und Wein hielt, sondern den Zeichencharakter betonte und das Abendmahl als Erinnerungsfeier verstand. 1526 schließlich verlieh Luther mit der umfassenden Liturgie «Deutsche Messe und Ordnung des Gottesdiensts» seinem eigenen Konzept klare und verbindliche Konturen.

Neben den eher sachlich-theologischen Reformen musste Luther überdies die politische Tragweite seiner Unternehmungen im Auge behalten, sollte es doch im Wesentlichen auch darum gehen, eine staatlich-gesellschaftliche Stabilität zu erzielen. 1523 ließ er die Abhandlung «Von weltlicher Obrigkeit, wie weit man ihr Gehorsam schuldig sei» erscheinen, und machte auf der Basis seiner Zwei-Reiche-Lehre, in der er zwischen einem aufeinander verwiesenen weltlichen Reich und einem Reich Christi differenzierte, seinen Anhängern deutlich, dass sie an der Gestaltung des politischen Gemeinschaftslebens notwendig beteiligt seien. Der Staat und seine Gesetze garantierten die Voraussetzungen für die Existenz der Kirche, ohne diese sei sie dem Chaos ausgesetzt. Zur gewaltigen Herausforderung für dieses Modell wurden die Bauernkriege von 1524/25, zumal in Gestalt von Thomas Münzer, der einer ihrer Protagonisten war. Unmissverständlich wies Luther darauf hin, dass ein Kampf gegen die herrschende Ordnung dem Geist der Reformation widerspreche. Wenn der Eindruck entstünde, er sei für Instabilität und Revolte verantwortlich, drohe sein gesamtes Projekt zu scheitern. 1524 verfasste er einen entsprechenden «Brief an die Fürsten zu Sachsen von dem aufrührerischen Geist», und 1525 richtete er sich «Wider die räuberischen und mörderischen Rotten der Bauern».

Das Jahr 1525 hatte für Luther aber durchaus auch erfreuliche Seiten: Am 13. Juni heiratete er Katharina von Bora (1499–1552), eine ehemalige Zisterzienserin, die Ostern 1523, unterstützt von Luther, zusammen mit acht anderen Schwestern aus dem Kloster Marienthron in Nimbschen bei Grimma nach Wittenberg geflohen war. Aus der Ehe, die von Johannes Bugenhagen gesegnet wurde, gingen sechs Kinder hervor. Einen deutlich pädagogischen Impetus, der sich allerdings auch an Erwachsene richtet, verraten der kleine und der große Katechismus Luthers von 1529.

Bleibend umstritten ist das Verhältnis Martin Luthers zum Judentum, das immer wieder auf antisemitische und antijudaistische Vorurteile geprüft wird und im Verlauf der Rezeptionsgeschichte regelmäßig aufgegriffen wurde, um eigene Argumentationsmuster im Kampf der Weltanschauungen zu stützen. Nationalsozialistischer Rassenwahn und Antisemitismus wurden in unterschiedlichsten Ausprägungen gerade auch an den späten judenfeindlichen Luther rückgebunden. Besonders sein Text «Von den Juden und ihren Lügen» aus dem Jahr 1543 liefert hier Anknüpfungspunkte. Massiv ging er zudem 1535 gegen das Täuferreich von Münster vor, und 1545 wandte er sich polemisch «Wider das Papsttum zu Rom, vom Teufel gestiftet». Luther war durchaus dazu in der Lage, seine Anliegen mit einer gewissen Aggressivität vorzubringen. Konsequent bemühte er sich jedoch darum, die seinem reformatorischen Anliegen gegenüber aufgeschlossenen Kräfte zu bündeln und einen Krieg der katholischen gegen die nunmehr protestantischen Stände zu verhindern. Bis zum Reichs- und Religionsfrieden von Augsburg im Jahr 1555 mit seiner Formel *Cuius regio, eius religio*, der zufolge vom Fürsten die Religion seiner Bewohner vorgegeben wird, war es allerdings noch ein weiter Weg. Martin Luther verstarb am 18. Februar 1546 in seiner Geburtsstadt Eisleben. Am 22. Februar fand in der Wittenberger Schlosskirche die Beisetzung statt.

Im von ihm selbst beschriebenen «Turmerlebnis» will Luther zur zentralen Einsicht seiner Theologie, der Rechtfertigung allein aus Glauben, gekommen sein. Die erlösende Gerechtigkeit Christi wird dem Menschen im Glauben zuteil, jegliche Werkgerechtigkeit verliert ihre Bedeutung. Der den Menschen richtende Gott offenbart sich im Leiden Christi und seinem Tod am Kreuz; dies ist die Pointe der Kreuzestheologie (*theologia crucis*) Luthers. In der Zuwendung zum Nächsten verleiht sich der Glaube Ausdruck, sie ist aber kein Werk, sondern freiwillig-freudiges Zeichen des Erlöstseins. Auch die Kirche, die Gemeinschaft der Gläubigen, ist durch die Sünde bestimmt, besitzt keinen Sonderstatus. Keine Weihegrade heben Priester und Gläubige substanziell voneinander ab – eine Grundeinsicht, die sich über die Jahrhunderte als ein wesentliches Prinzip des Protestantismus zementiert hat.

Nach langen Kämpfen wurde 1999 in Augsburg von Vatikan und Lutherischem Weltbund die «Gemeinsame Offizielle Feststellung» zur «Gemeinsamen Erklärung zur Rechtfertigungslehre» unterzeichnet. Im ökumenischen Dialog brach eine Euphorie aus. Vieles auf dem Weg zur Kircheneinheit war nun möglich, weil endlich darin Einigkeit zu bestehen schien, dass der Glaube allein, ohne Unterstützung durch gute Werke, den Menschen vor Gott gerecht werden lasse. Doch ein Jahr später unterzeichnete Kardinal Joseph Ratzinger als Präfekt der Glaubenskongregation das Dokument *Dominus Iesus*, in dem den Protestanten aus Rom attestiert wurde, keine Kirche im eigentlichen Sinn zu sein. Seither hat der Ökumeneprozess seinen Schwung verloren. Die Leitvorstellung einer «versöhnten Verschiedenheit» bleibt bestehen, aber das Postulat einer «Ökumene der Profile», die Eigenständigkeit betonen und Differenzen markieren will, hat gegenüber einer Konsensökumene Konjunktur. Die unterschiedlichen Auffassungen in den Fragen des Amtes und der Eucharistie beziehungsweise des Abendmahls wiegen immer noch schwer. Paul VI. hatte das Papstamt einst als größtes Hindernis für die Ökumene angeführt und damit einen Punkt getroffen, der seine Relevanz nicht verloren hat. Die wechselseitige Anerkennung der Ämter und ihres Charakters bleibt umstritten, solange die Protestanten die besondere Wesensdignität von Priestertum und Kirche, insbesondere im Hinblick auf die Institution des Papstamtes mit seiner Rückführung auf die Einsetzung Petri und der Beanspruchung von Unfehlbarkeit und oberster Jurisdiktionsgewalt, in Frage stellen. Martin Luther hatte eine Kirchenspaltung niemals geplant, aber die von ihm ausgelöste Reformationswelle lief – gerade auch aufgrund ihrer machtpolitischen Implikationen – mit einer ganz eigenen Dynamik darauf zu, ohne dass dies ein auf die Ewigkeit angelegter Zustand sein müsste.

11. Johannes Calvin: Heil oder Verdammnis

Max Weber veröffentlichte in den Jahren 1904/05 (überarbeitet 1920) eine Abhandlung mit dem Titel «Die protestantische Ethik und der Geist des Kapitalismus». Darin versucht Weber, einen Wirkungszusammenhang zwischen den ethischen Deutungsmustern des Puritanismus und dem modernen Kapitalismus aufzuzeigen. Zum zentralen Motiv wird für ihn der calvinistische Prädestinationsgedanke, der sich unmittelbar im wirtschaftlichen Handeln ausgedrückt habe. Johannes Calvin hatte sich intensiv mit dem theologischen Problem auseinandergesetzt, dass die Evangeliumsbotschaft nicht gleichermaßen von allen Menschen angenommen wird. Während sich die einen mit Freude auf Jesus Christus als den zwischen Gott und Welt vermittelnden Erlöser einlassen, weigern sich die anderen mehr oder weniger hartnäckig, es ihnen gleichzutun. Für Calvin, der ein großer Verehrer des Augustinus war, gab es als Lösung nur eine Möglichkeit: die Prädestination. Gott erwählte, so folgert er, die einen zum Heil, die anderen bestimmte er zum Unheil, zur ewigen Verdammnis. Dieser göttliche Ratschluss vollzog sich vor allen Zeiten, völlig unabhängig von jeglicher historischen Entwicklung und liegt ganz und gar im geheimnisvollen Willen Gottes begründet. Der Reformator selbst erkannte in dieser Lehre von der doppelten Prädestination (*gemina praedestinatio*) ein *decretum horribile* (furchtbarer Ratschluss; *Institutio*, 1559, III, 23, 7); aber um der Ehre des majestätischen Gottes willen sei dessen Entscheidung zu akzeptieren. Die Problematik der Gnadenwahl durchzieht das Werk Calvins und die Entwicklung des Calvinismus, beeinflusste aber zudem deutlich den Puritanismus Englands, Schottlands und der neuenglischen Kolonien an der Ostküste Amerikas.

Kongenial und für die sich entwickelnde Disziplin «Religionssoziologie» wegweisend erfasst Max Weber eine aus der Prädestinationslehre hervorgehende Dynamik. Seine Analyse setzt ein bei der Verbindung der Sittlichkeit mit dem Gedanken an das Jenseits, der den Menschen jener Zeit beherrschte und «ohne dessen alles überragende Macht damals keinerlei die Lebenspraxis ernstlich beeinflussende sittliche Erneuerung ins Werk gesetzt worden ist» (Geist des Kapitalismus, 140 f.). Weber begibt sich auf die Spur der durch Glauben und religiöse Alltagspraxis freigesetzten «psychologischen Antriebe» (ebd., 141), durch die die Lebensführung gestaltet wird. Ein entscheidendes Moment erkennt er darin, dass es nicht nur um die Reflexion abstrakter Normen geht, sondern um ganz konkrete praktisch-religiöse Interessen. Um diese zu analysieren, wählt er den Weg einer «idealtypischen» Beschreibung als Verdichtung der historischen Realität. Indem Gott die einen zum Heil, die anderen zum ewigen Tode vorsieht – Weber zitiert die «Westminster Confession» von 1647 –, seine Gnade erteilt oder verweigert, verleiht er seiner uneingeschränkten Selbstverherrlichung Ausdruck. Alle Versuche, das göttliche Handeln mit menschlichen Gerechtigkeitsmaßstäben zu erfassen, müssen scheitern. Wenn die Verworfenen über ihr Schicksal «als unverdient klagen wollten, so wäre das ähnlich, als wenn die Tiere sich beschweren würden, nicht als Menschen geboren zu sein».

Weber begreift die Prädestinationslehre als «pathetische Unmenschlichkeit», die im Individuum das «Gefühl einer unerhörten inneren Vereinsamung» hervorrufe. Nüchtern hält er fest: «In der für die Menschen der Reformationszeit entscheidendsten Angelegenheit des Lebens: der ewigen Seligkeit, war der Mensch darauf verwiesen, seine Straße einsam zu ziehen, einem von Ewigkeit her feststehenden Schicksal entgegen» (ebd., 145). Nicht einmal die Sakramente der Kirche vermögen noch zu helfen. Der «große religionsgeschichtliche Prozeß der

Entzauberung der Welt ... fand hier seinen Abschluß» (ebd., 146). Die Magie wurde als Heilsmittel ausgeschaltet. Dem Menschen, der sich vor Gott behaupten will, bleibt nur die Möglichkeit, sich in den Dienst der Verherrlichung Gottes zu stellen. Insbesondere die soziale Arbeit dient diesem Ziel, aber auch die Berufsarbeit zum Wohle der Gesamtheit. Die besondere Pointe besteht für Weber an dieser Stelle nun aber eben darin, dass diese Tätigkeiten nicht wirklich am Nächsten orientiert sind, sondern sich auf das Gottesverhältnis beziehen. So erhalten sie mit Blick auf die Welt eine sachlich-rationale, unpersönliche Gestaltung. Es entsteht ein politisch-ökonomischer Rationalismus.

In den Vordergrund drängt mit Macht die Frage nach der individuellen Erwählungsgewissheit und der Erkennbarkeit der Annahme durch Gott an äußeren Merkmalen. Zwei miteinander verbundene Lösungsstrategien werden vom Blick des Soziologen erfasst: Zum einen die Möglichkeit, sich konsequent und mit aller Kraft für erwählt zu erklären, zum anderen die «rastlose Berufsarbeit» – nur diese «allein verscheuche den religiösen Zweifel und gebe die Sicherheit des Gnadenstandes» (ebd., 151). Das ganze Leben wird zum Ruhme Gottes in Arbeit geführt. Die Bibel und die Weltordnungen gelten als Orientierungsvorgaben. Seligkeit lässt sich zwar nicht erkaufen, aber der Mensch kann die Angst um sie loswerden.

Indem das jenseitige Heil zur Zielvorgabe wird, erfährt die Welt ihre Rationalisierung, da sie ihrerseits keine Erlösungsmöglichkeiten zu offerieren vermag. Als Ergebnis dieses Prozesses tritt die Askese auf den Plan, die sich «zu einer systematisch durchgebildeten Methode rationaler Lebensführung» (ebd., 156) entwickelt. Der Gläubige diszipliniert sich in Abkehr von seinen Trieben und den Abhängigkeiten von Welt und Natur. Er gelangt zur Selbstkontrolle und ethischen Reflexion über die Tragweite des eigenen Handelns. Das Berufsleben wird zum Feld religiös motivierter Dokumentation eigenen Erwähltseins.

Wer sich hier erfolgreich zeigt, kann die Askese als motivierenden Antrieb zur Perfektion aufgreifen. Jetzt entfaltet die Prädestinationslehre als «Eckstein der reformierten Lehre» (ebd., 161) ihre umfassende Leistungskraft, und zwar mit nachhaltigem Erfolg im Phänomen des Puritanismus. Dieser schreibt sich den «Antrieb zur konstanten Selbstkontrolle und ... zur planmäßigen Reglementierung des eigenen Lebens» (ebd., 162) auf die Fahnen. Der eigene Gnadenstand lässt sich, kommentiert Weber nicht ohne Faszination, methodisch überprüfen, und zwar anhand der eigenen asketisch bestimmten Lebensführung.

Es «trifft ein voller Strahl ethischer Billigung den nüchternen bürgerlichen Selfmademan» (ebd., 188). Gewinnstreben wird als gottgewollt betrachtet, weltlicher Luxus ist verpönt. Aber auch das Reichsein darf nicht als Selbstzweck verstanden werden, geht es doch nicht darum, die eigene Person zu verherrlichen, sondern Gott. So vollzieht sich «Kapitalbildung durch asketischen Sparzwang», und schließlich kommt es «zu einer exzessiven Kapitalaufsammlungssucht» (ebd., 194). Max Weber sieht somit in der Prädestinationslehre die Ursache dafür, dass ein «spezifisch bürgerliches Berufsethos» (ebd., 197) entstehen konnte. Sogar die ungleiche Güterverteilung auf der Welt kann aus dieser Perspektive als Ausdruck der göttlichen Vorsehung begriffen werden, da es dem Plan Gottes entsprechen wird, wem er welche Dinge zugewiesen sehen möchte und wem nicht. Ob Weber mit seiner Interpretation zur Entstehung des Kapitalismus richtig lag, ist umstritten. Wenn seine Deutungsmuster im Einzelnen auch als überholt gelten mögen, sind sie in ihrer Substanz jedoch nicht einfach zu ignorieren und entwickeln eine eigene Plausibilität.

Askese und Prädestinationslehre bestimmen die Wirkungsgeschichte Calvins. Der Blick auf die theologische Leistung des Reformators verläuft so in vorgegebenen Bahnen, die gleichwohl maßgebliche Aspekte abdecken.

Der französisch-schweizerische Reformator Johannes Calvin (ursprünglich: Jean Cauvin) stammte aus dem im Norden Frankreichs in der Picardie gelegenen Noyon, wo er am 10. Juli 1509 als Sohn des für die Kirche tätigen Prokurators Gérard Cauvin und seiner Frau Jeanne, geborene Lefranc, zur Welt kam. Um ihm das Studium zu ermöglichen, wurde Jean Cauvin über die örtliche Kathedrale eine Pfründe zugewiesen. 1523 konnte er nach Paris gehen, wo er nach einem kürzeren Aufenthalt am *Collège de la Marche* am *Collège Montaigu*, einer berühmt-berüchtigten Kaderschmiede, den Grad des *Magister Artium* erwarb. Eigentlich war die theologische Laufbahn für Jean Cauvin vorgesehen, doch dann wählte er die Rechtswissenschaften, die er in den Jahren 1528 bis 1531 in Orléans und Bourges studierte. Von diesem mit der Promotion zum Licentiaten abgeschlossenen Fach verabschiedete sich Calvin jedoch rasch und befasste sich vielmehr mit humanistisch-philologischen und theologischen Themen. Ab 1531 hielt er sich wieder in Paris auf, nun am *Collège Royal.* Wohl in dieser Zeit erfuhr Calvin auch eine «Bekehrung zur Gelehrsamkeit», die er in der Vorrede zu seinem Psalmenkommentar rückblickend als *subita conversio* (unerwartete Bekehrung; Calvin-Studienausgabe, lat./dt., Bd. 6, 2008, 27; vgl. Strohm, 256) beschrieb. So beabsichtigte er, «nach Analogie der Damaskus-Erfahrung des Paulus seinen Dienst auf eine besondere Berufung durch Gott zurückzuführen» (Nijenhuis, 570).

In der Folgezeit kam Calvin zunehmend mit dem reformatorischen Gedankengut Martin Luthers in Berührung. Eng wirkte er mit dem mit ihm befreundeten Nicolas Cop zusammen, der im Oktober 1533 Rektor der Pariser Universität wurde. Dessen Antrittsrede, an der Calvin großen Anteil gehabt haben soll, löste mit ihrer Sympathie für das neue reformatorische Gedankengut und der Kritik am Katholizismus einen Skandal aus, so dass Calvin Hals über Kopf aus Paris fliehen musste. Von nun an bildete der Einsatz für die Erneuerung der Kirche den Mittelpunkt seines Lebens. Einige Jahre hielt er sich, zum Teil versteckt, an unterschiedlichen Orten wie Angoulême, Noyon und Paris auf. In Basel ließ er 1536 seine *Christianae religionis institutio* (Unterricht der christlichen Religion) erscheinen. In einprägsamer, kurzer Form wollte er als *pietatis summa* (Summe der Frömmigkeit, vgl. Nijenhuis, 570) zentrale evangelische Lehrgehalte so vermitteln, dass die Gläubigen befähigt wurden, diese gegen römisch-katholische Anwürfe zu behaupten. Calvin überarbeitete seine *Institutio* mehrfach und grundlegend; sie wurde zum umfänglichen, entscheidenden Hauptwerk, das durch die Verbindung dogmatischer Kernaussagen und Glaubenspraxis bestimmt sein sollte.

Im Sommer 1536 ging Calvin nach Genf und bemühte sich, geworben vom Reformator Guillaume Farel (1489–1565), die dortige, erst wenige Monate alte Reformation auf eine belastbare Basis zu stellen. Bei dem Versuch, die Gemeinde zu festigen und einen kräftigen Zusammenhalt zu bewirken, erhielt das Abendmahl eine zentrale Funktion, war es doch möglich, Abweichungen von Sitte und Lehre durch den Ausschluss von diesem Sakrament zu sanktionieren. Eine Orientierungsfunktion erhielt auch die Formulierung von Glaubensbekenntnissen, Kirchenordnungen (*Ordonnances ecclésiastiques*) und Katechismen, worin sich Calvin hervortat. In Genf kam es jedoch zu heftigen Debatten über den einzuschlagenden reformatorischen Kurs, nicht zuletzt im Hinblick auf ein Zusammenwirken mit Glaubensbrüdern in Bern und den verpflichtenden Charakter des Bekenntnisses. Calvin und sein Kollege Farel reagierten durch die provokante Maßnahme, die Feier des Abendmahls vollständig zu verweigern. Freilich konnten sie sich daraufhin nicht länger in der Stadt Genf halten. Farel ging nach Neuchâtel, und Calvin wich vom Frühjahr 1538 bis 1541 in das von Martin Bucer (1491–1551) geprägte Straßburg aus. Dort heiratete er die verwitwete Idelette Bure und engagierte sich für Glaubensgenossen, die aus Frankreich fliehen mussten. Die Problematik der späteren Hugenottenverfolgungen zeichnete sich langsam am Horizont ab. In Straßburg publizierte Calvin 1540 einen Kommentar zum Römerbrief (Calvin-Studienausgabe, Bd. 5/1.2, 2005/07). Im Laufe der Jahre folgten viele weitere Auslegungen nicht nur zum Neuen, sondern auch zum Alten Testament. 1539 schloss er eine enge Freundschaft mit Philipp Melanchthon. Das Netz an Kontakten, das Calvin als nahezu manisch-produktiver Briefautor aufbaute und durch das er den Fortschritt der an vielen Stellen ganz unterschiedlich gestalteten Reformation nachdrücklich beförderte und stabilisierte, war weit verzweigt.

In Genf waren allerdings in den Jahren seiner Abwesenheit die Auseinandersetzungen eskaliert und das Projekt «Reformation» geriet in Gefahr. Daraufhin erklärte sich Calvin im Spätsommer 1541 zu weiterer Zusammenarbeit bereit. Er konzipierte in Genf eine neue Ordnung, die regeln sollte, wie Geistliche und Laien gemeinsam die Geschicke der Stadt lenken könnten und die Kirchenzucht nachhaltig zu behaupten wäre. Diese Ordnung wurde etabliert, und mit aller Schärfe und legendär-massiver Sittenstrenge achtete man darauf, die Strukturen des gemeindlichen und öffentlichen Lebens gesetzlich zu normieren und Homogenität zu erzeugen. Wer in den Verdacht geriet, eine Hexe zu sein, wurde hingerichtet. Wiederum kam der Zulassung zum Abendmahl eine maßgebliche Funktion als Druckmittel zu. Zum alles bestimmenden Maßstab erklärte Calvin die Heilige Schrift: Es vollzog sich die «Errichtung einer Bibliokratie» (Nijenhuis, 573).

Gegen Kontrahenten wusste sich Calvin, der über ein enormes taktisches Talent verfügte, durchzusetzen. Als er 1553 jedoch zunehmend unter Druck geriet und bei anstehenden Wahlen eine Niederlage zu befürchten hatte, kam es ihm gelegen, dass in Genf ein Fall von Häresie auftrat. Auf der Flucht nach Neapel hielt sich Michael Servetus (Servet) im August des Jahres in der Stadt auf. Schon jahrelang hatte sich der Mediziner und Gelehrte brieflich mit Calvin auseinandergesetzt und mit ihm über die Trinität Gottes gestritten, die er nachdrücklich ablehnte (vgl. seine Schrift *De Trinitatis erroribus*, 1531), wodurch er Zorn und Unverständnis des Reformators provoziert hatte. Dieser wirkte maßgeblich daran mit, dass Servet zum Tode verurteilt und am 27. Oktober 1553 verbrannt wurde. Calvin ging gestärkt aus diesem Drama hervor, und so fielen danach im Mai 1555 wichtige Opponenten einer Tötungsaktion zum Opfer, die als Reaktion auf eine Demonstration möglich geworden war. Im Jahr 1559 gründete der Reformator in Genf eine Akademie, aus der dann 1873 die Universität hervorgehen sollte. Schon lange an verschiedenen Krankheiten leidend starb Johannes Calvin am 27. Mai 1564.

Noch 1559 hatte er auch die letzte lateinische Überarbeitung seiner *Institutio* veröffentlicht; die französische Fassung erschien ein Jahr darauf. In dieser systematischen Gesamtdarstellung seines Werkes, das mit dem Ausruf «Ehre sei Gott!» schließt, beschwört Calvin die uneingeschränkte Herrschaft Gottes. Ab der zweiten Auflage (1539) hatte sich der Zuschnitt des Werkes von einer als Katechismus angelegten Einführung in eine an den zentralen Dogmen orientierte Zusammenfassung gewandelt, die gerade auch angehenden Pfarrern Grundelemente der Theologie erschließen sollte. In vier, vielfach untergliederten Büchern entfaltet Calvin in strikter Abwehr römisch-katholischer Positionen die Lehrbegriffe der Theologie. Zunächst wird in konsequentem Rekurs auf die alt- und neutestamentliche Überlieferung die «Erkenntnis Gottes als des Schöpfers» verhandelt. Diese sei stets auch eine Frage der Selbsterkenntnis; denn der Mensch könne «auf keinen Fall dazu kommen, sich selbst wahrhaft zu erkennen, wenn er nicht zuvor Gottes Angesicht geschaut hat und dann von dieser Schau aus dazu übergeht, sich selbst anzusehen» (ebd., I, 1, 2). Im zweiten Buch geht er «der Erkenntnis Gottes als des Erlösers in Christo» nach, um im dritten zu erörtern, wie «wir der Gnade Christi teilhaftig werden, was für Früchte uns daraus erwachsen und was für Wirkungen sich daraus ergeben» (vgl. dort besonders Kapitel 11–14 zur Rechtfertigungslehre und 21–24 zur Erwählungslehre). Das vierte Buch schließlich hat das Thema «Von den äußeren Mitteln oder Beihilfen, mit denen uns Gott zu der Gemeinschaft mit Christus einlädt und in ihr erhält» (vgl. darin Kapitel 1–12 zur Kirche und 17–18 zum Abendmahl) – am Ende steht eine Verhältnisbestimmung von bürgerlichem und göttlichem Regiment.

Mit Martin Luther und Huldreych Zwingli war Johannes Calvin der für die Reformation maßgebliche Theologe. Nachdrücklich trieb er mit seinem Werk die Internationalität des neuen Gedankenguts voran, über die Schweiz und Frankreich bis hin nach Nordamerika. Eine große Rolle spielte dabei, dass schon früh Flüchtlinge aus etlichen Ländern nach Genf gekommen waren, das sich immer mehr zum Mittelpunkt der Ökumene unterschiedlicher protestantischer Richtungen entwickelte (vgl. Nijenhuis, 576). Die ungeheure sozialdisziplinierende und normierende Kraft, die von Calvins Anschauungen und Gesellschaftsmodellen ausging, hatte auch ihre intensiv debattierten Schattenseiten, die durchaus totalitär anmutende Muster erkennen lassen. Umso entscheidender ist es, im historischen Rückblick konstruktiv zwischen Calvin, dem Calvinismus und reformierter Theologie zu differenzieren, damit nicht eine simplifizierende Klischeebildung die Oberhand gewinnt.

12. Paul Gerhardt: Geh aus, mein Herz, und suche Freud …

Friedrich Schleiermacher schließt seinen religiösen Bestseller «Die Weihnachtsfeier» (1806) mit der Aufforderung: «Kommt denn … und laßt uns heiter sein und etwas Frommes und Fröhliches singen.» Es wurde genug gesprochen, debattiert und gestritten über den Sinn des Festes und die Tiefen religiöser Erkenntnis – am Ende blieb das praktizierte Gemeinschaftserlebnis im Gesang. Schleiermachers Text ist durchtränkt vom Geist der Romantik, von der Begegnung mit Gott im Gefühl, den Versuchen, das Erlösungsbewusstsein auf Jesus Christus auszurichten. Die Subjektivität bricht sich Bahn. Noch ganz anders ist das Bild, das Paul Gerhardt, die unübertroffene Leitfigur aller protestantischen Liederdichter, vermittelt. Auch bei ihm ist oft vom «Ich» die Rede: «Geh aus, mein Herz, und suche Freud …», oder «Wie soll ich dich empfangen und wie begegn ich dir,/o aller Welt Verlangen, o meiner Seelen Zier?/O Jesu, Jesu, setze mir selbst die Fackel bei,/damit, was dich ergötze, mir kund und wissend sei» (Evangelisches Gesangbuch [EG] 503 und 11). Doch Gerhardt lässt nicht das Individuum in den Dialog mit seinem Heiland treten, sondern er folgt den Stilvorgaben barocker Dichtkunst; das «Ich» ist als Typos zu begreifen, der für die ganze fromme Gemeinschaft steht. Das, was für das Individuum zutrifft, gilt ebenso für alle anderen.

Martin Luther hatte den Weg für das Kirchenlied in der deutschen Sprache geebnet. Er verband noch stärker als Gerhardt die plurale Form mit dem «Ich»: das für uns (*pro nobis*) mit dem für mich (*pro me*). Wegweisend war Luthers Unterfangen, dic alttestamentlichen Psalmen in ein neues Gewand zu kleiden, ihre Sprache der Gegenwart anzugleichen, um so diese auf Christus hin gedeutete Überlieferung für die Gemeinde singbar zu gestalten. «Auß tieffer not schrey ich zu dir» (Psalm 130) und «Ein feste Burg ist unser Gott» (Psalm 46) sind allbekannte Ergebnisse.

Im Jahr 1524 wurde für die Wittenberger Gemeinde – mit einem Vorwort von Luther – das erste Gesangbuch vorgelegt und die Liturgie dadurch nachdrücklich geprägt. Aber auch über den Gebrauch im Gottesdienst hinaus wuchs den Kirchenliedern ein besonderer Status zu. So hatten sie wie die Katechismen eine Funktion in der Lehrunterweisung, dienten dazu, zentrale Glaubensinhalte einzuprägen, und kamen zum Einsatz, wenn es darum ging, das Wesen der Reformation öffentlichkeits- und werbewirksam mit Emphase nach außen zu bekunden.

Paul Gerhardt wurde am 12. März 1607 in Gräfenhainichen, einer kleinen Stadt im lutherischen Kursachsen, 25 Kilometer südwestlich von Wittenberg, geboren. Sein Vater verstarb schon 1619, die Mutter zwei Jahre später. In Grimma war er von 1622 bis 1627 Schüler am *Collegium Moldanum,* neben Schulpforta bei Naumburg und St. Afra in Meißen eine der sächsischen Fürstenschulen. Anschließend studierte er in Wittenberg Theologie. Damals war die Lutherische Orthodoxie bestimmende Kraft; man wollte den Einfluss der Theologie Luthers stabilisieren, seine in sich so schattierungsreichen Schriften systematisieren und sie dabei in eine pädagogisch gut vermittelbare Form bringen. Gerhardt studierte auch an der Philosophischen Fakultät und wurde dort besonders von August Buchner beeinflusst, einem herausragenden Literaturtheoretiker des Barock.

Erst 1642 ging Paul Gerhardt nach Berlin und nahm eine Tätigkeit als Hauslehrer an. Hier begegnete er dem Kantor der Nikolaikirche Johann Crüger (1598–1663), der von den Dichtungen Gerhardts so begeistert war, dass er ihn mit Nachdruck förderte und viele Melodien komponierte. Darüber hinaus nahm Crüger die Lieder in das Gesangbuch «*Praxis pietatis me-*

lica. Das ist: Übung der Gottseligkeit» auf. In der fünften Auflage von 1653 waren es bereits 82 Nummern. Neben Crüger ist sein Nachfolger im Kantorenamt Johann Georg Ebeling (1637–1676) der wichtigste Komponist von Gerhardt-Liedern.

1651 wurde Paul Gerhardt Pfarrer in Mittenwalde und erhielt auch die Leitungsfunktion eines Propstes, nachdem er zuvor, am 18. November, in Berlin ordiniert worden war. Am 11. Februar heiratete er Anna Maria Berthold, die Tochter des Kammergerichtsrats Andreas Berthold, in dessen Familie er als Lehrer tätig gewesen war. Sie starb am 5. März 1668 an Tuberkulose. Nachdem Gerhardt im Jahr 1657 nach Berlin an die Nikolaikirche zurückgekehrt war, kam es allerdings recht bald zu erheblichen Konflikten, die durch die Konfessionspolitik des Kurfürsten Friedrich Wilhelm von Brandenburg verursacht wurden. Dieser hatte sich die Toleranz zwischen den Konfessionen auf die Fahne geschrieben, was freilich für die lutherische Seite den Verzicht auf lieb gewonnene Privilegien bedeutete (vgl. das Toleranzedikt vom 16. September 1664). Im «Berliner Kirchenstreit» eskalierten die Vorgänge. Zusammen mit anderen weigerte sich Gerhardt, eine Verpflichtungserklärung (Revers) zu unterzeichnen, mit der er das Toleranzedikt akzeptiert hätte. Er berief sich dabei auf sein Gewissen und die Konkordienformel von 1577, auf die er ordiniert worden war (vgl. Niemann, 266 ff.). Nach heftigen Debatten wurde Paul Gerhardt, der sich als theologisch profiliert und konfliktfreudig erwies, Anfang 1666 schließlich seines Amtes enthoben. Zwar wurde er, nach vielerlei Unterstützung, ein Jahr später erneut eingesetzt, nahm jedoch kurz darauf im Februar 1667 von sich aus Abstand von seinem Amt. Am 10. Juni 1669 erhielt er in Lübben im Spreewald, das zum kursächsischen Territorium gehörte, erneut eine Pfarrstelle. Dort starb Paul Gerhardt am 27. Mai 1676.

Seine Kirchenliedtexte wie «Nun ruhen alle Wälder», «Befiel du deine Wege» oder «O Haupt voll Blut und Wunden» (nach

Salve caput cruentatum des Arnulf von Löwen, vor 1250; EG 477, 361 und 85) sind in das «kulturelle Gedächtnis», nicht nur des Christentums, eingeschrieben. Noch heute begleiten sie als integraler Bestandteil des Evangelischen Gesangbuchs das Kirchenjahr im Gottesdienst. Sie richten sich aber auch an die Glaubenserfahrung des Einzelnen, ob zu Hause oder auf Reisen. Einem großen internationalen Publikum begegnen Gerhardt-Lieder bis heute in kongenialen Vertonungen Johann Sebastian Bachs, sei es in den Kantaten, der Johannes- oder Matthäus-Passion.

Paul Gerhardt zielte darauf ab, den einzelnen Menschen mit der kirchlichen Gemeinschaft zu verbinden, die Widerfahrnisse des Lebens in all seinen existentiellen Höhen und Tiefen zu spiegeln und in das Vertrauen auf die Kraft des Erlösungswerkes Jesu Christi zu integrieren. Die Texte lassen sich als Kompendium des christlichen Glaubens lesen und singen; sie nehmen die theologischen Lehrdebatten der Zeit auf und unterstreichen die in ihnen enthaltene Heilsrelevanz, wobei sie oft auf Gott als den alles erhaltenden und bewahrenden Schöpfer verweisen.

Auch mit Blick auf die Literaturgeschichte der Barockzeit nimmt Gerhardts Schaffen eine markante Stellung ein. Der außerordentliche Rang seines Werkes ist vor allem auf die lyrisch-poetische Qualität zurückzuführen. Eine wichtige Orientierungsgröße war Martin Opitz, der die deutschsprachige Dichtung, auch die des geistlichen Bereichs, einer Reform unterzog, die auf antike Traditionen zurückgriff. Die Dichtkunst wurde in ihren Formen und Gattungen geordnet (vgl. Opitz, Buch von der Deutschen Poeterey, 1624; dort bes. «Von den reimen/ihren wörtern und arten der getichte»). Dabei wurde das Kirchenlied als «mittlerer Stil» eingestuft und sollte die Singenden zunächst erfreuen.

Doch blieb Paul Gerhardt an dieser Stelle nicht stehen; denn Sündenerfahrung, Tod, Kreuz und Passion, krisengeschüttelte

Zeiten im Zeichen des Dreißjährigen Krieges (1618–1648) sowie scharfe soziale Gegensätze erfordern eine Reaktion, die mit ganz eigenen Stilmitteln arbeitet, um die Seele des frommen Individuums zu ergreifen. Gerade im Pietismus und den auf ihn zulaufenden Strömungen mit ihrer Konzentration auf das Innenleben und die ganz persönliche Aufnahme Jesu in das eigene Herz wurde Paul Gerhardt dann sehr geschätzt (vgl. detailliert Bunners, 224–228). Diese Eigenart ließ die Lieder auch die Konfessionsgrenzen überspringen, so dass es eine weltweite ökumenische Gerhardt-Rezeption gibt und damit das Fragment einer gelebt-gesungenen Kircheneinheit: Im «Gotteslob» – dem römisch-katholischen Gegenstück zum «Evangelischen Gesangbuch» – sind beispielsweise «Die güldne Sonne» (GL 912; EG 449) und «Lobet den Herren alle, die ihn ehren» (GL 671; EG 447) enthalten. In das Schweizer Evangelisch-reformierte Gesangbuch wurde ebenfalls eine Fülle von Gerhardt-Liedern aufgenommen.

Im Singen der Kirchenlieder werden die Gemeinschaft und das Ich, wenn auch nur für einen Moment, zur Einheit. Vollzogen wird dabei das gemeinsame Bekenntnis zu Gott. In permanenter, gerade gottesdienstlicher Wiederholung verknüpfen sich die Generationen von Jahrzehnt zu Jahrzehnt. Dabei entsteht eine Traditionskette, die das ursprüngliche, alt- und neutestamentlich bezeugte Heilsgeschehen in ganz eigener Weise präsent werden lässt. Die gemeinschaftliche Erinnerung kann in die Dynamik der Erfahrung eines Augenblicks überführt werden, der Diesseits und Jenseits, Vergängliches und Unvergängliches, Zeit und Ewigkeit umfasst: «Mein Heimat ist dort droben,/da aller Engel Schar/den großen Herrscher loben,/der alles ganz und gar/in seinen Händen träget/und für und für erhält,/auch alles hebt und leget,/wie es ihm wohlgefällt» (EG 529, 7; Ich bin ein Gast auf Erden, 1666/67).

13. Blaise Pascal: Die Einheit des Seins

«Erschien Augustinus heute und wäre er ebensowenig autorisiert wie seine Verteidiger, so könnte er nichts ausrichten. Gott hat seine Kirche gut geleitet, da er ihn damals mit Autorität gesandt hat.» Im Fragment 869 seiner «Gedanken über die Religion und einige andere Gegenstände» (Pensées sur la religion) nimmt Blaise Pascal mit dem lateinischen Kirchenvater Augustinus eine Gestalt auf, die im Frankreich des 17. Jahrhunderts zum Bezugspunkt erbitterter Streitigkeiten wurde. Im Kern ging es um die Gnadenlehre. 1640, kurz nach dem Tod des flämischen Bischofs Cornelius Jansen (1585–1638), erschien postum sein Werk «Augustinus». Jansen stellte sich darin gegen die Auffassung der Jesuiten, dass der Mensch eine Mitwirkungsmöglichkeit habe, wenn es um den Erwerb des Heils gehe. Gezielt wandte sich der Bischof gegen Luis de Molina (1535–1600) und dessen 1588 erschienene Schrift zur Willensfreiheit und göttlichen Vorherbestimmung *(Concordia liberi arbitrii cum gratiae donis, divina praescientia)*. Ohne die Bahnen der Prädestinationslehre Augustinus' oder Calvins zu beschreiten, betonte Jansen die Notwendigkeit der von Gott freiwillig und bedingungslos gewährten Gnade. Nur sie könne den Menschen aus dem Gefängnis der Erbsünde erlösen, mit dem eigenen freien Willensentscheid des Menschen zum Guten gelänge dies nicht. 1642 verbot Papst Urban VIII. Jansens Schrift, und sein Nachfolger Innozenz X. bekräftigte die Verurteilung im Mai 1653: Fünf Sätze Jansens identifizierte er als häretisch und stellte ihnen die gültige Kirchenlehre entgegen.

Aus den Ideen Jansens ging der sogenannte «Jansenismus» hervor, der sich zu einer Bewegung formierte, die sich mit ihren Reformvorstellungen insbesondere in den Niederlanden und Frankreich Ausdruck verschaffte. Die *Societas Jesu* wurde zum zentralen Gegner, aber auch der Barockkatholizismus mit all seinem Prunk stieß auf massive Ablehnung. Zu den Forderungen der Jansenisten gehörte eine strengere Moral und Kirchenpraxis; die Beichte erklärten sie zum wichtigsten Sakrament, das nicht leichtfertig erfolgen und nicht automatisch zur Lossprechung von den begangenen Sünden führen dürfe. Auch die Eucharistie wurde verschärft und vom immer wiederkehrenden automatisch vollzogenen Ritus zum Ausnahmeereignis erhoben, auf dass die Gläubigen sich konzentrieren müssten. Bloße Äußerlichkeiten galten im Jansenismus als zerstörerisch, führten sie doch vom Glauben ab und dienten nur dem Erhalt der Institution, nicht dem Seelenheil der Gläubigen.

Als Blaise Pascal zwei Rouvillisten kennenlernte, die über Monate seinen erkrankten Vater pflegten, war er von ihren Vorstellungen begeistert. Die Gruppe gehörte zur Strömung um Jansen und benannte sich nach dem aus Rouville bei Rouen stammenden Pfarrer Jean Guillebert, der seinerseits eng mit dem Jansenisten Antoine Arnauld (1612–1694) verbunden war. Dieser hatte mit seinen Angriffen gegen die Jesuiten für Sensation gesorgt, in denen er ihr ethisches Konzept des «Probabilismus» (vom lateinischen *probabilis*, wahrscheinlich) zurückwies, dem zufolge in Konfliktfällen Abwägungen über das notwendige Handeln möglich seien und nicht bloße Ableitungen aus ein für alle Mal feststehenden sittlichen Normen vorgenommen werden müssten. Dieser Ansatz wird auch als praktischer Skeptizismus bezeichnet. Dem gegenüber stellten die Jansenisten den Rigorismus oder auch Tutiorismus (gibt es zwei Möglichkeiten, wird die sicherere gewählt) heraus und verlangten, das gesetzlich Vorgegebene konsequent und ausnahmslos einzuhalten.

Die Jansenisten fanden in dem südlich von Versailles gelegenen Zisterzienserinnenkloster Port-Royal ihr Zentrum, dessen Frömmigkeitsstruktur besonders durch die Lehre und

Schriften Saint-Cyrans geprägt war. Dieser unterstrich den praktischen Charakter des Christentums und förderte die Abgeschiedenheit von der profanen Welt. Pascal geriet zunehmend in den Bann des Jansenismus, zumal seine Schwester Jacqueline sich 1653 für das Ordensleben in Port-Royal entschied. Beide wuchsen zusammen mit ihrer Schwester Gilberte in Clermont-Ferrand (Auvergne) auf, wo Blaise Pascal am 19. Juni 1623 geboren worden war. Die Mutter starb bereits drei Jahre nach seiner Geburt, der Vater Etienne war in hohen Positionen im Steuerdienst tätig. 1631 ging die Familie nach Paris. Schon früh zeigte sich, dass Blaise über außergewöhnliche intellektuelle Fähigkeiten verfügte. Allerdings litt er, hochsensibel, unter einer sehr schwachen gesundheitlichen Konstitution. Seine geistige Energie konnte er kaum zügeln, die Ideen wirbelten durch seinen Kopf, so regte Blaise vieles in seinem Leben an, ohne es dann im Detail durchzuführen – dies überließ er gerne anderen. Das Besondere seines Werkes liegt darin, dass es ihm gelang, Physik, Mathematik, Philosophie und Theologie in einer Weise zu verknüpfen, welche die Bereiche als komplementär erscheinen ließ. 1640 legte er eine viel beachtete Untersuchung über die Eigenschaften von Kegelschnitten vor (Pascalscher Satz, Pascalsche Gerade). Berühmt wurden seine Studien, die im «Pascalschen Dreieck», dem Binominalkoeffizienten und wegweisend auch in der «vollständigen Induktion» mündeten. Drei Jahre nach seinem Tod erschien 1665 die entsprechende Arbeit «Traité du triangle arithmétique». Mit seiner «Studie über den Sinus des Viertelkreises» (Traité des sinus des quarts de cercle) von 1659 vermittelte er Gottfried Wilhelm Leibniz schlagkräftige Impulse für seine Arbeiten zur Integral- und Differentialrechnung. Darüber hinaus erfand Pascal 1642 eine Rechenmaschine, die zunächst addieren, nach weiteren Verfeinerungen dann auch subtrahieren konnte: die «roue Pascale», die «Pascaline». Intensiv befasste er sich zudem mit dem Luftdruck sowie den Messverfahren des Barometers und gründete gar im Jahr seines Todes eine Gesellschaft mit preisgünstigen Droschken für den öffentlichen Nahverkehr in Paris.

Vom Leben in der Hauptstadt war Blaise Pascal durchaus fasziniert, fand er dort doch in den Salons einen Lebensstil, der durch freie und hochgelehrte gesellschaftliche Kontakte bestimmt sein konnte. Die Tiefen religiös-christlicher Erkenntnis sah Pascal auf diesen Feldern indes kaum vertreten, eher wurden sie distanziert belächelt, ironisiert ignoriert oder durch den «esprit de finesse», das intuitive Urteil, das Gefallen schafft, überboten; denn das gesellschaftliche Persönlichkeitsideal des 17. und 18. Jahrhunderts, der «honnête homme» feierte Triumphe (vgl. Pensées, Fragmente 1 und 35). In seinem Beichtvater Louis-Isaac Lemaître de Sacy fand Pascal 1655 einen Partner für lange und intensive Gespräche, in denen die zentrale Gestalt des geistigen Paris der Zeit, Michel de Montaigne, der für einen philosophischen Skeptizismus stand, mit den antiken Traditionen Epiktets und seiner stoischen Ethik konfrontiert wurde (vgl. Attali, 214–219).

Ein Jahr zuvor hatte sich Pascals Einstellung zur Welt grundlegend verändert. Nach zweitägiger intensiver Bibellektüre hatte er während der Nacht vom 23. auf den 24. November 1654 ein Erweckungserlebnis. Pascal notierte seine Erinnerungen an dieses Ereignis umgehend in einem zweiblättrigen «Memorial», das er sich ins Westenfutter einnähen ließ, um es immer präsent zu haben. Auch die Zeit gab er genau an: 22.30 bis 00.30 Uhr. «Feuer», schrieb Pascal auf, «Gott Abrahams, Gott Isaacs, Gott Jakobs,/nicht der Philosophen und Gelehrten./Gewißheit. Gewißheit. Empfindung. Freude. Friede./Gott Jesu Christi./ Deum meum et Deum vestrum./Dein Gott soll mein Gott sein./Vergessen der Welt und aller Dinge, ausgenommen Gott./ Es wird nur auf den Wegen gefunden, die im Evangelium gelehrt sind. // Größe der menschlichen Seele. // Gerechter Vater, die Welt hat dich nicht erkannt, aber ich habe dich erkannt./Freude, Freude, Freude, Tränen der Freude. .../Jesus Christus –/Ich habe mich von ihm getrennt; ich bin vor ihm geflohen, ich habe ihn/verleugnet, gekreuzigt –/Möge ich nie von ihm getrennt sein. –/Er wird nur auf den Wegen bewahrt, die im Evangelium gelehrt sind:/Vollkommene, innige Entsagung» (zitiert nach Attali, 193 f.).

Vision, Ekstase, Traum, Halluzination, Wahn – die Deutungsparameter des Erlebnisses sind vielfältig, die Botschaft aber ist durchaus eindeutig: Es scheint sich um die tiefe existentielle Erfahrung der Nähe Gottes und Jesu Christi gehandelt zu haben, gleichzeitig aber auch um die Einsicht eigenen, bisherigen Scheiterns. Nicht über die Philosophie und die Bahnen gelehrter Erkenntnis sei Gott zu erfassen, sondern über die weltabgewandte Konzentration auf das Evangelium als Offenbarung Gottes. Aber wie und wo sollten sich jetzt neue Lebensperspektiven eröffnen? Nicht im aufgeregten Durcheinander der Hauptstadt sah Pascal seine Zukunft, sondern in der Abgeschiedenheit des Klosters Port-Royal. Hier, auf dem Land, hatten sich um die Anlage herum «solitaires» angesiedelt, die «Messieurs de Port-Royal»: Laien, die in der Einsamkeit und Ruhe des ländlichen Lebens mit den Ideen des Jansenismus sympathisierten.

Aber Besinnlichkeit wollte sich nicht einstellen, denn Pascal ließ sich zunehmend in die positionellen Grabenkämpfe mit den Jesuiten verwickeln. Er sprang Antoine Arnauld an die Seite, der als Reaktion auf von ihm veröffentlichte Streitschriften, in denen er auch päpstliche Entscheidungen problematisierte, seinen Doktortitel verlieren und von der Sorbonne ausgeschlossen werden sollte. Das entsprechende Urteil fiel im Januar 1656. In achtzehn «Lettres provinciales» ging Pascal im Schutz der Anonymität den Gegner frontal an und nahm ihn in seinem Moralismus mit allen Mitteln der Ironie auseinander. Die Briefe gelten auch sprachlich als Geniestreich und Wegmarke für die

Entwicklung der neuzeitlichen französischen Literatur. Daraufhin setzte eine rege Verfolgungstätigkeit durch die staatlichen und kirchlichen Organe ein, welche aber dadurch etwas abgebremst wurde, dass sich in Port-Royal ein Heilungswunder ereignete, das offenkundig machte, dass der Segen Gottes durchaus auf den Jansenisten lag. Im Kern der Auseinandersetzungen ging es wieder um die Gnadenlehre, den freien Willen und den Probabilismus der Jesuiten, denen es, so der Vorwurf, nicht um Wahrheit, sondern um Machtausübung gehe. Ins Zentrum rückte schließlich die Verurteilung Jansens durch Innozenz X., die Pascal als sachlich völlig unbegründet zurückwies.

Seinen bleibenden Rang in der Geschichte von Theologie und Philosophie erschrieb sich Pascal mit den «Pensées sur la religion». In etwa 1000 einzelnen Reflexionsfragmenten beschreibt Pascal das Sein des Menschen mit, ohne oder gegen Gott. Die genaue Ordnung der Teile hat Pascal selbst nicht überliefert, so dass die verschiedenen Editoren vor einer Herkulesarbeit standen, als sie dem Ganzen eine Struktur geben wollten. Prominent ist beispielsweise die «Pascalsche Wette»: Es sei besser, darauf zu setzen, dass es Gott gibt, als auf diese Annahme zu verzichten, da sich der Gewinn im Erfolgsfall als ungleich hoch erweisen dürfte. Es sei also besser an Gott zu glauben, als es nicht zu tun. «Prüfen wir das also, nehmen wir an: Gott ist oder er ist nicht. Wofür werden wir uns entscheiden? Die Vernunft kann hier nichts bestimmen: ein unendliches Chaos trennt uns. Am äußersten Rande dieser unendlichen Entfernung spielt man ein Spiel, wo Kreuz oder Schrift fallen werden. Worauf wollen sie setzen. Aus Gründen der Vernunft können sie weder dies noch jenes tun, aus Gründen der Vernunft können sie weder dies noch jenes abtun» (Pensées, Fragment 233). Unabhängig von der Wette weist Pascal gegen das Urteil der Skepsis dem Glauben die «Logik», das «Wissen des Herzens» zu, denn «das Herz hat seine Gründe, die die Vernunft nicht kennt, das erfährt man in tausend Fällen». Das Herz sei es, das Gott spüre, und nicht die Vernunft (ebd., Fragmente 277–284).

Die Intensität der Wirkungsgeschichte der «Pensées» und ihr Stellenwert gerade auch für die Geisteswissenschaften und die Literatur Frankreichs ist bis in die Gegenwart kaum zu überschätzen. Es präsentiert sich ein genialer Denker, der stets auch um die politische und lebensweltliche Relevanz seiner Überlegungen weiß. Der Einzelne wird mit der Notwendigkeit konfrontiert, eine Entscheidung zu treffen, da ein neutraler Standpunkt nicht existiert; doch bleibt auch Pascal skeptisch. Denn: «Wäre unsere Seinslage wirklich glücklich, brauchten wir uns nicht von dem Gedanken an sie abzulenken» (ebd., Fragment 165 b).

14. Nikolaus Ludwig von Zinzendorf: Der leidende Christus und die Herrnhuter Brüdergemeine

Der junge Reichsgraf Nikolaus Ludwig von Zinzendorf und Pottendorf besuchte auf einer Reise, die ihn zuvor nach Paris geführt hatte, in Düsseldorf eine Gemäldegalerie und sah dort ein Bild des italienischen Malers Domenico Fetti (1589–1624) mit dem Titel *Ecce Homo.* Das Werk, das sich heute im Besitz der Bayerischen Staatsgemäldesammlung befindet, zeigt einen an den Händen gebundenen Christus mit Dornenkrone und trägt am unteren Rand den Schriftzug: *Ego pro te haec passus sum, tu vero quid fecisti pro me*? «Das tat ich für dich – was tatest du für mich?» Zinzendorf war fasziniert, fühlte sich im Innersten angesprochen und zugleich gemahnt durch diese Begegnung mit dem Sohn Gottes. Der von der Frage in ganz eigener Dringlichkeit ausgehende Anspruch fügte sich in die Strukturen der pietistischen Frömmigkeit ein, in denen Zinzendorf aufgewachsen war: Der Mensch müsse alles daransetzen, sich zu vervollkommnen, nur so könne er dem Heiland wahrhaft nachfolgen. Das Ergebnis dieser Ansicht ist eine strenge Ethik, die den Verpflichtungscharakter der Gläubigen den Forderungen Gottes gegenüber unterstreicht und darauf hinauslaufen kann, dass der Einzelne stets mit seinem Scheitern, der Unfähigkeit, diesem Willen zu entsprechen, konfrontiert wird.

Zinzendorfs Vater Georg Ludwig – die Familie stammte aus Österreich und musste im Zuge der Gegenreformation fliehen – starb kurz nachdem sein Sohn am 26. Mai 1700 in Dresden geboren worden war. Nikolaus von Zinzendorf wuchs deshalb bei seiner Großmutter Henriette Katharina von Gersdorff auf, die als eine starke Persönlichkeit mit einer stupenden Bildung beschrieben wird und ihren Enkel nach Kräften förderte. Sie stand deutlich im Bann der von Philipp Jakob Spener und August Hermann Francke geprägten Glaubenswelt des Pietismus. Im Jahr 1710 schickte die Familie Nikolaus nach Halle auf das von Francke gegründete *Pädagogium Regium*. Es wurde eine Zeit harter Erziehung und emotionaler Entbehrungen. Von 1716 bis 1719 studierte Zinzendorf Rechtswissenschaften in Wittenberg, dem Zentrum lutherischer Orthodoxie. Die sich anschließende «Kavaliersreise», die dazu vorgesehen war, vornehmlich Adeligen für ihr weiteres Leben wichtige Kontakte über das eigene engere Umfeld hinaus zu verschaffen, führte ihn nach Paris, wo er sich mit Kardinal Louis-Antoine de Noailles (1651–1729) befreundete, die Niederlande und eben auch zu Domenico Fettis Christus nach Düsseldorf. In Dresden heiratete Zinzendorf 1722 Erdmuthe Dorothea von Reuß-Ebersdorf, nachdem er im Jahr zuvor die Position eines Hof- und Justizrats erhalten hatte. Erdmuthe von Zinzendorf stand unter dem Einfluss der Londoner «Philadelphischen Gesellschaft». Diese ging auf Jane Leade (1623–1704) zurück, die sich als «Braut Christi» wahrnahm und ein mystisches Denken propagierte, das von

Versatzstücken wie Weltharmonie, Überkonfessionalität und Reich-Gottes-Gedanke lebte.

Nachdem er im Jahr 1722 von seiner Großmutter in der Oberlausitz das Rittergut Berthelsdorf übernommen hatte, erklärte sich Zinzendorf dazu bereit, auf seinem Besitz Auswanderer aufzunehmen, die aus religiösen Gründen von Mähren dorthin gelangt waren. Die «mährischen Brüder», angeführt von dem Zimmermann Christian David, standen in der Tradition des mittelalterlichen Reformers Jan Hus, wenngleich sich die Nähe zu seinen Gedanken sehr verwässert hatte. Schnell sprachen sich die Gastfreundschaft Zinzendorfs und seine überkonfessionelle Großzügigkeit herum, und so kamen auch Gruppen anderer religiöser Richtungen zu ihm, ob Lutheraner, Dissidenten, Reformierte, Schlesische Schwenckfeldianer oder Pietisten. Als ihr Pfarrer wurde Johann Andreas Rothe (1688–1758) aus Görlitz eingesetzt. Es bedurfte allerdings des entschiedenen Engagements von Zinzendorf, die zerstrittenen Parteien zu einen. Auf einem Gelände, das sich unterhalb des Hutbergs befand, war mittlerweile die Kolonie Herrnhut errichtet worden.

Am 12. Mai 1727 wurde eine Verfassung aufgestellt, die von der im urchristlichen Gemeindeideal verankerten Hoffnung geleitet war, Seelen für Christus gewinnen zu können. Die entscheidende Zäsur war dann aber der 13. August 1727. Zinzendorfs Biograph, sein späterer Nachfolger und Leiter der Gemeine Bethlehem in Pennsylvania August Gottlieb Spangenberg (1704–1792), berichtet von diesem Ereignis: Schon die Tage zuvor waren von einer religiös aufgeladenen Spannung bestimmt. Am 13. schließlich wurde zunächst in Herrnhut eine Rede über das Abendmahl gehalten, danach begab man sich in die Kirche nach Berthelsdorf. Doch schon auf dem Weg dorthin «war alles in voller Bewegung. Die an einander irre gewesen, fielen einander um den Hals, beteten und verbanden sich.» Während des Gottesdienstes fingen viele an, heftig zu weinen. Angeheizt durch Bußbekenntnisse und Gesang «zerfloß alles in Thränen» (Spangenberg, Bd. 3, § 25, 438); und so zog es sich über Stunden hin. Zinzendorf sah sich dazu veranlasst, den Schwung des Bekenntnisses zum Heiland Jesus Christus abzubremsen, zu offenkundig waren die Gefahren des Überschwangs. «Nun lag unserm Grafen sehr an», betont Spangenberg, «dieser besondern Gnadenzeit recht wahrzunehmen, und sorgfältig zu verhüten, was dabey Schaden thun könte. So gesegnet es überdem in Herrnhut ging; so dikke Wolken zogen sich, wie es schien, über der Gemeine, und sonderlich über unsern Grafen, zusammen. Auf keinen Menschen wolte und konte man sich dabey verlassen» (ebd., § 26, 440). Entsprechend achtete Zinzendorf zunächst auf strenge ethische Prinzipien und klare Strukturen des Gemeindelebens. Regelmäßige Gottesdienste, Gebete, Bibelstunden und Gesang wurden zu festen Größen. Zudem teilte er alle seine Anhänger in kleine Gruppen auf, die «Banden». Als Kriterium dienten dabei die Übereinstimmung in Alter oder Stand, so gab es Kinder- und Witwenbanden. Im weiteren Verlauf wurden die Banden durch Chöre abgelöst. Die sozialdisziplinierende Wirkung war durchschlagend. Sein Kirchenverständnis profilierte Zinzendorf deutlich an Philipp Jakob Speners Konzept einer *ecclesiola in ecclesia*, eines «Kirchleins in der Kirche», das er sachlich in beeindruckender Dichte in seiner 1675 separat erschienenen «*Pia desideria*: oder Hertzliches Verlangen Nach Gottgefälliger Besserung der wahren Evangelischen Kirchen» entfaltete – der grundlegenden Programmschrift des Pietismus.

Die Brüdergemeine entwickelte eine zunehmende Eigendynamik und ließ sich immer weniger in die herrschenden Kirchenstrukturen integrieren. Zinzendorf selbst blieb als Laiengeistlicher der zentrale Orientierungspunkt. Zwar legte er in Stralsund ein Rechtgläubigkeitsexamen ab, konnte in Tübingen in den geistlichen Stand übertreten und wurde 1737 auch Bischof der Gemeine, aber seine Theologie gestaltete sich einfach und war von einer grundlegenden Frömmigkeit geleitet (vgl. Meyer, Art. Zinzendorf, 1871 f.). Seine größte Öffentlichkeitswirksamkeit erreichte Zinzendorf mit seinen «Berliner Reden» aus dem Jahr 1738. Immer mehr drängte es ihn, die Botschaft Jesu Christi in die ganze Welt zu tragen, und er entfaltete eine massive Missionsaktivität, die bis nach Nordamerika, zu den Westindischen Inseln und den Eskimos reichte.

Die Zahl der ihm verpflichteten Missionare nahm ständig zu. Als Ziel stand diesen nicht die Bekehrung ganzer Länder vor Augen, vielmehr sollten vor allem Einzelne erreicht werden, die ernsthaft an Christus glaubten und umso intensiver selbst die Heilsbotschaft weitertragen konnten. Zinzendorf, der 1736 aus Kursachsen ausgewiesen wurde, erwies sich als reisefreudig und gelangte bis ins Baltikum. 1739 war er auf der Karibikinsel St. Thomas, dem damaligen Dänisch-Westindien, und vom Winter 1741 bis Anfang 1743 hielt er sich in Pennsylvania auf, wohin er mit dem Segelschiff über New York gelangte. Er beförderte Gründung und Ausbau mehrerer Ableger der Brüdergemeine in Herrnhut, so vor allem in der nördlich von Frankfurt am Main gelegenen Wetterau. Auch in England konnte er Erfolge verzeichnen. Von 1751 bis 1755 verlagerte er seinen Lebensschwerpunkt nach London, kehrte dann aber doch nach Herrnhut zurück. Nach dem Tod seiner Frau Erdmuthe 1756, mit der er eine «Streiterehe» geführt hatte, womit nicht der Kampf untereinander, sondern derjenige für das Evangelium gemeint war, heiratete Zinzendorf erneut, und zwar Anna Nitschmann, mit der er über Jahre aufs Engste zusammengewirkt hatte.

In das Zentrum seiner Theologie stellte Zinzendorf das Bekenntnis zum «Heiland». Er betonte den Stellenwert Jesu Christi so deutlich, dass – trinitarisch gesehen – Gott Vater und der Heilige Geist zurückgedrängt wurden. Der unmittelbare Glaube an die direkte persönliche Bindung an den Heiland wurde zum Erkennungszeichen. Auch als Kirchenlieddichter verlieh er seiner Glaubenshaltung Ausdruck (vgl. nur «Jesu, geh voran auf der Lebensbahn!»). In deutlicher Aufnahme der von Martin Luther konzipierten Kreuzes- und Rechtfertigungstheologie legte Zinzendorf den Akzent auf den sühnenden Opfertod Jesu. Ein für alle Mal hat Christus die Sünden der Menschen durch seinen Opfertod getilgt, hat er einen Loskauf vollzogen. Diese Einsicht, die sich bei Zinzendorf mehr und mehr zementierte, bewirkte eine zunächst schleichende, dann aber immer virulenter werdende Trennung von seinen pietistischen Ursprüngen. Stets war ihm unmissverständlich vor Augen geführt worden, dass ein Bußkampf und eine Bekehrung bei ihm nicht stattgefunden hätten. Aber diese Anwürfe, die ihn anfänglich durchaus trafen, wendete Zinzendorf offensiv und betonte nun dem Pietismus gegenüber seinerseits die strikte Ablehnung des Ringens um Buße und der permanenten Jagd nach Heiligung, widersprach doch diese Ansicht seinem Bild von der bereits geschehenen gnadenhaften Erlösung durch Christus. Das Bild eines im Moralismus gefangenen Menschen schreckte Zinzendorf elementar ab. Er kämpfte besonders mit den radikal-pietistischen Ansichten Johann Konrad Dippels (1673–1734), der die lutherisch-orthodoxe Lehre von der Versöhnung zurückwies und vom Menschen selbst, von seinem Handeln, die Heil schaffende Leistung erbracht sehen wollte.

Doch Zinzendorfs strikte Fokussierung auf den Heiland barg stets die Gefahr enthusiastischer Verklärung – und genau diese wurde für einige Jahre zur Wirklichkeit, wodurch das gesamte Werk der Brüdergemeine pervertiert zu werden drohte. Im Rückblick sprach Zinzendorf von der «Sichtungszeit» und bezog sich auf Lukas 22,31: «Simon, Simon, siehe, der Satan hat begehrt, euch zu sieben wie den Weizen.» Zum eigentlichen Schauplatz des Geschehens der Jahre 1743 bis 1749 wurde die Gemeine Herrnhaag in der Wetterau. 1741 war hier Christus selbst zum Generalältesten bestimmt worden. Angeleitet von Zinzendorfs Sohn Christian Renatus (1727–1752) konnte sich eine exzessive Wunden- und Blutmystik entfalten, die sich auch der ausufernden Stilelemente des Barock bediente; inszeniert wurden festspielartige Events mit großem Musikaufwand und Theaterwirbel. In Aufnahme der paulinischen Rede vom «Narren um Christi willen» (1. Korinther 4,10) feierte die Infantilität der Gläubigen fröhliche Urständ. Vor allem die Seitenwunde des Gekreuzigten wurde zum Ort, in dem sich die Gemeine sicher zu fühlen glaubte. Es folgte die Etablierung eines «Närrchen-Ordens». «Als ‹Kreuzluftvögelein› nisteten die Gläubigen im ‹Seitenhöhlchen› (Wundenlitanei). Der Karfreitag wurde ‹Seitenhöhlchens Geburtstag›» (Wallmann, 202). Zinzendorf war selbst zwar kaum bei diesen Vorgängen vor Ort, zeichnete aber doch für alle Geschehnisse verantwortlich und unterband schließlich das Treiben. Der Christusmystik verlieh er einen eigenen Akzent dadurch, dass er die Bilder- und Erlebniswelt der Ehe voller Eifer auf das Verhältnis zwischen dem frommen Individuum und seinem Heiland bezog.

Das konsequente Streben Zinzendorfs, die eigene fromme Existenz mit Jesus Christus als dem persönlichen Heiland zu verbinden und in engagierter Glaubenspraxis auch im Alltag zu leben, hat durch ihre Intensität für viele, ob sie sich nun zur engeren Herrnhuter Brüdergemeine zählen oder nicht, bis in die Gegenwart hinein Vorbildcharakter; prominente Beispiele sind etwa Friedrich Schleiermacher und Karl Barth. Im Jahr 1731 präsentierte Zinzendorf eine neue «Erfindung», das «Losungsbuch», das eine beispiellose Karriere erlebte und über Länder- und Konfessionsgrenzen hinweg christliche Andachtserfahrungen bestimmt. Für jeden Tag werden, stets für drei Jahre im Voraus, ganz bestimmte Bibelstellen aus einem umfänglichen, festgelegten Grundbestand ausgelost, die durch weitere Texte und Angaben von Kirchenliedern ergänzt sind. Wem der Sinn danach steht, kann sich heute die jeweilige Tageslosung – eine aus dem Alten und eine aus dem Neuen Testament – auch per E-Mail zusenden lassen (www.losungen.de).

15. Johann Gottfried Herder: Vom Werden der Humanität

Immanuel Kant, der «Philosoph des Protestantismus», war ab 1762 in Königsberg der Lehrer von Johann Gottfried Herder, in einer Zeit, als die drei großen Kritiken zur reinen und zur praktischen Vernunft sowie zur Urteilskraft noch nicht erschienen waren. Später sollte sich Herder zu einem nahezu verbissenen Kritiker Kants entwickeln. Geboren wurde er am 25. August 1744 im ostpreußischen Mohrungen, der Vater war Lehrer und Kantor. Er starb am 18. Dezember 1803 in Weimar. Schon in jungen Jahren hatte er angefangen zu publizieren, vor allem befasste sich Herder kritisch mit der Literatur in ihren gegenwärtigen Ausprägungen. Mit großem Ehrgeiz war er aber auch auf der Suche nach der «Zukunft in der Vergangenheit» (Ernst Bloch). Stets ging es ihm darum, die Dynamik der historischen Entwicklung aufzuzeigen, verschüttete Traditionsstränge in ihrer Bedeutung für die Gegenwart und sogar die Zukunft aufzudecken, nicht eingeholte Potentiale des einst Gewesenen zu aktualisieren. Breite Überlieferungsströme zeichnete er in ihrer Kontinuität und ihrem Wandel nach und wies der Sprache dabei eine zentrale Rolle zu, da sie die einzelnen Elemente durch die Jahrhunderte verbindet und überdies den unmittelbaren Zugriff auf überkommene Texte ermöglicht.

Mit der deutschen Klassik eines Lessing, Schiller, Goethe und Wilhelm von Humboldt verband Herder ein Humanitätsideal, das in der Bildung den Inbegriff dessen sah, was für den Menschen zugleich möglich und notwendig war. Eine Schiffsreise, die er 1769 im französischen Nantes antrat, öffnete ihm die Augen und wurde zur zentralen Aufbruchsmetapher, die er in mehreren Texten umsetzte, so auch in dem Gedicht «Der Genius der Zukunft»: «Vom dunkeln Meer vergangener Thaten steigt/ein Schattenbild in die Seel' empor!/Wer bist du, Dämon! Kommst Du leitend/mein Lebensschiff in die Höh' dort auf!/in die blaue Nebelferne dort auf, wo Meer und Himmel/verweben ihr Trugegewand;/wie? oder Flamme des hohen Masts!/mir Irrphantom, und nicht der Errettenden Einer,/der Sternegekrönte Jüngling! // ... Mit Flammenzügen glänzt/in der Seelen Abgründen der Vorwelt Bild/und schießt weitüber weißagend starkes Geschoß/in das Herz der Zukunft!» (in: Sämmtliche Werke, Bd. XXX, 1889, 322 f.).

Im Frühling des Jahres 1771 übernahm Herder in Bückeburg, der Residenzstadt des Fürstentums Schaumburg-Lippe, die Ämter des Hofpredigers und Generalsuperintendenten. Der Theologe avancierte zu einem der maßgeblichen Impulsgeber der «Geniezeit», des «Sturm und Drang» (vgl. Von deutscher Art und Kunst, einige fliegende Blätter, 1773). Empfindsamkeit, Gefühl, Naturerlebnis, die Kraft des Herzens, dessen Entscheidungen schwerer wiegen als alle Setzungen der Moral, drängen in den Vordergrund. Der Mensch behält diese Eindrücke jedoch nicht für sich, sondern teilt sie nach außen durch die Sprache mit. Über Jahrtausende werden die Ergebnisse dieser Kommunikation tradiert: ob zunächst nur in mündlicher Form oder dann zunehmend auch in Liedern, Urkunden, Epen und Schriften, jedes «Volk», jede «Nation» prägt dabei, so Herder, einen eigenen unverkennbaren Charakter aus. Die Sprachphilosophie wurde zum Markenzeichen Herders. Seine «Abhandlung über den Ursprung der Sprache» (in: Sämtliche Werke, Bd. V, 1891, 1–154) von 1772 setzte früh die entscheidenden Akzente und wirkte bahnbrechend.

Bei allem Fortschrittsoptimismus erkannte Herder jedoch auch die Brüche, Spannungen und Regressionen im historischen Ablauf. Zudem wandte er sich skeptisch gegen die Überlegenheitsansprüche der Aufklärung, die es wagte, in der eigenen Epoche die vernünftige Vollendung der ihr vorangegangenen zu erkennen. Die größte Gefahr sah Herder in der ‹Mechanisierung der Gegenwart›, die alle Eigenarten und Besonderheiten normiere. In seinem, wie er es im Untertitel bezeichnet, «Beytrag zu vielen Beyträgen des Jahrhunderts», der Schrift «Auch eine Philosophie der Geschichte zur Bildung der Menschheit» (1774; in: ebd., 475–594) betont er: «Gewiße Tugenden der Wissenschaft des Krieges, des Bürgerlichen Lebens, der Schiffart, der Regierung – man brauchte sie nicht mehr: es ward Maschiene» (ebd., 534). Die aufklärerische Behauptung, jetzt endlich Glückseligkeit – gerade des Einzelnen – erreicht zu haben, hielt Herder für absurd. Die Rückfragen der Skeptiker dürften nicht einfach ignoriert werden; denn bei aller Kontinuität der Entwicklung gebe es immer «scheinbare Ruheplätze, Revolutionen! Veränderungen! und dennoch hat jedes den Mittelpunkt seiner Glückseligkeit in sich selbst» (ebd., 512). Er entwirft eine von ihm nicht aufgelöste Grundspannung zwischen Individualität, Gemeinschaft, eigener Biographie und geschichtlicher Entwicklung. Dabei zieht Herder Analogieschlüsse zwischen den Phasen, die der Mensch durchlebt, und denjenigen ganzer Völker und Epochen: «Es geht ins Große» (ebd., 513)! Die ganze Welt erlebe in ihrer Geschichte einen Bildungsprozess, den er bis auf die Genesis, Erstes Buch Mose, zurückverfolgt (vgl. Die älteste Urkunde des Menschengeschlechts, 1774–1776).

1780/81 erschienen in erster Auflage die «Briefe das Studium der Theologie betreffend» (in: Sämtliche Werke, Bde. X und XI, 1879). Zum einen haben sie einen enzyklopädischen, das Wesen der Theologie zusammenfassenden Charakter, zum anderen sind sie eine durchaus praxisbezogene Anleitung zu einem konstruktiven Studium der Theologie und der beginnenden Amtsführung. Herder schrieb die «Briefe» in Weimar, wo er 1776 als Oberhofprediger und Pastor an der spätgotischen Stadtkirche St. Peter und Paul, als Generalsuperintendent und Oberkonsistorialrat eine Fülle von Ämtern übernahm.

In Rahmen seiner Funktionen war Herder auch mit mancherlei pädagogischen Pflichten betraut, entsprechend sind die «Briefe» konzipiert. In ihnen gibt Herder Überlegungen zur Frage nach der angemessenen Schriftauslegung und zum Traditionsbegriff breiten Raum und bündelt viele Einsichten der bisherigen Publikationen. Der erste Brief beginnt programmatisch: «Es bleibt dabey, mein Lieber, das beste Studium der Gottesgelehrsamkeit ist Studium der Bibel, und das beste Lesen dieses göttlichen Buchs ist menschlich. ... Menschlich muß man die Bibel lesen: denn sie ist ein Buch durch Menschen für Menschen geschrieben. ... Sie können also sicher glauben, je humaner (im besten Sinne des Worts) Sie das Wort Gottes lesen, desto näher kommen Sie dem Zweck seines Urhebers, der Menschen zu seinem Bilde schuf, und in allen Werken und Wohlthaten, wo er sich uns als Gott zeigt, für uns menschlich handelt» (ebd., Bd. X, Br. 1, 7). Mit diesen Aussagen ebnet Herder den Weg für eine historisch-kritische Analyse der alt- und neutestamentlichen Texte. Er verweist jeden Gedanken an eine übernatürliche Entstehung der Bibel ins Reich der Fabel: so etwa die Verbalinspiration, die Vertreter der bis ins erste Drittel des 18. Jahrhunderts wirkmächtigen lutherischen Orthodoxie postulierten, um das *sola scriptura*-Prinzip des Reformators zu stützen. Der Heilige Geist, so Herder, ist nicht der Autor der Bibel.

Als unerlässliche Voraussetzung des Bibelstudiums führt Herder die Sprachkenntnis an, da der «Sprachgenius» (ebd., Br. 2, 13) erfasst werden müsse. Gelinge dies, öffne sich der Weg in Geist und Geschichte eines jeden biblischen Buches. Unveränderliches Kennzeichen prophetischer Rede beispielsweise sei ihre Individualität. Jeder Prophet habe einzeln gesprochen, für sich, zu verschiedener Zeit, unter eigenen Umständen, und seine Aussagen dürften genauso wenig wie die Teile eines prophetischen Buches vorschnell mit denen anderer vermischt werden. Seinen Adressaten fordert Herder auf, mit dem Propheten «gleichsam Zeitgenoß» zu werden; er solle dessen «Leiden und Freuden, gegenwärtigen Druck und künftig freyere Aussicht» teilen (ebd., 100).

Besondere Probleme tauchen für Herder dann auf, wenn der durch die Heilige Schrift bezeugte Inhalt mit dem neuzeitlichen Wahrheitsbewusstsein nicht kompatibel ist. Die Wunder werden dabei zu einer Nagelprobe. Am wunderbaren Charakter der Evangelienberichte scheiden sich die Geister; denn das Geschilderte widerspreche jeder Wahrscheinlichkeit, und der Glaube finde hier seine Grenze. Aber Wahrscheinlichkeit sei kein Wahrheitskriterium, propagiert Herder. Das Wunderbare an der Person Christi sei dieser so eigentümlich, charakteristisch und notwendig, «daß Christus Christus zu seyn aufhöret, wenn er nicht so gebohren, so wunderbar thätig, so lieb dem Himmel, also lebte und starb, litte, und wieder erweckt wurde». Das Wunderbare ist ein wesentlicher Teil Christi. «Mithin können diese wunderbaren Facta durch keinen Schluß von unsrer Erfahrung, und die Analogie, die in ihnen selbst liegt, durch keine Analogie aus unserm Leben über den Haufen raisonnirt werden» (ebd., Br. 13, 164). Indem Herder an dieser Stelle konstatiert, dass sich Wahrscheinlichkeit und Geschichtswahrheit nicht einfach gegeneinander aufwiegen lassen, kommt er zu einer Aussage, die für die Kombination von Hermeneutik und Geschichtsbegriff im ausgehenden 18. Jahrhundert charakteristisch ist und zugleich den herausragenden Beitrag Herders in der Ausformung der Hermeneutik als Disziplin zum Ausdruck bringt: «Geschichte muß man durch Vergleich mit ihr selbst, mit ihrem Ort, Zweck, Zeitalter, Zeugniß u. d. gl. glauben, oder sie ist für uns nicht da ...» (ebd., 165). Übertragen auf die Frage nach der Wahrheit des Christentums ergibt sich, dass dieses sich nicht beweisen lasse. «Unglaube», polemisiert Herder, «mag die Pest des Christenthums seyn; schlechte Beweis-Metaphysik ist seine garstige, faule Seuche» (ebd., Br. 14, 168). Aber immerhin stehe die Wahrheit des Christentums auf historischen Füßen. «Der Grund des ganzen Christenthums ist historische Begebenheit und derselben reine Erfassung, simpler, schlichter, thätig-ausdrückender Glaube» (ebd., 171).

Herder vollzieht eine grundlegende Verhältnisbestimmung von Vernunft, Natur, Schrift und Offenbarung und entfaltet ein Geschichtsverständnis, das für die Entwicklung der Theologie von wegweisendem Rang ist. Die Offenbarung werde durch die Geschichte «beurkundet und commentirt». Die Geschichte zeige, «daß der Mensch noch nicht im Seyn, sondern erst im Werden» sei. «Was alle Völker dumpf gefühlt und einige zum Theil in so liebliche Fabeln eingekleidet haben: das beurkundet uns die Schrift historisch. Sie begnügt sich nicht mit lieblichen Fabeln und einem Nebel der Morgenröthe; sondern giebt Unterricht, Lehre, Beispiele, Thatsachen der Geschichte» (ebd., Br. 32, 346 f.). Der Mensch wird also durch den Verlauf der Geschichte belehrt und optimiert. Alles, was ihm begegnet, kann zu seiner Verbesserung beitragen. Jesus Christus übernimmt dabei im Szenario Herders die Aufgabe des Vorbilds, Lehrers und Mittlers.

Im Zeitraum von 1794 bis 1798 veröffentlichte Herder seine «Christlichen Schriften» (in: Sämtliche Werke, Bde. XIX und XX, 1880). Exegetische, dogmatische, religionsgeschichtliche und philosophische Elemente werden darin zu einer Einheit verknüpft. Die Darstellung verbindet literarische, poetische und auch dialogische Elemente. «Jeder Geschichtschreiber gehört, so wie seine Geschichte, dem Volk, der Zeit, der Sprache, den Umständen an, in und unter welchen er schreibet» (ebd.,

Bd. XIX, 148). So lautet der hermeneutische Grundsatz der Schrift über den Erlöser. Es ist von wegweisender Bedeutung, dass Herder hier eine überlieferungsgeschichtliche Methode einsetzt. Die biblischen Texte sind demnach Ergebnisse eines Traditionsprozesses. Dieser geht im vorliegenden Kontext von Jesus aus und führt schließlich zu den Synoptikern und zum authentischen, vom Lieblingsjünger verfassten Johannesevangelium. Darüber hinaus sei die *regula fidei*, die Glaubensnorm, älter als die Schrift; «denn sie war das Evangelium selbst, das die Apostel vom ersten Pfingsttage an predigten, darauf sie tauften, das als Glaubensbekenntniß galt» (ebd., 202). Die *regula fidei* erklärt Herder zum kritischen Maßstab und Garanten für den Geist des Christentums, der ewig gelte und nicht in Kanon und Tradition aufgehe. Die Glaubensnorm könne aber nur dann in ihrer alle Zeiten überspannenden, bleibenden Bedeutung angemessen verstanden werden, wenn die sprachliche Eigenart, in der sie formuliert worden sei, berücksichtigt werde.

Jede Gesellschaft besitze eine eigene Sprache oder schaffe sie sich. Griechische oder lateinische Formen der Abstraktion widersprächen dem Geist der «Stifter» der «werdenden Gesellschaft des Christenthums», bei denen es sich um «Ebräer, größtentheils ungelehrte Galiläer» gehandelt habe. «Je feindseliger eine dergestalt erzwungene Lehre dem menschlichen Gemüth und Geschlecht ist, desto sicherer sey man, daß sie nicht im Sinne der Stifter gelegen: denn der Sinn dieser ging offenbar auf eine Bildung nicht zum Menschenhaß, sondern zur Menschenwohlfahrt» (ebd., Bd. XX, 21). Schon seit seinen Anfängen sei das Christentum «ein lebendiges Institut» gewesen und nicht nur eine Lehre. Als ein solches Institut habe es sich weiter entwickelt, auch fort von seinem Stifter. An dieser Stelle rückt Herder die Problematik der gegenwärtigen Relevanz des Textes in den Vordergrund: «In vergangnen Zeiten möge das Christenthum gewesen seyn, was es wolle: die Hauptfrage bleibt: was es uns jetzt seyn kann und seyn soll» (ebd., 22). Der Geist des Christentums geht für Herder nicht in den einzelnen geschichtlichen Erscheinungsformen und Festlegungen auf, sondern kann als bleibender kritischer Maßstab dienen. Dabei bleibe er jedoch an die biblische Offenbarung gebunden, die ernst zu nehmen sei und nicht einfach aus moralischem Überschwang perfektioniert werden dürfe. Er ist sich sicher: «Auch der schlechteste Schriftsteller will sagen, was Er gesagt hat und verbittet jede Deutung ins Bessere» (ebd., 222). Es steht hier viel auf dem Spiel, denn wenn der Autor in seiner Eigenart und spezifischen Aussage keinen Respekt fände, wäre es um die Auslegung geschehen, da der eigentümliche Sinn des Schriftstellers verloren sei: «Die Welt würde … so enge als der Gesichtskreis des Philosophen» (ebd.).

Friedrich Schleiermacher, in dessen Arbeiten zur Hermeneutik diese Disziplin einen für ihre weitere Ausformung richtungsweisenden epochalen Höhepunkt erreicht, wird unmittelbar auf Anregungen Herders zurückgreifen und eine Vielzahl seiner Gedankengänge vollenden. Es waren vor allem die Einsicht in die Universalität der Sprache, die Einbindung in den Überlieferungsstrom und die Achtung schriftstellerischer Individualität, die die bleibende Leistung Herders bezeichnen. Großes Gewicht legte er auf das geschichtsphilosophische Moment und wies damit weit über sich hinaus auf die sich am Horizont abzeichnende Debatte über die Relativität der Geschichte und allen historischen Erkennens, die mit dem auslaufenden langen 19. Jahrhundert einhergeht.

Zwischen 1784 und 1791 bündelte Herder seine Überlegungen in dem *opus magnum* «Ideen zur Philosophie der Geschichte der Menschheit». Eine wesentliche Akzentverlagerung liegt darin, dass Herder nunmehr in universaler, planetarischer Ausrichtung das Konzept einer Weltgeschichte entwirft, die auch den Bereich der Natur integriert und durch Analogieschlüsse mit den Sphären des Geistes kombiniert. Und auch hier kommt der Bildungsgedanke zum Tragen, denn das Ziel der Entwicklung liegt im progressiven Fortschritt der Humanität. Immanuel Kant, der die ersten beiden Bände des Werkes rezensierte, vermochte in Herders Reflexionen nur einen Textbrei zu erkennen, in dem alles Mögliche behauptet, aber nur wenig präzise nachgewiesen werde. Mit Vernunft habe das kaum etwas zu tun. Herder möge sich doch mehr den Gesetzen zuwenden, aus denen der Beobachter seine Schlüsse ziehen könne. Von nun an begegnete der Schüler Herder dem Lehrer Kant mit Misstrauen, Aggression und Polemik und beantwortete die Kritiken des Philosophenkönigs mit Gegenkonzepten. Mit seinen Anwürfen gegen Kant traf Herder entscheidende Schwachpunkte; denn mit aller Kraft beharrte er darauf, dass die Vernunft und ein auf ihr gründender Formalismus nicht zum Alleinkriterium erhoben werden dürften. Auf diese Weise hat Herder zwar einerseits Aspekte der Aufklärungskritik vorweggenommen, wie sie etwa in Max Horkheimers und Theodor W. Adornos «Dialektik der Aufklärung» zu finden sind, wenn es darum geht, die Schattenseiten zügelloser Vernunft zu deuten und zu bekämpfen. Aber andererseits hat das durchaus vorhandene irrationale Element in Herders Denken, das sich in seinem Volksbegriff bündelt, den ideologiesüchtigen völkischen Denkern des 20. Jahrhunderts begehrtes Material geliefert.

16. Friedrich Schleiermacher: Das Gefühl schlechthinniger Abhängigkeit

Ein spezifisches Charakteristikum der Moderne ist die Individualisierung, das heißt, dass hier das Individuum gegenüber der bislang weitgehend prägenden und es normativ festlegenden gesellschaftlichen Umwelt sein Recht auf Selbstbestimmung in allen Lebensbereichen einfordert. Die Individualisierung verdankt sich religiösen, aber auch philosophischen Impulsen, die in langwierigen positionellen (Kultur-)Kämpfen individuelle Freiheitsansprüche zu artikulieren halfen. Aus erkenntniskritischer Perspektive betonte Immanuel Kant, dass allein die autonome menschliche Vernunft über Staatsordnung, Moral und Bildung zu entscheiden habe. Während Johann Gottfried Herder aufklärungskritisch auch Völker und ihre Traditionen als individualisierte Lebensformen würdigte, war es Friedrich Schleiermacher, der Rationalität, romantischen Kult um das Individuum und bürgerliche Geselligkeitskultur plausibel verband und mit der Frömmigkeit verknüpfte, die er als das individuelle «Gefühl schlechthinniger Abhängigkeit von Gott» neu definierte.

Aber auch innerweltliche Abhängigkeitsstrukturen, die allerdings niemals absolut sein können, waren Schleiermacher sehr vertraut. Im Jahr 1798 verliebte er sich in Eleonore Grunow – eine verhängnisvolle Affäre, war sie doch mit einem seiner Kollegen verheiratet, und obwohl Schleiermacher sogar öffentlich das Recht auf Scheidung propagierte, wurde der Ehemann in diesem Fall nicht verlassen. Im September 1802 schrieb der Zurückgesetzte eines Abends an die Verehrte, dass er sich die christliche Frömmigkeit «immer als schmerzerregend» gedacht habe, aber es seien «die süßen Schmerzen der Wehmuth». Entschieden wies er die von seiner Briefpartnerin aufgestellte Vermutung zurück, Frömmigkeit und Witz seien selten beisammen. «Ernst und Spiel durchdringen sich nirgends inniger, als in einer frommen Seele, und ist das nicht die stärkste Anreizung zum Witz?» (in: Kritische Gesamtausgabe, Bd. V/6, 2005, 137). Schleiermacher, Meister romantischer Ironie und grandioser Prediger, wurde von Georg Ludwig Spalding 1804 als «aufrichtig fromm» und zugleich «von der Würde und der Innigkeit des denkenden Glaubens» bestimmt beschrieben (zitiert nach: ebd., Bd. I/12, 1995, XXXII, Anm. 145). Somit präsentiert sich Schleiermacher virtuos als spezifisch religionsintellektueller Charakter modernen Zuschnitts, als Glaube und Wissen in seiner Person einende Geniegestalt.

Am 21. November 1768 wurde Friedrich Daniel Ernst Schleiermacher in Breslau geboren. Sowohl von der Seite seiner Mutter Catharina Maria, geborene Stubenrauch, als auch von der seines Vaters, des Feldgeistlichen Gottlieb Adolph Schleiermacher, war er in eine reformierte Pfarrdynastie eingebunden. Zwischen 1783 und 1787 befand sich Friedrich gemeinsam mit seiner Schwester Charlotte, dann auch mit seinem Bruder Karl in Einrichtungen der Herrnhuter Brüdergemeine: An Vorbereitungswochen im Niederschlesischen Gnadenfrei schlossen sich das Pädagogium in Niesky bei Görlitz und später das Seminar im an der Elbe gelegenen Barby an. Zunehmend geriet Schleiermacher in Schwierigkeiten, litt nicht nur unter materiellem Mangel, sondern gerade auch unter religiös motivierten Zweifeln, welche die Identitätsfindung bestimmten. Er verstand sich zwar konsequent als «Herrnhuter höherer Ordnung», rebellierte aber in Barby doch massiv gegen die religiöse Enge der Zinzendorf verpflichteten Gemeinschaft. Insbesondere hinsichtlich der Versöhnungslehre hatte Schleiermacher erhebliche Bedenken, und auch der neutestamentliche Hoheitstitel «Menschensohn» stellte ihn vor Probleme, da er ihn gegenüber der Ewigkeit Gottes als unangemessen empfand. Zudem missfiel ihm die wissenschaftsfeindliche, anti-aufklärerische Grundhaltung. Im Frühjahr 1787 erhielt Schleiermacher dann jedoch die Erlaubnis des Vaters, in Halle ein Studium der Theologie zu beginnen, was ein Akt der Befreiung war. Bis zum Winter 1788/89 blieb er in Halle und hielt sich eng an Johann August Eberhard (1739–1809). In dieser Zeit erschlossen sich ihm die Welten der Philologie, der antiken Philosophie, aber auch das Œuvre Kants. Nach seinem Ersten Theologischen Examen im Mai 1790 erhielt der junge Schleiermacher eine Stelle als Hauslehrer beim Grafen zu Dohna im ostpreußischen Schlobitten. Vier Jahre später folgten Zweites Examen, Ordination und eine Hilfspredigertätigkeit in Landsberg an der Warthe. 1796 kann Schleiermacher schließlich die Provinz hinter sich lassen und wird in Berlin Prediger an der Charité. Schnell fügt er sich in die Szene der Frühromantiker ein, befreundet sich eng mit Friedrich Schlegel. Es beginnt erneut eine Zeit des Aufbruchs. Schlegel und Schleiermacher ziehen 1797 zusammen, bilden für zwei Jahre ein symbiotisches Verhältnis, entwerfen den Plan für eine gemeinsame Platon-Übersetzung. Schleiermacher wird Autor der Zeitschrift «Athenäum», die von den Brüdern Schlegel herausgegeben wird.

Auf das nachdrückliche Beharrungsvermögen seines Freundes ist es dann zurückzuführen, dass Schleiermacher seinen 1799 anonym veröffentlichten Text «Über die Religion. Reden an die Gebildeten unter ihren Verächtern» (in: Krit. Gesamtausgabe, Bd. I/2, 1984) verfasst. Es wurde ein epochales religionsphilosophisches Werk, das bis heute die von ihm ausgehende Faszinationskraft nicht verloren hat. Wo die Religion ist – konstatiert Schleiermacher in der ersten der fünf Reden, einer «Rechtfertigung» seines Unterfangens – «und wirkt, muß sie sich so offenbaren, daß sie auf eine eigenthümliche Art das Gemüth bewegt, alle Funktionen der menschlichen Seele vermischt oder vielmehr entfernt und alle Thätigkeit in ein staunendes Anschauen des Unendlichen auflöset» (ebd., 200). In der zweiten Rede wird das «Wesen der Religion» ergründet: «Sinn und Geschmack fürs Unendliche» sei sie. «Erhebt Euch einmal», ermuntert Schleiermacher das Publikum, «zu jenem Unendlichen der sinnlichen Anschauung, dem bewunderten und gefeierten Sternenhimmel» (ebd., 215). Die Religion bestimmt er als «Anschauung und Gefühl» (ebd., 211), erst darauf aufbauend setze die analytische Reflexion ein. Schleiermacher verfolgt die Frage der «Bildung zur Religion» (dritte Rede), das heißt ob sie gelehrt werden könne oder sich, wofür er plädiert, im Gefühl des Menschen ergebe.

Die vierte Rede («Über das Gesellige in der Religion») ist der Gemeinschaft der frommen, miteinander kommunizierenden Individuen in der Kirche gewidmet. Die fünfte schließlich präsentiert das Christentum als «Religion der Religionen», da nur in ihm der Erlösungsgedanke in angemessener Form zum Ausdruck komme. Die Religion lasse sich nicht für den einen oder anderen Zweck, wie die moralische Absicherung des Menschen, einspannen, sondern sei in sich eigenständig. Das Gefühlsleben des Menschen, seine emotionale Verankerung in der Welt, die Hinwendung zu Gott und Universum wollte der Theologe besonders betonen. Dabei überschritt er immer wieder die engen Grenzen des eigenen Faches und öffnete sich für die ästhetischen Ausdrucksformen von Literatur, Kunst und Musik.

Im Epochenjahr 1800 lässt Schleiermacher auf die «Reden» die «Monologen» folgen, in denen die ethischen Dimensionen der Individualität ausgeleuchtet werden, wobei es hier nicht um grenzenlose Freiheit geht, sondern der Einzelne immer auf die Gemeinschaft und ihre Strukturelemente wie Ehe und Freundschaft bezogen ist. Nur im Zusammenspiel mit dem Gegenüber kann sich Individualität entfalten. «Man muß das Bild der ganzen Gesellschaft seyn und doch auch ein Individuum», betont er in einer Notiz (ebd., 29).

Der Mensch lasse sich nicht auf die Vernunft verkürzen, behauptet Schleiermacher 1803 in seinen «Grundlinien einer Kritik der bisherigen Sittenlehre» gegen Kant. Zwar sei sie das allen Menschen Gemeinsame, Individualität könne aber über sie nicht erfasst werden. Nur über die Phantasie sei dies möglich, sie «ist das eigentlich individuelle und besondere eines jeden» (2. Aufl., 1834, 276). Im freien gesellschaftlichen Austausch der ganz unterschiedlichen Charaktere gelangt die Phantasie zum vollen Ausdruck. Sie ist die Quelle menschlicher Spontaneität und findet ihr inneres Zentrum in Freundschaft und Liebe. Schleiermacher selbst galt als ein «Genie der Freundschaft», aber auch der Geselligkeit. Durch den schwedischen Diplomaten und Legationssekretär Carl August von Brinkmann, einen einstigen Hallenser Kommilitonen, hatte Schleiermacher Ende 1796 Zugang zum Salon der Henriette Herz, einem der literarischen Mittelpunkte der Hauptstadt, erhalten. Darüber hinaus verkehrte er im Salon von Rahel Levin, ab 1814 Rahel Varnhagen von Ense. Das Berliner Salonleben spielte im Kontext der Emanzipation der Frau eine maßgebliche Rolle; sie wirkte hier nicht nur als Gastgeberin, sondern wurde in einem bestimmten Raum und einer bestimmten Situation zum Mittelpunkt gleichberechtigten Dialogs. Auch die Standesschranken verloren ihr exklusives Moment, jüdische und christliche Literaten, Wissenschaftler, Aristokraten, Politiker – so etwa Friedrich de la Motte Fouqué, Prinz Louis Ferdinand mit Pauline Wiesel, seiner Geliebten, Wilhelm und Alexander von Humboldt, Jean Paul, Clemens Brentano, Ludwig Tieck – pflegten den Stil freier Kommunikation. Es wurde gelesen und diskutiert und man sprach über Kunstausstellungen, Theateraufführungen, Konzerte, Opern oder die neueste Literatur.

Dieser Geist, der Salon als Lebensmodell, spiegelt sich auch in Schleiermachers bis heute viel gelesener «Weihnachtsfeier» von 1806. Der Protestantismus wird hier neu akzentuiert. Nach Jahrzehnten dogmatischer Verhärtungen ist jetzt Platz da für Gefühle und Sinnlichkeit. Schleiermacher will das Wesen des Christentums neu beleben und genau diese Absicht steht hinter seiner «Weihnachtsfeier». Es geht hier nicht nur darum, dogmatische Lehrgehalte, die sich um Christus als den Erlöser ranken, in literarischem Gewand zu präsentieren. Vielmehr stehen die gemeinschaftliche Erfahrung und individuelle Aneignung der Weihnachtsbotschaft im Zentrum: die Geburt Christi, des Sohnes Gottes, des Erlösers der Menschheit.

Als Friedrich Schlegel öffentlich unter Beschuss geriet, nachdem er in seinem 1799 erschienenen «Lucinde»-Roman die Erfahrungen seines Verhältnisses mit der verheirateten Dorothea Veit, geborene Mendelssohn, verarbeitet und mit romantischem Pathos ein Ehebild vertreten hatte, das mit den zeitgenössischen Vorstellungen von Sitte und Moral nicht vereinbar war, sprang Schleiermacher seinem Freund im Jahr 1800 umgehend zur Seite und publizierte anonym «Vertraute Briefe über Friedrich Schlegels Lucinde». Darin beschwor er die Macht der Liebe, die sich nicht verzwecken lasse, wobei die Anspielungen auf die eigene Beziehung zu Eleonore Grunow unverkennbar sind. 1802 verließ Schleiermacher Berlin und versuchte, sich in neuer Umgebung rational und emotional zu regenerieren. Zwei Jahre wirkte er als Hofprediger im hinterpommerschen Stolp, wo er unter der kleinstädtischen Enge litt. Einen Ausgleich fand er in der Platon-Übersetzung, die er nun ohne Schlegel in Angriff nahm.

Die entscheidende Zäsur bildete das Jahr 1804, in dem er einen Ruf an die Würzburger Universität erhielt, dessen Annahme ihm jedoch Friedrich Wilhelm III. verweigerte. Als «Ausgleich» wurde er auf eine zunächst außerordentliche, ab 1806 ordentliche Professur nach Halle berufen; hinzu kam das Amt des Universitätspredigers. Mit der Berufung des reformierten Theologen Schleiermacher an die evangelisch-lutherische Fakultät in Halle verfolgte der Preußische König das Ziel, im Geiste einer Union die beiden Richtungen des Protestantismus stärker zu verbinden. Als die Universität im Zuge der Napoleonischen Kriege im Oktober 1806 geschlossen wurde, eröffnete sich für Schleiermacher die unfreiwillige Chance eines Wechsels nach Berlin. Dort wurde er nach einer längeren Zwischenphase, die er mit wissenschaftlichen Projekten aller Art zu füllen wusste, in die Gründung der theologischen Fakultät eingebunden und mit dem Dekanat betraut, als die Universität im Winter 1810 ins Leben gerufen wurde. Zudem erhielt er das Amt des reformierten Predigers an der Dreifaltigkeitskirche und wurde zum Mitglied der philosophischen Klasse der Königlichen Akademie der Wissenschaften gewählt, deren Sekretär er ab 1814 war. Am 18. Mai 1809 heiratete Schleiermacher die Witwe eines Kollegen, Henriette von Willich, geborene von Mühlenfels; zu ihren zwei Kindern kamen in der neuen Ehe noch vier hinzu.

Mit großem Erfolg übte er seine Lehrtätigkeit aus, die in universaler Breite von seiner Kerndisziplin Neues Testament über Kirchen- und Dogmengeschichte, Ethik und Hermeneutik bis hin zur Enzyklopädie, Statistik, Dialektik und Pädagogik reichte. Seine Fähigkeit zur freien Rede überwog bei weitem sein schriftliches Vermögen. Dieser Befund ist für die Wirkungsgeschichte Schleiermachers von erheblicher Tragweite. So bereitete ihm die Publikation seiner Predigten, die er oft lediglich auf der Basis einiger Notizen gehalten hatte, enorme Schwierigkeiten. Nur wenige Veröffentlichungen sind zu Lebzeiten aus den Vorlesungen hervorgegangen. Auch den Studenten fiel es schwer, über das unmittelbare Mitdenken hinaus, verlässliche Mitschriften anzufertigen. Einer seiner bedeutendsten Hörer, David Friedrich Strauß, beschrieb die Problematik mit der Herausforderung, «einen Tänzer in voller Bewegung zu photographieren» (zit. nach: F. Schleiermacher, Theologische Enzyklopädie, Nachschrift D. F. Strauß, hg. von Walter Sachs, 1987, XXXIX).

In die Berliner Zeit fallen die neben den «Reden über die Religion» wichtigsten Veröffentlichungen: zunächst 1811 die «Kurze Darstellung des theologischen Studiums zum Behuf einleitender Vorlesungen» (2. Aufl., 1830), dann 1821 und 1822 zweibändig «Der christliche Glaube nach den Grundsätzen der evangelischen Kirche im Zusammenhange dargestellt» (2. Aufl., 1830/31; Kritische Gesamtausgabe, Bd. 13/1.2, 2003). Mit der «Glaubenslehre» beabsichtigte Schleiermacher, den Hörern der Dogmatikvorlesungen einen sicheren Leitfaden an die Hand zu geben. Diese Intention prägt den Charakter des Textes und kommt besonders durch die den Einzelparagraphen jeweils vorangestellten «Leitsätze» zum Ausdruck. Obwohl Schleiermacher die «Glaubenslehre» im Detail ausgeführt hat und das Themengebiet umfassend erschließt, haftet dem Werk immer noch etwas Unabgeschlossenes, Prozesshaftes an, wodurch ein dialogischer Grundzug hervorgerufen wird. Das fromme Selbstbewusstsein, das sich als Bewusstsein der Sünde und der Gnade zeigt, wird von ihm analysiert, mit den zentralen theologischen Lehrgehalten der dogmatischen Tradition verknüpft und auf die Erlösung durch Jesus Christus bezogen (vgl. ebd., §§ 11 und 14). Die Frömmigkeit versteht er als «eine Bestimmtheit des Gefühls oder des unmittelbaren Selbstbewußtseins» (ebd., § 3). Dem darauf folgenden vierten Paragraphen stellte Schleiermacher den für seine Theologie wohl bekanntesten Satz voran: «Das gemeinsame aller noch so verschiedenen Aeußerungen der Frömmigkeit, wodurch diese sich zugleich von allen andern Gefühlen unterscheiden, also das sich selbst gleiche Wesen der Frömmigkeit, ist dieses, daß wir uns unsrer selbst als schlechthin abhängig, oder, was dasselbe sagen will, als in Beziehung mit Gott bewußt sind.» Schleiermachers Gegenspieler Hegel nutzte diese Aussage als Vorlage zu dem polemischen Kommentar, dass dann, wenn das Gefühl der Abhängigkeit diesen absoluten Status erhalte, der Hund der beste Christ sein müsste. Seine Erlösung fände er im Knochen (s. Vorwort zu: H. F. W. Hinrichs, Die Religion im inneren Verhältnisse zur Wissenschaft, 1822, XVIII f.).

Die «Glaubenslehre», in ihrer Art bis heute unerreicht, stieß nicht nur bei Hegel auf heftige Kritik, der sich Schleiermacher 1829 als Vorbereitung für die stark überarbeitete zweite Auflage von 1830/31 in zwei «Sendschreiben» an seinen bedeutendsten Schüler, den Göttinger Exegeten Friedrich Lücke, stellte. So wies er etwa den schon gegen seine «Reden» geäußerten Pantheismusvorwurf zurück, verwahrte sich gegen den Anwurf des theologischen Hegelianers Ferdinand Christian Baur (Tübingen), einen unhistorischen Subjektivismus zu vertreten, und wehrte sich gegen die Unterstellung des Rationalisten Heinrich Gottlieb Tzschirner (Leipzig), mystische Schwärmerei zu präsentieren.

Intensiv brachte Schleiermacher sich als Pädagoge in die Diskurse zur schulischen Bildung und zu den Theorien des Erziehungsprozesses ein. Zum wirkmächtigen Akteur wurde er auch in den kirchenpolitischen Reform- und Verfassungsdebatten, in denen es darum ging, die Union aus Reformierten und Lutheranern auf eine bleibend feste Basis zu setzen. Dabei standen die Gestaltung des Gottesdienstes, die Synodalverfassung sowie Liturgie- und Agendenfragen zur Diskussion. Schleiermacher verstand es auch immer wieder, sich nachdrücklich auf den Bühnen der Tagespolitik mit ihren zuweilen dramatisch überhöhten Konfliktinszenierungen zu exponieren. Am bekanntesten wurde seine Rolle in den «Demagogenverfolgungen», in denen er wie sein Schwager Ernst Moritz Arndt oder die Brüder Friedrich Gottlieb und Karl Theodor Welcker 1819 zur Zielscheibe der sich an die «Karlsbader Beschlüsse» anschließenden Maßnahmen gegen Protagonisten der liberalen und nationalen Aufbruchsbewegung wurde. Seine Suspendierung aus dem Berliner Hochschuldienst konnte nur knapp verhindert werden.

Am 12. Februar 1834 verstarb Schleiermacher in Berlin. Noch unmittelbar vor seinem Tod hatte er verfügt, dass sein literarischer Nachlass veröffentlicht werden solle. Zu diesem Zweck wurde das Projekt der «Sämmtlichen Werke» ins Leben gerufen; ab 1834 erschienen nun nach und nach gerade auch die von ihm nicht selbst veröffentlichten Vorlesungen, von denen einer der wichtigsten Bände 1838 von Friedrich Lücke unter dem Titel «Hermeneutik und Kritik mit besonderer Beziehung auf das Neue Testament» herausgegeben wurde. Nachdrücklich tritt Schleiermacher hier als großer Taktgeber der Hermeneutik, der Lehre von der Kunst des Verstehens, in Erscheinung. Er verbindet allgemeine Philologie und Theologie und lässt die neutestamentliche Hermeneutik auf einer allgemeinen basieren. Dabei greift er unmittelbar auf Anregungen Johann Gottfried Herders zurück, vor allem rezipiert er die Einsicht in die Universalität der Sprache und die Einbindung in den Strom der Überlieferung. Bereits in seinen Vorlesungen zur «Dialektik» von 1814/15 hatte Schleiermacher betont: «Die Irrationalität der Einzelnen kann nur ausgeglichen werden durch die Einheit der Sprache, und die Irrationalität der Sprache nur durch die Einheit der Vernunft» (hg. von Andreas Arndt, 1988, 109).

Von tragender Bedeutung wurde das theologische Konzept Schleiermachers für die sogenannte «Vermittlungstheologie», deren Protagonisten sich auf ihn stützten. In Anknüpfung an den von Friedrich Lücke, Karl Immanuel Nitzsch und anderen 1827 in der programmatischen Ankündigung der neuen, im Verlag von Friedrich Perthes erscheinenden Zeitschrift «Theologische Studien und Kritiken» gebrauchten Begriff «Vermittlung» florierte der Ausdruck in den theologiepolitischen Auseinandersetzungen des Vormärz. Im Zentrum der Vermittlungstheologie standen die Verbindung von Glaube und Wissen, die Freiheit der Wissenschaft von philosophischer und kirchlicher Bevormundung, die Abwehr eines überdehnten Rationalismus und Konfessionalismus sowie der Kampf für die Union. Gegensätze müssten in ihrer zeitgebundenen Relativität identifiziert und auf grundlegende Übereinstimmung zurückgeführt werden. Die Vermittlungstheologie konnte sich jedoch nicht als nachhaltige theologische Richtung stabilisieren. Als deutlich anknüpfungsfähiger erwies sich allerdings Schleiermachers Konzept, das Christentum als gelebte Frömmigkeit zu beschreiben, die weit über die oft engen Grenzen der Kirchen hinausgeht und dabei Politik, Wissenschaft und Kultur integrierend erfasst – allerdings ohne mit diesen Bereichen identisch zu werden oder sich von ihnen vereinnahmen zu lassen.

17. Ferdinand Christian Baur: Die Geschichte des Absoluten

Im Rückgriff auf Prinzipien klassischer antiker Philologie, ob hellenistischer, jüdischer oder christlicher Provenienz, bildete sich in der Neuzeit ein festes Methodeninstrumentarium der Bibelkritik heraus: als historisch-kritische Exegese, das heißt als Auslegung alt- und neutestamentlicher kanonisch-biblischer Texte sowie darüber hinaus apokrypher und deuterokanonischer Schriften desselben Entstehungszeitraums. Die Schritt für Schritt entwickelten Auslegungsgrundsätze gestalten sich auch gegenwärtig noch als prinzipiell erweiterungsfähig, etwa durch Deutungsansprüche der Tiefenpsychologie oder der Soziologie. Sie erheben den Anspruch, auf grundsätzlich alle Texte, also nicht nur die biblischen, anwendbar zu sein. Daraus ergibt sich die bleibende, immer wieder diskutierte Grundfrage, ob der Aussagegehalt der biblischen Schriften, ihr Verkündigungsanspruch durch historisch-kritische Analyse überhaupt angemessen erfasst werden kann oder durch andere Herangehensweisen, etwa charismatischer Art, ergänzt werden muss. Mit der Antwort auf dieses Problem verbindet sich unlösbar die Frage nach dem Wissenschaftsstatus der Theologie.

Mit der Aufklärung trat die Entwicklung der historisch-kritischen Methoden, die von Richard Simon mit seiner «Histoire critique du Vieux Testament» (1678) ein Fundament erhalten hatte, in ihre entscheidende Phase, wurde doch jetzt die Bibelauslegung mit dem Anspruch versehen, unabhängig von jeglichem dogmatischen Korsett und kirchlicher Bevormundung erfolgen zu können. Außerdem verknüpften sich Bibelkritik und Hermeneutik – als Kunst regelgeleiteter, wissenschaftlicher Auslegung von Texten – verstärkt zu einem untrennbaren Zusammenhang, der in Friedrich Schleiermacher einen ersten Höhepunkt fand.

Das 19. Jahrhundert nimmt innerhalb der geschichtlichen Entwicklung der Bibelkritik eine zentrale Stellung ein. In ihm werden die Einsichten von Aufklärung und Rationalismus konsequent auf die biblischen Texte angewendet, wodurch sich grundlegende Verschiebungen und Veränderungen des bis dahin traditionellen Schriftverständnisses ergaben: Schleiermacher kam dem Phänomen des Deuteropaulinismus auf die Spur, Heinrich Eberhard Gottlob Paulus wurde nachhaltig berühmt und berüchtigt, weil er die neutestamentlichen Wunder durchgängig rational erklären wollte. Im Jahre 1820 erschienen die *Probabilia* Karl Gottlieb Bretschneiders. Er behauptete, dass das Johannesevangelium aufgrund der Widersprüche, in denen es zu den synoptischen Evangelien stehe, keinen Glauben verdiene. Die Jesusdarstellung der Synoptiker und des Johannesevangeliums ließen sich nicht vereinbaren, und die Reden Jesu im Johannesevangelium hält Bretschneider für Dichtungen.

1835/36 veröffentlichte David Friedrich Strauß sein zweibändiges «Leben Jesu», das die theologische und die politische Welt nachhaltig beunruhigte. Heftige Reaktionen mit dem Charakter von Volksaufständen entbrannten und eine fast unüberschaubare Fülle an Flugschriften wurde publiziert. Strauß unternahm den Versuch, anhand des Johannesevangeliums den Stoff der Evangelien als mythisch, also ungeschichtlich, zu erweisen. Trotz mancher Differenzen gehörte er zur «Jüngeren Tübinger Schule». Diese hatte sich an seinem Lehrer Ferdinand Christian Baur aufgerichtet, der neben Schleiermacher als bedeutendster Theologe der ersten Hälfte des 19. Jahrhunderts gilt. Baur, der Strauß' «Das Leben Jesu» als Beginn einer neuen Epoche einstufte, hatte seinerseits der historisch-kritischen Forschung sowohl im neutestamentlichen als auch im kirchenhistorisch-dogmengeschichtlichen Bereich zum entscheidenden Durchbruch verholfen.

Am 21. Juni 1792 als Sohn des Pfarrers Jakob Christian Baur in Schmiden bei Stuttgart geboren, besuchte er die Württemberger Eliteschulen Blaubeuren und Maulbronn und studierte dann, ins renommierte Tübinger Stift aufgenommen, von 1809 bis 1814 Theologie. Nach einer Zeit als Vikar und Stiftsrepetent wurde er 1817 Professor für alte Sprachen am niederen Seminar in Blaubeuren. 1826 erhielt Baur einen Ruf auf den Tübinger Lehrstuhl für Kirchen- und Dogmengeschichte. Seine Lehrtätigkeit war umfassend und reichte vom Neuen Testament bis hin zur Religionsphilosophie. Baur starb am 2. Dezember 1860 in Tübingen. Während der ersten Stationen seines theologischen Weges war er weniger von seinen Lehrern im eigenen Fach geprägt worden, die der «Älteren Tübinger Schule» um Gottlob Christian Storr (1746–1805) verpflichtet waren, als vielmehr durch die idealistische Philosophie Johann Gottlieb Fichtes und Friedrich Wilhelm Joseph Schellings. Auch Friedrich Schleiermacher diente Baur zunächst als Orientierungspunkt, da er in ihm eine geglückte Verbindung von christlichem Glauben und Religionsphilosophie zu erkennen meinte (vgl. die Vorrede zur dreibändigen Schrift «Symbolik und Mythologie oder die Naturreligion des Altertums» von 1824/25; sowie: Kirchengeschichte des 19. Jahrhunderts, hg. von Eduard Zeller, 1862, 84–97, 181–211).

Schließlich fand er im Werk Georg Wilhelm Friedrich Hegels einen imposanten Entwurf, der ihm zum entscheidenden gedanklichen Durchbruch verhalf. Ohne ein Hegelianer im engeren Sinne zu werden, rezipierte Baur doch eine Reihe tragender Theorieelemente, die er als Begründungsmuster für die von ihm propagierte Notwendigkeit ansah, den historischen Prozess unter der Perspektive einer ihn bündelnden Idee zu erfassen. Die Geschichte wird von Hegel als eine Einheit begriffen, die durch das Absolute, das sich in ihr offenbart, zusammengehalten ist. So entfaltet er in seiner «Phänomenologie des Geistes» (1807) die vermittelte Abfolge auseinander hervorgehender Entwicklungsstufen des Geistes. Durch ihre Bestimmungen, wie etwa sinnliche Gewissheit und Wahrnehmung, steigt die Allgemeinheit des Geistes herab zum Einzelnen. Die folgende Stufe enthält die ihr vorhergehende in sich. Gegangen wird der Weg von der natürlichen Religion, in der der Geist sich als Gegenstand in unmittelbarer Gestalt weiß, über die der Kunst, in der das aus einer Differenzerfahrung hervorgegangene sittliche Selbstbewusstsein entfaltet wird, zur offenbaren Religion – verstanden als eine Bewegung zu immer noch größerer Bestimmtheit. Die Geschichte wird als ein Prozess der Selbstvermittlung des Geistes begriffen. Er geht durch alle Manifestationen des Absoluten hindurch und verbindet im bewegenden Prinzip der Dialektik die Gegensätze und Differenzen in einem steten Vervollständigungs- und Vollendungsprozess. Es ist die Aufgabe der Vernunft, den so begründeten inneren Zusammenhang der Geschichte historisch-kritisch zu durchdringen. Träger dieser Vernunft ist das autonom handelnde menschliche Subjekt. Es vermag die Selbstvermittlung des Geistes in ihren einzelnen Manifestationsstufen nachzuvollziehen und konkret zu fassen.

Konstruktiv geleitet vom Systemgedanken Hegels wandte sich Baur der Entwicklungsgeschichte des Christentums zu, wobei er bei den neutestamentlichen Ursprüngen ansetzte und die zeitgenössischen Deutungskonzepte zur Geschichte des Urchristentums einer grundlegenden Revision unterzog. In aller Konsequenz und losgelöst von den eher an Institutionenstabilität als historischem Erkenntnisstreben ausgerichteten Lehrmeinungen der Kirche und vieler Vertreter der theologischen Fakultäten konfrontierte Baur den Quellenbefund mit den Maßstäben historischer Kritik, wie er es selbst nannte. Dabei ging es ihm in letzter Zuspitzung darum, die eigene Gegenwart vor dem Horizont ihrer Genese über sich selbst, über ihre eigenen Widersprüchlichkeiten aufzuklären. Ohne Ausnahme wurde alles einer Prüfung unterzogen – auch um den Preis der Aufgabe vermeintlich heilsrelevanter Positionen der Tradition.

Baur zielte darauf ab, die innere Begriffsbewegung aufzuzeigen, die die Dogmengeschichte und die ihr zugrunde liegende alt- und neutestamentliche Entwicklung durchzog. Mit deutlichen Anklängen an Hegel propagierte er: «Nur wenn in der geschichtlichen Darstellung das Wesen des Geistes selbst, seine innere Bewegung und Entwicklung, sein von Moment zu Moment fortschreitendes Selbstbewußtseyn sich darstellt, ist die wahre Objektivität der Geschichte erkannt und aufgefaßt» (Die christliche Lehre von der Versöhnung in ihrer geschichtlichen Entwicklung von der ältesten Zeit bis auf die neueste, 1838, VI). Nur unter dieser Voraussetzung könne die «Objektivität der Geschichte» ins Visier genommen und «die Subjektivität des darstellenden Individuums» (ebd.) eliminiert werden. In immer neuen Anläufen entfaltet Baur eine Hermeneutik historischen Verstehens. Nachdrücklich weist er Ansätze zurück, die im Theorieverzicht ihre Erfüllung finden möchten: «Nur der roheste Empirismus kann meinen, daß man den Dingen sich schlechthin hingeben, die Objecte der geschichtlichen Betrachtung nur gerade so nehmen könne, wie sie vor uns liegen» (Lehrbuch der christlichen Dogmengeschichte, 1847, VII). Es müsse zwischen «der rein empirischen und der kritischen Betrachtungsweise» (ebd.) differenziert werden. Nur so sei es möglich, durch das Subjektive hindurch zum objektiven Wesenskern vorzudringen. Hierin liege der Kern der kritischen, oder, wie Baur auch formulieren kann, spekulativen Methode. Die Spekulation gehe den «ewigen Gedanken des ewigen Geistes» nach. Sie leiste den konstruktiven und analytischen Nachvollzug des historischen Verlaufs in seiner Notwendigkeit. Spekulation bedeutet für Baur nicht das Abgleiten in die mehr oder weniger irrationalen Tiefen der Geschichte und ihre unterstellten Verweiszusammenhänge, sondern den kritisch-vernünftigen Nachvollzug in sich notwendiger Entwicklungen.

Eine Schlüsselstellung kommt im Hinblick auf die exegetisch-methodische Relevanz den 1835 publizierten Werken «Die christliche Gnosis oder die christliche Religionsphilosophie in ihrer geschichtlichen Entwicklung» sowie im direkten Anschluss daran «Die sogenannten Pastoralbriefe des Apostels Paulus» zu. Baur bringt hier eine streng zeitgeschichtliche Interpretation zum Einsatz, die gleichwohl an Prämissen Hegels gebunden ist und historische Kritik mit übersubjektiver, geschichtsphilosophisch fundierter Universalbetrachtung einen will. Gegeneinander wirkende Grundrichtungen werden, bei einer Bewegung zur Höherentwicklung, in einen Ausgleich gebracht, der das ursprünglichere Petrinisch-Judenchristliche und das Paulinisch-Heidenchristliche unter der Leitlinie des disparaten Rechtfertigungsverständnisses vermittelt. Zum zentralen Vermittlungsbegriff, der auch Altes und Neues Testament verbinde, erklärt Baur dabei die Gottesgerechtigkeit. Sie erweise sich als sittlich adäquates Verhältnis des Menschen zu Gott. Durch die Selbstoffenbarung Gottes in Jesus Christus werde die Versöhnung bewirkt. Der Mensch müsse sich die Gerechtigkeit des am Kreuz gestorbenen Sohnes aneignen, indem er sich als sittlich erweise. Zur Wegmarke wird der ethisierende Tenor des Matthäusevangeliums, den Baur mit der Theologie des Apostels Paulus verknüpft – ein sehr freihändiger, aber durchaus origineller Umgang mit dem neutestamentlichen Textkorpus, der allerdings eher dem Konstruktionswillen des Tübinger Theologen als der Intention der verbundenen Quellen entspricht.

Doch gerade mit dieser Fokussierung auf den ethischen Kern der christlichen Verkündigungsbotschaft wurde Baur bis weit in das 20. Jahrhundert wegweisend, als es immer mehr darum gehen sollte, das gesellschaftliche Heilspotential des Religiösen zu profilieren und unter Beweis zu stellen. Baur war sich sicher, im Christentum die «sittliche Macht» schlechthin vor sich zu haben. So «wie es sich in seiner ursprünglichsten Gestalt als Lehre Jesu darstellt», ist es eine «den reinsten sittlichen Geist athmende Religion». Im Menschen wird «das Bewusstsein seiner sittlichen Selbstbestimmung, die Energie seiner sittlichen Freiheit und Autonomie» erweckt. An keiner Stelle tritt «das wahrhaft christliche Bewusstsein» deutlicher hervor als hier. Vor Augen steht «der eigentlich substanzielle Kern des Christentums» – als eine Wahrheit noch vor allen sich anschließenden «Selbsttäuschungen des Dogmatismus» (Vorlesungen über neutestamentliche Theologie, 1864, 64 f.; vgl. Das Christenthum und die christliche Kirche der drei ersten Jahrhunderte, 1852, 2. Aufl., 1860, bes. 42–174; Paulus, der Apostel Jesu Christi, zwei Theile, 1845, 2. Aufl., 1866/67). In der Sittlichkeit, in der Ethik, liegt der kritische Impuls des von Baur entfalteten Theoriekonzepts begründet. Und es wurde rasch deutlich, dass der Weg von einer theologischen Gerechtigkeitsvorstellung zu einer auch gesellschaftlich gefragten und umzusetzenden nicht nur kurz, sondern auch unabdingbar war. So wuchs der Exegese in ihrem theologischen Deutungspotential langsam aber sicher eine politische Dimension zu.

Mit Hilfe der von ihm konzipierten Tendenzkritik lotete Baur die neutestamentlichen Texte quellenkritisch aus. Methodisch stellte er zunächst die Tendenz der spezifischen Aussagen der jeweiligen Verfasser fest, ergründete ihre individuelle Haltung, um dann den historischen Ort in der Dynamik der jeweiligen Interessenkonflikte zu bestimmen. Er spannte einen Bogen zwischen den von ihm als echt paulinisch angesehenen Briefen an die Galater, Korinther und Römer auf der einen und der Johannesapokalypse als Inbegriff des Judenchristentums auf der anderen Seite. Unter den synoptischen Evangelien weist er dem des Matthäus wegen seiner besonderen Nähe zum Judenchristentum die größte historische Glaubwürdigkeit zu, während Markus und Lukas von ihm abhingen. Diese sogenannte «Matthäus-Priorität» wurde in den Folgejahrzehnten rasch überholt (vgl. Kritische Untersuchungen über die kanonischen Evangelien, ihr Verhältniß zu einander, ihren Charakter und Ursprung, 1847). Von der Einsicht getragen, dass sich das Johannesevangelium, der erste Johannesbrief und die Offenbarung nicht demselben Verfasser zuschreiben lassen, entscheidet sich Baur und mit ihm seine sich bildende Schule für die Authentizität der Apokalypse und gegen die des Evangeliums. Die Johannesoffenbarung sei die einzige echt apostolische Schrift des *Corpus Johanneum*, sogar des ganzen Neuen Testaments.

Baurs Schüler Albert Schwegler (1819–1857) bündelte wesentliche Charakteristika des Theoriekonzeptes der Tübinger Schule in seinem 1846 publizierten frühen Hauptwerk «Das nachapostolische Zeitalter in den Hauptmomenten seiner Entwicklung»: «Stellt man die neutestamentlichen Schriften unter den Gesichtspunkt einer organischen Geschichtsschreibung, so wird man sie nur auffassen können als eine Kette von Entwicklungsstufen, in denen sich die Geschichte verschiedener, sich theils abstossender, theils anziehender Gedankenreihen darstellt» (Bd. I, 7). Und er überträgt dies pointiert auf die Zeit der sich langsam ausbildenden Kirchenstrukturen, die ihrerseits von Spannungen lebt: «War das Christenthum innerhalb der apostolischen Zeit abgeschlossen und fertig, so ist das zweite Jahrhundert ein Schauspiel unerklärlicher Wiederholungen, unbegreiflicher Rückschritte. Längst gehobene Differenzen beginnen immer wieder aufs Neue ihr altes Spiel» (ebd., 8). Erst in der nachapostolischen Zeit wurde die Katholizität erreicht. Auch Baur sah im Frühkatholizismus eine erste Zwischenstation. Wie Schwegler betrachtete er die Ausarbeitung der Entwicklungslinien als Aufgabe der neuen positiv-kritischen Geschichtsschreibung. Sie geht über die bisherigen negativ-skeptischen Ergebnisse der exegetischen Einleitungswissenschaft, die die Authentizität einer Reihe von Schriften bereits in Frage gestellt hat, hinaus und gelangt zur Entwicklung eines neuen geschichtlichen Gesamtzusammenhangs, in den auch eine Behandlung der bedeutenderen außerkanonischen Schriften zu integrieren ist.

Mit streckenweise brachial anmutender Energie schlug Baur historisch-kritische Schneisen in die theologische Landschaft seiner Zeit. Gegner hatte er viele, aber der Polemikspezialist wusste sich zur Wehr zu setzen. Zum engeren Kreis seiner sich immer wieder in Fraktionen aufteilenden Schule, als deren Zentralorgan von 1842 an die «Theologischen Jahrbücher» dienten, gehörten neben Albert Schwegler etwa David Friedrich Strauß, Friedrich Theodor Vischer oder Eduard Zeller. Albrecht Ritschl sagte sich später von Baur los, verdankte ihm aber wesentliche Einsichten; auch der Nietzsche-Freund Franz Overbeck und der Kirchenhistoriker Karl Holl erklärten sich dem Geist der Schülerschaft verpflichtet. Rudolf Bultmann, der bedeutendste Exeget des 20. Jahrhunderts, übernahm neben vielen Einzeleinsichten die ausgeprägte Fähigkeit zur radikalen Kritik des Überlieferten. Der in der Schwäbischen Provinz fest verwurzelte Theologe erkannte in der dialektischen Dynamik geschichtlich-revolutionären Fortschritts das Handeln Gottes, und es gab für ihn keine wichtigere Aufgabe, als dem darin verborgenen Willen konstruktiv nachzuspüren; denn wer sich den Absichten Gottes widersetze, unterliege seinem Gericht, und diesem wollte sich auch Ferdinand Christian Baur nicht ungeschützt ausgesetzt sehen.

18. Søren Kierkegaard: Angst und Verzweiflung

«Man ist im Augenblick vor nichts mehr bange als vor dem totalen Bankrott, dem wie es scheint ganz Europa entgegengeht, und vergisst darüber die weit gefährlichere, wie es scheint unvermeidliche Pleite in geistiger Hinsicht, die vor der Tür steht ...» (Kierkegaard, Journale, 157). Die Ursache für dieses Chaos findet Søren Kierkegaard 1836 in einer Verwirrung der Sprache, die noch deutlich gefährlicher als die babylonische sei. Ein Aufruhr der Wörter liege vor, «die, losgerissen aus der Herrschaft des Menschen, sich verzweifelt gleichsam aufeinander stürzen, und aus diesem Chaos greift der Mensch, so wie aus einer Wundertüte, das erstbeste Wort heraus, um seine vermeintlichen Gedanken auszudrücken». Das ganze Zeitalter habe «die fixe Idee», den jeweiligen «Vordermann» (ebd.) zu überwinden, über ihn hinaus zu kommen. Auf diesem Weg werde munter trivialisiert, tragende «christliche Begriffe» erführen das Schicksal, sich «in eine Nebelmasse» (ebd., 161) aufzulösen, wodurch ihr Wiedererkennungswert verschwinde. Der Glaube erfahre eine Reduktion auf das unmittelbare Bewusstsein, der Erlösungsbegriff werde profaniert. Die Sprache orientiere sich nur noch an bloßer «Ideenassoziation» – einer «Selbstsucht der Wörter» (ebd., 157).

Vor allem in der Kirche und bei ihren Funktionsträgern sah Kierkegaard den Missbrauch der Sprache am Werk. Immer stärker – bis zum völligen Zerwürfnis – brachte er seine Kritik an der Institution zum Ausdruck: Die Menschen würden sich letztlich nur einbilden, Christen zu sein, und dem Irrtum unterliegen, «das spielerische Christentum der Pfarrer sei Christentum» (Der Augenblick, 96). Ab einem gewissen Punkt war Kierkegaard der Meinung, dass diejenigen, die sich mit Gott gar nicht erst einließen, in den Genuss kämen, von ihm in diesem

Leben auch nicht geplagt zu werden – eine «furchtbare Ironie» (ebd., 175) sei dies. Gott müsse eigentlich als der Todfeind des Menschen eingestuft werden, entschied er doch, wie die Sündenfallgeschichte berichte, dass er sterblich werde. Und ausgerechnet für diese Haltung wolle Gott dann auch noch geliebt werden.

Sein eigenes Leben geriet zu einer Katastrophe, aus der es kein Entkommen gab. Am 5. Mai 1817 wurde Søren Aaby Kierkegaard als das jüngste von sieben Kindern des vermögenden Wollwarenhändlers Michael Pedersen Kierkegaard in Kopenhagen geboren. Mehr oder weniger litten sie alle unter dem autoritären häuslichen Klima und der Glaubensenge, die vom Vater, der aktiv in der «Herrnhuter Brüdergemeine» wirkte, ausging. Die Lehre von Sünden, göttlichem Strafhandeln und Buße war prägend. 1838 verstarb der Vater und hinterließ einige finanzielle Mittel. Søren Kierkegaard hat seine Erziehung als Albtraum empfunden, ja war der Meinung, dass auf der Familie große Schuld laste.

Über einen Zeitraum von zehn Jahren studierte er ab 1830 das Fach Theologie und wurde 1841 mit einer philosophisch-ästhetischen Studie zum Thema «Über den Begriff der Ironie mit ständiger Rücksicht auf Sokrates» promoviert. Bereits 1838 hatte er die kleine Schrift «Aus den Papieren eines noch Lebenden» veröffentlicht, eine polemisch-kritische Reflexion über Hans Christian Andersens «Nur ein Spielmann» (1838). Der Dichter erschien Kierkegaard als Prototyp der gegenwärtigen von lähmender Behäbigkeit und Stagnation bestimmten politisch-sozialen Verhältnisse. Andersen verfüge über keine Lebensanschauung, sei nicht fähig zu einer wahrhaft ethischen Existenzweise. Ebenfalls im Jahre 1838 erlebte Kierkegaard eine Art Bekehrung oder Ermunterung, die Einstellung zum Leben zu ändern. So notierte er am 19. Mai 1838 «vormittags, 10 1/2 Uhr»: «Es gibt eine unbeschreibliche Freude …, die gleich einem Windhauch kühlt und erfrischt» (Journale, 497). Dieser Tagebucheintrag – das konsequent verwandte Medium diente ihm zu permanenter Reflexionskontrolle – ist besonders bemerkenswert, da sein ganzes sonstiges Leben von Traurigkeit, Melancholie oder Depression bestimmt war. Das Phänomen war, auch in der literarischen Selbstdarstellung des Betroffenen, sehr diffus, so dass die Versuche, es begrifflich zu schärfen, vielfältig ausfallen, ohne jemals adäquat zu erscheinen. Als relativ tragfähig mag der Ausdruck «Verzweiflung» gelten, der in seiner Grundbedeutung einen seelischen Zustand von unterschiedlicher Tiefe als eine affektive Reaktion auf vermeintliche oder wirkliche Ausweglosigkeit bezeichnet. Als religiöses Erlebnis entsteht die Verzweiflung meist aus der Erkenntnis der Übermacht göttlicher Forderung und des eigenen Versagens ihr gegenüber. Verzweiflung kann aber neben der Selbstverurteilung auch zur Anklage und zum Hass gegen Gott führen. Kierkegaard erkannte in der Verzweiflung die «Krankheit zum Tode» (1848), den möglichen Anfang eines neuen Lebens mit Gott; jedoch sah er dies stets als ein verzweifeltes Ringen um den eigenen Glauben an.

Als eine neue Lebensperspektive, die ihn aus dem bisherigen Verhängnis erlösen könnte, betrachtete Kierkegaard die am 10. September 1840 geschlossene Verlobung mit Regine Olsen. Aber auch diese Beziehung zerbricht, wurde von ihm am 8. August 1841 aufgekündigt, da er sich als unwürdig empfand, wie er zumindest vorgab. In den Pfarrdienst, der eine realistische Option zur Stabilisierung darstellte, ging er ebenfalls nicht (obgleich er gelegentlich Predigten hielt); vielmehr begab er sich erst einmal für ein Vierteljahr nach Berlin. Hier begegnete er Alexander von Humboldt, Leopold von Ranke und Michail Bakunin, der sich in späteren Jahren zur Leitfigur des Kollektivistischen Anarchismus entwickelte. Die legendären Vorlesungen Friedrich W. J. Schellings zur «Philosophie der Offenbarung», von denen er sich viel erwartet hatte, enttäuschten Kierkegaard jedoch rasch. Er vertiefte sich immer mehr in seine Innenwelten und literarischen Ambitionen. Dabei wählte er oft das Distanzierungsmoment des Pseudonyms, nannte sich – mit durchaus kirchenhistorisch relevanten Anspielungen – Constantin Constantius, Johannes Klimakus, Johannes de Silentio oder Frater Taciturnus.

Verborgen hinter dem Namen «Victor Eremita» veröffentlichte er im Februar 1843 das erste große, stilistisch hochkomplexe, den theologisch-philosophischen Kosmos aufrüttelnde Hauptwerk «Entweder – Oder». Im Mittelpunkt steht das «ethische Individuum», das vom «ästhetischen» abgegrenzt wird: Als Prototyp des ästhetisch ausgerichteten Menschen präsentiert Kierkegaard einen mit «A.» bezeichneten Mann, dem ein anderer, «B.», gegenübertritt, der sich als ethisch ausgerichtet versteht. «A.» schwelgt in der Musik, zumal in Mozarts «Don Giovanni», ist lustbetont und propagiert eine Liebe, die sich von Konformitäten der Gesellschaft lösen müsse, um sich vollenden zu können. Diese Linie wird noch einmal durch einen weiteren Charakter, den jungen Mann «Johannes», verstärkt, welcher der Verfasser des von «A.» edierten «Tagebuch eines Verführers» ist. «B.» hingegen verfolgt das Ziel, «A.» vor Augen zu führen, dass sein Lebenskonzept verfehlt sei, da er nicht dazu in der Lage sei, die für die Persönlichkeit maßgebliche Wahl zwischen Gut und Böse zu treffen, die auch eine gewisse Allgemeingültigkeit bedeute. Kierkegaard enthält sich eines eigenen Urteils und verlagert so die Entscheidung auf das Lesepublikum, das seine eigene Existenz gefordert sehen kann und vielleicht zu der Einsicht kommt, dass beide Perspektiven, selbst wenn sie sich im Gleichgewicht befinden, defizitär bleiben. Vor allem drängt sich die Frage auf, wie der Zusammenhang zwischen christlichem Glauben und ethischer Existenz bestimmt werden kann, ob es hier einen Weg gibt, den bleibenden, bohrenden Zweifel an der richtigen Wahl zu beruhigen. In immer neuen Anläufen ringt Kierkegaard um Antworten.

Am 16. Oktober 1843 erschienen mit «Die Wiederholung» und «Furcht und Zittern» gleich zwei Schriften. Die Reue des Schuldigen ist Voraussetzung der «Wiederholung». Sie ist als von Kierkegaard neu gesetzte Kategorie Ausdruck der Ethik und auf Sündenvergebung gerichtet. Das Verhältnis zu Gott verläuft als Prozess wiederholter Aneignung, in dem nicht das Identische noch einmal geschieht, sondern sich stets eine Veränderung vollzieht – mit dem Ziel, allmählich das Böse durch das Gute zu verdrängen und zur Freiheit des Geistes, einer neuen, sich vom Verhängnis der Sünden lösenden Gottesbeziehung zu gelangen. Dass diese notwendig auf den Glauben angewiesen ist, zeigt Kierkegaard in «Furcht und Zittern», in dem er den paradoxen Charakter des Gottesbegriffs unterstreicht. Abraham sei zweiter Vater des Menschengeschlechts: Nie werde vergessen, dass Abraham «in hundert und dreißig Jahren nicht weiter gekommen» sei «als zum Glauben» (Furcht und Zittern, 22). Hierin ist er für Kierkegaard eine bewunderungswürdige Gestalt, gelingt ihm doch selbst diese sichere Haltung nicht.

«So ist es denn nun meine Absicht», hält er fest, «aus der Geschichte von Abraham das Dialektische, das darin liegt, in Gestalt von Problemata herauszuziehen, um zu sehen, was für ein ungeheuerliches Paradox der Glaube ist, ein Paradox, welches einen Mord zu einer heiligen, Gott wohlgefälligen Handlung zu machen vermag, ein Paradox, das Isaak Abraham wiedergibt, – etwas, dessen sich kein Denken bemächtigen kann, weil der Glaube eben da beginnt, wo das Denken aufhört» (ebd., 56). Gegen seinen fast übermächtigen Antipoden G. W. F. Hegel, dem er vorhält, die Individualität im absoluten Geist verschwinden zu lassen, stellt Kierkegaard seine genau entgegengesetzte Priorität heraus und gibt im Wissen um die Nacht- und Schattenseiten religiöser Existenz der Einsicht Raum: «Der Glaube ist eben dies Paradox, daß der Einzelne als Einzelner höher ist denn das Allgemeine» (ebd., 59). Damit wird sogleich überdeutlich, dass es für das Individuum keinen entlastenden äußeren Rückhalt gibt, der ihm Sicherheit verleiht, und die eigene Existenz gefordert bleibt. Den Glauben bestimmt Kierkegaard dabei als «Sprung» in die gefährdete Existenzialität, als schöpferische Entscheidung, als Wagnis, bei dem nicht gesagt werden kann, ob am Ende nicht doch das Nichts steht und die Verzweiflung siegt. Der Mensch erfahre sich in seiner Existenz als im Innersten bedroht. Nur die Liebe Gottes kann ihm dazu verhelfen, aus dem Strudel der Verzweiflung herauszukommen. «Der Mensch ist eine Synthesis von Unendlichkeit und Endlichkeit, von dem Zeitlichen und dem Ewigen, von Freiheit und Notwendigkeit» (Krankheit zum Tode, 8). Die Verzweiflung tritt als «eine Krankheit im Geist, im Selbst» auf. Entweder will der Mensch nicht er selbst sein oder nur er selbst sein, beides jedoch lässt sich nicht realisieren, und so ist er zum Scheitern verdammt. «Glaube ist: daß das Selbst, indem es es selbst ist und es selbst sein will, durchsichtig sich gründet in Gott» (ebd., 81).

Der Glaube bewegt sich jedoch nicht im leeren Raum, sondern ist auf Christus verwiesen: Mit ihm muss, so die klassische Formel Kierkegaards, der Einzelne «gleichzeitig» werden, nur so kann der Vorbildcharakter für den Nachfolgenden eine gegenwärtig-reale Erfahrung sein; denn stets geht es darum, die Verschiedenheit zwischen Gott und Mensch auszugleichen. Christus ist kein einfaches historisches Ereignis, seine Präsenz ist vielmehr durch die Zeiten hindurch in jedem Augenblick neu zu ergreifen. Als «Fülle der Zeit», die Berührung von Zeit und Ewigkeit, tritt der «Augenblick» in den «Philosophischen Brocken» (1844) auf den Plan: «Er ist freilich kurz und ein zeitlich Ding wie der Augenblick es ist, vorübergehend wie der Augenblick es ist, vorübergegangen, wie der Augenblick es ist, im nächsten Augenblick, und dennoch ist er entscheidend, und dennoch ist er erfüllt von dem Ewigen» (ebd., 16). Auch lässt sich der Augenblick nicht aus den Umständen ableiten, sondern muss als das völlig Neue, als «Einschlag der Ewigkeit» (Augenblick, 327) gelten. Der sündige Mensch nimmt allerdings in der Begegnung mit Christus seine eigene Sündenverfallenheit umso schärfer wahr – es ist und bleibt eine «Einübung im Christentum» (1850). Keine noch so ausgefeilte Erbsündenlehre darf, betont Kierkegaard 1844 im «Begriff Angst», davon ablenken, dass jedes Individuum durch einen «qualitativen Sprung» die Sünde setzt, nichts ist danach mehr so, wie es vorher war, eine substanzielle Veränderung hat stattgefunden.

Stets begegnete Kierkegaard seiner Umwelt mit einem gewissen Misstrauen, das im Fall von Presse und Kirche zunehmend in Verachtung umschlug. Im Satireblatt «Corsar» wurde Kierkegaard in Karikaturen 1845/46 öffentlichkeitswirksam vorgeführt: So wurde er etwa als kleine verwachsene Gestalt dargestellt, die einen Zylinder trägt und von einer Frau, Regine Olsen, auf dem Rücken getragen wird. Scharf verurteilte der unfreiwillig der Lächerlichkeit Preisgegebene die journalistische Meinungslenkung. Die Wahrheit werde bewusst verstellt und der Niveaulosigkeit der Masse überantwortet. Sich selbst sah Kierkegaard von nun an verstärkt in der Position des zu Unrecht leidenden Märtyrers.

Aber mit der Kirche entstanden in unaufhaltsamer Zwangsläufigkeit noch wesentlich einschneidendere Auseinandersetzungen, die eine unkalkulierbare Konfliktdynamik entfalteten. Von Jahr zu Jahr nahm Kierkegaards Einsicht zu, dass die Kirche den Weg zu Christus verstelle, den bloßen Schein an die Stelle der Wahrheit rücke, rede, ohne substanziell etwas auszusagen. Schon 1838 mahnte er: «Hütet Euch vor den falschen Propheten, die in Wolfskleidern zu Euch kommen, aber im Inneren Schafe sind, d. h. vor Phraseologen» (Kierkegaard, Journale, 208). Im Kopenhagener Bischof Jakob Peter Mynster, der antiliberal und eher hochkirchlich war, hatte er lange Zeit einen Orientierungspunkt gefunden, doch aus Sympathie wurde scharfe Ablehnung. Nach Mynsters Tod am 30. Januar 1854 hielt der Amtsnachfolger Hans Lassen Martensen die Beerdigungsansprache und stilisierte Mynster als Glaubenszeugen. Dadurch eskalierte die Situation, und Kierkegaards Ressentiments brachen sich Bahn: «War Bischof Mynster ein ‹Wahrheitszeuge›?», fragte er im Dezember 1854 in einem Artikel, den er monatelang zurückgehalten hatte. Die eindeutige Antwort: nein. Mynster sei für den Niedergang der Kirche, ihre Verschmelzung mit dem Profanen mitverantwortlich. Mit neun Nummern einer eigenen kleinen Zeitschrift, «Der Augenblick», wandte sich Kierkegaard ab dem 24. Mai 1855 mit enormem Provokationsdrang gegen die dänische Staatskirche: «Der Unterschied zwischen dem Theater und der Kirche», hieß es jetzt, «ist der, daß sich das Theater ehrlich und redlich zu dem bekennt, was es ist; die Kirche hingegen ist ein Theater, das auf jede Weise unredlich zu verbergen sucht, was es ist» (Der Augenblick, 218).

Am 2. Oktober 1855 erlitt Kierkegaard einen Gehirnschlag; am 11. November verstarb er. Sich selbst hatte er stets als religiösen Schriftsteller verstanden (vgl. «Über meine Wirksamkeit als Schriftsteller» von 1851), eine Einstufung, die Kategorien wie Theologe, Philosoph, Religionsphilosoph oder -kritiker sprengte. Auch seine Wirkungsgeschichte entfaltete sich entsprechend breit, allerdings verzögert durch die Notwendigkeit von Übersetzungen aus dem Dänischen. In den 1920er Jahren gab es eine umfassende Kierkegaard-Renaissance: Für die unterschiedlichsten Konzepte und Theoriegebäude wurde der Verzweiflungsdenker im Bann von Schuld, Wiederholung, Dialektik, Glaube und Paradox aktiviert. Karl Barth, Paul Tillich, Emanuel Hirsch, Rudolf Bultmann, Romano Guardini, Karl Jaspers, Martin Heidegger, Albert Camus, Jean Paul Sartre oder

Theodor W. Adorno – dies sind nur einige Vertreter, die Kierkegaard zentrale Impulse verdanken, gerade auch, wenn es darum ging, angesichts zunehmend egalitärer oder totalitärer Ansprüche der Gesellschaft das Recht des Einzelnen zu behaupten. Insbesondere die Existenzphilosophie ist ohne Kierkegaard nicht denkbar. Sein radikal gegenwartsbezogenes Zeitkonzept, das sich im Augenblicksbegriff bündelt, und sein konzentriertes Beharren auf der Sonderstellung des autonomen, zur Entscheidung bestimmten Individuums, das historische Kontinuitäten, staatliche, kirchliche und bürgerlich-gesellschaftliche Konventionen durchbricht, wurden zu den zentralen Anknüpfungspunkten. Die existentielle Dringlichkeit, die Kierkegaards Texte durchzieht, entfaltet stets aufs Neue eine magische Sogwirkung und konfrontiert jeden Einzelnen schonungslos mit sich selbst: «Vor allem aber, vergiß nicht: Man lebt nur einmal; es gibt Verluste, die ewig unwiederbringlich sind, so daß die Ewigkeit – noch grauenvoller! – weit davon, die Erinnerung an das Verlorene auszulöschen, ein ewiges Erinnern an das Verlorene ist» (Augenblick, 287)!

19. Adolf von Harnack: Der unendliche Wert der Menschenseele

Der Fortschrittsoptimismus des «langen 19. Jahrhunderts» erfuhr zu Beginn des 20. Jahrhunderts erhebliche Dämpfer. Einschneidend war zunächst die Evolutions- und Selektionstheorie Charles Darwins, welche die Spitzenstellung des Menschen im Kosmos hinterfragte. Hinzu trat die schonungslose Aufdeckung von Gesellschaftsbezügen und -strukturen – der Mensch erschien als Gefangener industrieller und bürokratischer Sachzusammenhänge. Georg Simmel und Max Weber begründeten und etablierten mit ihren Betrachtungen «Über sociale Differenzierung» (1890) und «Wirtschaft und Gesellschaft» (1921) die mühsam aufstrebende Disziplin der Soziologie. Der Theologe und Philosoph Ernst Troeltsch führte diese Linien 1912 mit seinem Werk «Die Soziallehren der christlichen Kirchen und Gruppen» im religionssoziologischen Bereich zusammen. Protest gegen die Entfremdung des Menschen von der Natur, vom Leben wurde vielerorts erhoben: in der Zivilisations- und Kulturkritik der Lebensphilosophie von Ludwig Klages oder Hans Freyer, in der Beschwörung eines «Übermenschen» durch Friedrich Nietzsche oder in elitären Kreisen, Bünden und Zirkeln – etwa um den Dichter Stefan George, der in seinem Gedicht «Die tote Stadt» aus dem Zyklus «Der Siebente Ring» von 1907 zum aristokratisch-elitären Urteil über die «Masse» kam: «Euch all trifft tod. Schon eure zahl ist frevel.»

Der protestantische Startheologe des Kaiserreichs Adolf Harnack beschwor in eigener Weise in seinen sechzehn Vorlesungen über «Das Wesen des Christentums» 1899/1900 den «unendlichen Wert der Menschenseele», wobei er auf das Individualitätsbewusstsein Christi und des einzelnen freien Menschen zurückgriff – versöhnte Menschheit und Humanitätsreligion wurden aktiviert, moderne Kultur und Christentum als «Kulturprotestantismus» in Einklang gebracht. Und so kreisen seine Vorlesungen erstens um «das Reich Gottes und sein Kommen, Zweitens, Gott de[n] Vater und de[n] unendliche[n] Wert der Menschenseele, Drittens, die bessere Gerechtigkeit und das Gebot der Liebe» (Wesen, 37). Durch Jesus Christus, unterstreicht Harnack, «ist der Wert jeder einzelnen Menschenseele in die Erscheinung getreten, und das kann niemand mehr ungeschehen machen. Man mag zu ihm selbst stehen, wie man will, die Anerkennung, dass er in der Geschichte die Menschheit auf diese Höhe gestellt hat, kann ihm niemand versagen. Eine Umwertung der Werte liegt dieser höchsten Wertschätzung zu Grunde» (ebd., 46). Ein neuer Maßstab existiert, an dem alle weltlichen Kriterien zerbrechen. In den Mittelpunkt der gegenwärtigen ethischen Relevanz des Christentums rückte Harnack, der von 1902 bis 1911 auch Präsident des 1890 gegründeten Evangelisch-sozialen Kongresses war, die soziale Botschaft des Christentums, die sich in ihrer besonderen, an Nächstenliebe und Solidarität gebundenen tatkräftigen Form in keiner anderen Religion finde.

Harnacks «Wesen des Christentums» erfuhr eine breite Rezeption. Motiviert durch die Überlegungen des Berliner Theologen entwickelten auch andere ihre Wesensbestimmungen: So veröffentlichte etwa Leo Baeck 1905 sein «Wesen des Judentums». Intensiv setzte sich Ernst Troeltsch in der «Christlichen Welt» von 1903 mit Harnack auseinander und hob noch deutlicher die über das Historische hinausgehende kreative Kraft hervor, die vom Wesensgedanken ausgehen könne; denn wirklicher Wesensbestimmung müsse es darum gehen, «eine lebendige historische Macht auf ihren siegreichen Ausdruck des ‹bleibenden Gehaltes›» (Troeltsch, Wesen, 430) zu bringen. Das «Wesen», schreibt Troeltsch, sei nicht nur ein Begriff der Abstraktion, sondern als Idealgedanke auch eine lebendige Verbindung mit aktuellen ästhetischen und ethischen Ideen, die es zu gestalten gelte; denn: «Wesensbestimmung ist Wesensgestaltung». Vor allem sei auf den neuschöpferischen, lebendigen Charakter zu achten: «Es ist kein nacktes Wesen, sondern das Wesen zieht die Gewänder nebensächlicher historischer Gestaltungen nur aus, um sofort die neuen der Gegenwart und Zukunft anzuziehen» (ebd., 431). Insofern ging es auch Harnack darum, Perspektiven für die Modernetauglichkeit des Protestantismus zu entwerfen, der als Reformation der Heilslehre und als Revolution der Kirche, ihrer Autorität und ihres Apparates im «Gegensatz zum Katholizismus» stehe (Wesen, 151). In Fragen der Ökumene wirkte Harnack ausgleichend und vermied in der Regel kontroverstheologische Zuspitzungen. Der Geist Luthers wurde präsent, wenn Harnack seinen Hörern vermittelte: «Der Protestantismus ... rechnet darauf, daß das Evangelium etwas so Einfaches, Göttliches und darum wahrhaft Menschliches ist, daß es am sichersten erkannt wird, wenn man ihm Freiheit läßt, und daß es auch in den einzelnen Seelen wesentlich dieselben Erfahrungen und Überzeugungen schaffen wird» (ebd., 154 f.).

Harnack selbst musste sich die von ihm propagierte Freiheit mühsam erkämpfen. Sein Vater Theodosius Harnack (1817–1889) war Professor für Praktische Theologie an der Universität Dorpat (heute Tartu in Estland); er gilt als ein wichtiger Luther-Experte des 19. Jahrhunderts (vgl. Luthers Theologie, 2 Bde., 1862 und 1886) und war an strenger Ordnung und klaren moralischen Prinzipien orientiert. Am 7. Mai 1851 wurde Adolf Harnack geboren, seine Mutter Marie Harnack verstarb bereits 1857. Er studierte, theologisch selbst noch eng an Luther orientiert, in Dorpat und Leipzig, wo er im Mai 1873 mit einer schmalen Studie «Zur Quellenkritik der Geschichte des Gnosticismus» zum Dr. phil. promoviert wurde. Für eine Preisschrift über «Marcion» (2003 hg. von F. Steck) hatte Harnack schon 1870 die Goldene Medaille der Theologischen Fakultät Dorpat erhalten. Im Anschluss an die Promotion zum Licentiaten der Theologie und an die Habilitation (1874) erhielt er 1876 eine außerordentliche Professur für das Fach Kirchengeschichte. Im selben Jahr rief Emil Schürer unter Harnacks Mitarbeit das bis in die Gegenwart bedeutendste Rezensionsorgan im evangelischen Bereich ins Leben: die «Theologische Literaturzeitung». In den Jahren 1881 bis 1910 gaben sie das Periodikum gemeinsam heraus. Ende Dezember 1879 heiratete Harnack die Münchenerin Amalie Thiersch (1858–1937); im Verlauf der Ehe wurden sieben Kinder geboren: Agnes von Zahn-Harnack (1884–1950) wurde zu einer Protagonistin der Frauenbewegung und veröffentlichte 1936 eine eindrucksvolle Biographie ihres

Vaters; Ernst von Harnack (geb. 1888), Preußischer Regierungspräsident und Politiker, wurde am 5. März 1945 in Berlin-Plötzensee wegen seiner Beteiligung am Attentat auf Adolf Hitler vom 20. Juli 1944 hingerichtet.

Von 1879 bis 1886 wirkte Harnack als ordentlicher Professor für Kirchengeschichte in Gießen, wechselte dann für einige Semester nach Marburg (dort erhielt er 1879 auch die theologische Ehrendoktorwürde), um 1888 schließlich einem Ruf nach Berlin zu folgen. Nicht zuletzt durch den Einsatz Kaiser Wilhelms II. konnte es gelingen, ihn in Berlin zu platzieren, wo sich der Evangelische Oberkirchenrat mit aller Macht zur Wehr setzte und Zweifel an Harnacks Rechtgläubigkeit hegte, etwa im Hinblick auf sein Tauf- und Auferstehungsverständnis, aber auch seinen freien Umgang mit den historisch-kritischen Methoden. Immer wieder kam es zu erheblichen Konflikten zwischen der Institution Kirche und Harnack, der sich impulsiv und angriffslustig zeigte: zum Beispiel 1892 im Apostolikumsstreit, in dem er die Normativität und Historizität des christlichen Bekenntnisses interpretierte, im «Bibel-Babel-Streit» von 1902, in dem es um die religionsgeschichtlichen Abhängigkeiten des Alten Testaments von babylonischen Wurzeln ging, oder in den heftigen Debatten um das «Irrlehregesetz» und den «Fall Jatho» – der Kölner Pfarrer wurde 1911 seines Amtes enthoben, da ihm Widersprüche zur geltenden kirchlichen Lehre attestiert worden waren. Ab 1909 entfaltete sich zwischen Harnack und Rudolph Sohm, einem führenden Rechtswissenschaftler und Kirchenrechtler, eine weitreichende Kontroverse. Sohm beschrieb das Urchristentum als eine noch nicht rechtlich, sondern charismatisch strukturierte Form, wogegen Harnack protestierte und auf der Zweigleisigkeit von rechtlich bestimmtem und charismatischem Kirchenbegriff beharrte.

Auf der Basis umfassender historischer Quellenkenntnis und getragen von der Einsicht der Relativität des geschichtlichen

Prozesses verwahrte sich Harnack konsequent gegen normative Setzungen, die bloßer Autorität geschuldet waren. Tief verpflichtet fühlte er sich dem theologischen Konzept und der Schule des in Göttingen lehrenden Albrecht Ritschl (1822–1889), dem er auch persönlich eng verbunden war und der ihn von seiner doch recht strengen Orientierung an Martin Luther befreite. Schon in Leipzig hatte Harnack einen dichten Kreis von Schülern und Freunden um sich gruppiert, zu dem Friedrich Loofs, Emil Schürer und William Wrede gehörten. In Berlin kamen etwa Dietrich Bonhoeffer, Otto Dibelius, Karl Holl und Hans Freiherr von Soden hinzu. Auch Martin Rade zählte bereits in Leipzig zum engsten Kreis; mit der 1886 von ihm begründeten Zeitschrift «Die Christliche Welt» schuf er ein wirkmächtiges Forum für den freien, liberalen Protestantismus. Das Projekt war in seiner Konzeption nicht nur Ritschl verpflichtet, Harnack brachte sich ebenfalls beratend ein. Bei deutlichem Gemeindebezug waren auch gerade die Kirchenferneren, aber an Religionsfragen Interessierten, als Zielgruppe im Fokus, ging es doch um die Verbindung von Theologie, Kultur, Bildung und Christentum.

Protegiert wurde Harnack von Friedrich Althoff, der im Kultusministerium zunächst als Universitätsreferent tätig war, dann Ministerialdirektor wurde. Althoff stieg nie ins Ministeramt auf, galt jedoch als ausgesprochen durchsetzungsstark, entfaltete ein weitverzweigtes Beziehungsnetz («System Althoff») und trieb die Reform der preußischen Universitäten nachdrücklich voran. Er hatte sofort erkannt, dass es sich bei Harnack um eine Ausnahmegestalt handelte, die schnell die Grenzen ihres Lehrstuhls überschritt und sich zum legendären Wissenschaftsmanager entwickelte. Anfang 1890 wurde Harnack in die «Preußische Akademie der Wissenschaften» aufgenommen, wo er das in neuer Folge noch gegenwärtig herausgegebene Editionsprojekt «Die griechischen christlichen Schriftsteller der ersten drei Jahrhunderte» (1897 ff.) übernahm. Verankert wurde dieses Vorhaben in der 1891 von Harnack, dem Historiker Theodor Mommsen und dem Klassischen Philologen Hermann Diels initiierten Kirchenväterkommission (vgl. Stefan Rebenich, Mommsen und Harnack, 1997, bes. 129 ff.). Harnacks «Geschichte der altchristlichen Litteratur bis Eusebius» (4 Bde., 1893–1904) flankierte das Projekt. Zu Ehren des 200. Geburtstags der Akademie veröffentlichte er 1900 seine dreibändige Geschichte der Institution.

1905 übernahm er – auch im Nebenamt – die Position des Generaldirektors der Königlichen Bibliothek, die 1918 in «Preußische Staatsbibliothek» umbenannt wurde. Bis 1923 förderte er nachdrücklich die Modernetauglichkeit dieser Einrichtung und der Bibliothekslandschaft in Preußen sowie die internationale Vernetzung und die Werbung finanzkräftiger Sponsoren – in Zeiten der Inflation eine Herkulesarbeit. Im Januar 1911 wurde Harnack zum Präsidenten der neu gegründeten «Kaiser-Wilhelm-Gesellschaft zur Förderung der Wissenschaften» gewählt. Beabsichtigt war, mit dieser Institution, deren direkte Nachfolgerin ab Februar 1948 die «Max-Planck-Gesellschaft»war, die außeruniversitäre Forschung zu stärken. Dem sogenannten «Harnack-Prinzip» folgend, haben die Spitzenforscher höchste Priorität und Gestaltungsfreiheit. Im Jahr 1920 wurde die «Notgemeinschaft der deutschen Wissenschaft», die in die «Deutsche Forschungsgemeinschaft» (DFG) überging, ins Leben gerufen, und bis 1929 hatte Harnack das Amt des Hauptausschussvorsitzenden inne. Nur mit Hilfe seiner legendären Arbeitsdisziplin gelang es ihm, seine verschiedenen Tätigkeitsbereiche überaus erfolgreich miteinander zu verbinden. Mit der Erhebung in den preußischen Adelsstand (1914) würdigte Kaiser Wilhelm II. nicht zuletzt das sozial-, bildungs- und wissenschaftspolitische Engagement seines Beraters.

Zu einem für Harnacks Ansehen und Wirkungsgeschichte einschneidenden Vorgang wurde seine Unterzeichnung des

Aufrufs «An die Kulturwelt!» («Manifest der 93») vom 4. Oktober 1914; massiv wurde hier die preußische Kriegspolitik unterstützt. Harnack erhielt dadurch das Etikett eines Kriegstreibers. Von den Kämpfen, die er auch als Kulturkrieg auffasste, erhoffte er sich nicht zuletzt eine Neubelebung der Frömmigkeit. Er entwarf das Konzept einer politischen Ethik, das sich in den öffentlichen Auseinandersetzungen zu bewähren habe und ebenso in innenpolitischen Reformen Ausdruck finden müsse. Mit einsetzender militärischer Erfolglosigkeit im Weltkrieg beugte sich Harnack der neuen Lage und setzte sich sachorientiert für Ausgleichsbemühungen ein. Der Weimarer Republik begegnete er nicht mit Aversion und Zerstörungswillen, sondern bemühte sich um konstruktive Teilhabe.

Recht bald hatte sich Harnack in seinem akademischen Wirken den Ruf eines liberalen, dogmenkritischen Denkers erworben, der die Kirche eher zerstöre als fördere, Kultur und Theologie unzulässig vermische. Selbst das Verhältnis zu seinem Vater zerbrach. Verantwortlich für diesen Eindruck war zunächst das zwischen 1886 und 1890 in erster Auflage erschienene dreibändige, berühmt gewordene «Lehrbuch der Dogmengeschichte» (5. Aufl. 1931/32; Nachdruck der 4. Aufl. von 1909/10, 1990), in dem Harnack die mit seinem Namen fortan untrennbar verbundene «Hellenisierungsthese» konzipierte. Unter dem Druck der spezifischen weltanschaulichen und religiösen Konkurrenzverhältnisse habe sich das Christentum schon frühzeitig mit den dominanten Kategorien des griechischen Denkens verknüpfen müssen. Um dem Untergang zu entgehen, sei das Christentum um seine Hellenisierung nicht herumgekommen. In der Ausbildung von Dogmen zeige sich die neue Einheit – um den Preis einer Verkirchlichung und Verrechtlichung, die immer weiter vom eigentlichen Ursprung, dem Handeln und der Verkündigung Jesu Christi, wegführe: «Zwischen dem Christenthum als der Religion des Evangeliums, welche ein persönliches Erlebniss voraussetzt und es mit der Gesinnung und That zu tun hat, und dem Christenthum als Religion des Cultus, der Sacramente, der Cermonien und des Gehorsams, ... steht das dogmatische Christenthum, welches sich mit dem einen oder dem anderen verbinden kann.» Das dogmatische Christentum kennzeichnet Harnack deshalb auch als das «begriffene Christenthum» (ebd., Bd. I, 18). An einer Passage entzündete sich die Kritik besonders: «Das Dogma ist in seiner Conception und in seinem Ausbau ein Werk des griechischen Geistes auf dem Boden des Evangeliums» (ebd., 20). Vorgehalten wurde Harnack, er vertrete in dogmenkritischem Dekonstruktionswahn ein Verfallskonzept, wenn er festhalte: «Das Evangelium selbst ist nicht das Dogma; denn in dem Glauben an das Evangelium hat die Erkenntniss nur soweit eine Stelle, als sie Voraussetzung des Gebets, Gesinnung und That, d. h. Bestimmtheit des Lebens ist» (ebd.). Harnack wies die Anwürfe mit aller Entschiedenheit zurück und betonte das Recht einer historisierenden Methode. Die ihm unterstellte «Thorheit», «das Dogma und die griechische Philosophie zu identificiren», liege ihm völlig fern, vielmehr gehe es ihm darum, die notwendigen Differenzierungen zwischen Jesu Verkündigung und der Dogmatisierung herauszuarbeiten. Nicht einmal, betont er ironisch, «die Entstehungsgeschichte des Papstthums» könne «als ein pathologischer Process innerhalb der Geschichte des Evangeliums» (ebd., 24) eingestuft werden. Bis heute gilt Harnacks monumentales Lehrbuch mit seiner Abwehr historischer Simplifizierungstendenzen als Musterbild universaler Gelehrsamkeit und wissenschaftlich-literarischer Stilsicherheit.

Über den Status wissenschaftlicher Methoden historischer Kritik kam es 1923 zu einer scharfen, öffentlich geführten Auseinandersetzung mit Karl Barth, der einst bei Harnack studiert hatte. In Martin Rades Zeitschrift «Christliche Welt» richtete sich Harnack in fünfzehn Fragen «an die Verächter der wissenschaftlichen Theologie unter den Theologen», zu denen er neben Barth etwa auch Paul Tillich und Friedrich Gogarten zählte (die Debatte in: Karl Barth, Offene Briefe 1909–1935, hg. von Diether Koch, 2001, 55–88). Harnack sah den Wissenschaftscharakter seines Faches in großer Gefahr, wenn im Geist Dialektischer Theologie das Historische zurückgewiesen werde, und erkundigte sich: «Ist die Religion der Bibel bzw. sind die Offenbarungen in der Bibel etwas so Eindeutiges und Klares, daß man kein kritisches Nachdenken braucht, um ihren Sinn richtig zu verstehen» (ebd., 59)? Das Christusverständnis werde in bloße Erfahrungswelten überführt: «Wenn die Person Jesu Christi im Mittelpunkt des Evangeliums steht, wie läßt sich die Grundlage für eine zuverlässige und gemeinschaftliche Erkenntnis dieser Person anders gewinnen als durch kritisch-geschichtliches Studium, damit man nicht einen erträumten Christus für den wirklichen eintausche» (ebd., 62)? Friedrich Gogarten reagierte auf den Text unmittelbar nach der Lektüre in einem Brief an seinen Mitstreiter Barth: «Das ist ja eine herrliche Sache. Was für ein Hochmut (oder seniler Schwachsinn?), sich uns so preiszugeben. Wer hätte das gedacht?» (in: Hermann Götz Göckeritz [Hg.], Friedrich Gogartens Briefwechsel mit Karl Barth, Eduard Thurneysen und Emil Brunner, 2009, 204 f.). Die Frontlinie war offenkundig klar gezeichnet. Barth antwortete, ebenfalls in der «Christlichen Welt», ausführlich, erläuterte sein Offenbarungsverständnis und wies darauf hin, dass der Glaube an Christus maßgeblich sei, die Theologie habe sich zu verstehen als «Zeuge des Wortes von der Offenbarung, vom Gericht und von der Liebe Gottes» (Barth, Offene Briefe [s. o.], 67). Harnack beharrte jedoch auf seiner Kritik und stellte abschließend klar: «Im Leben sind zwar wissenschaftliche Theologie und Zeugenschaft oft genug vermengt; aber weder die eine noch die andere kann gesund bleiben, wenn die Forderung, sie getrennt zu halten, außer Kraft gesetzt wird» (ebd., 87). Zwar blieb dieser engagierte Harnack-Barth-Diskurs eine Episode, er ist aber dennoch ausgesprochen repräsentativ für die Generationenkämpfe der Zeit und die Absetzungsbemühungen der jungen dialektischen Theologen von der liberalen Theologie ihrer Lehrer.

20. Teilhard de Chardin: Das kosmische Drama

Die Naturwissenschaften handeln von den Erscheinungen der Natur und ihren gesetzmäßigen Zusammenhängen. Ihre Methoden sind Beobachtung, Messung, Vergleich, Experiment und Beschreibung. Wie das Verhältnis der Naturwissenschaften zur Theologie zu bestimmen ist, gehört zu den umstrittensten Fragen der Menschheitsgeschichte, lässt sich doch Gott mit empirischen Methoden nicht beweisen. Naturwissenschaften und Glaube plausibel miteinander zu verbinden, ist für viele ein unlösbares Problem. Der vernünftige Mensch kann nicht so ohne Weiteres die Erschaffung der ersten Menschen durch Gott und die Evolutionslehre, die dem Prinzip des «survival of the fittest» folgt, vereinen. Konflikte sind deshalb programmiert. Pierre Teilhard de Chardin, Theologe, Paläontologe und Bestsellerautor, unternahm dennoch, trotz enormer Widerstände der römisch-katholischen Kirche und des Jesuiten-Ordens, dem er angehörte, den Versuch, den christlichen Glauben und das Bekenntnis zur Evolutionslehre Darwins zu verknüpfen. Erst nach dem Zweiten Vatikanum und zehn Jahre nach seinem Tod wurden Teilhards Überlegungen innerhalb der katholischen Kirche, zumindest in Teilen, offiziell akzeptiert.

Am 1. Mai 1881 wurde Marie-Joseph-Pierre Teilhard de Chardin auf dem ländlich gelegenen Schloss Sarcenat bei Clermont-Ferrand in der Auvergne geboren. Seine Mutter war eine Großnichte Voltaires. Der Vater vermittelte den Kindern ein

Grundverständnis für das Wesen und den Reichtum der Natur und traf damit bei seinem Sohn Pierre den entscheidenden Nerv. Schon früh begeisterte er sich für die Mineralogie und wollte theologisch-philosophische Weltbetrachtung und naturwissenschaftliche Erkenntnis verbinden. Nach sieben Schuljahren im Jesuitenkolleg Mongré wurde er 1899 Noviziat des Ordens in Aix-en-Provence. Zwar konnte er danach in Laval auch das Juvenat beginnen, musste dann aber, da die Jesuiten aus Frankreich vertrieben wurden, 1901 mit seiner Gemeinschaft nach Jersey in das Haus Bon-Secours ausweichen. Drei Jahre studierte Teilhard auf der Kanalinsel, in Saint-Louis, vor allem neuscholastische Philosophie, daneben zudem naturwissenschaftliche Fächer. 1905 wurde er bei den Jesuiten in Kairo Physiklehrer und vertiefte, immer wieder auch durch einschlägige Exkursionen, seine geologischen Kenntnisse. In Ore Place bei Hastings (Sussex) schloss sich dann ab 1908 ein Theologiestudium an, 1911 erfolgte dort die Priesterweihe. Vom Winter 1912 an studierte Teilhard in Paris Geologie und Paläontologie, kam im Folgenden allerdings während des Ersten Weltkriegs als Sanitäter zum Einsatz. Nach erfolgreichem Zoologieexamen im Jahr 1920 wurde Teilhard 1922 mit einer Dissertation, die sich mit den Säugetieren des französischen unteren Eozäns beschäftigte, promoviert. Daraufhin erhielt er einen Ruf zum außerordentlichen Professor der Geologie an das Institut Catholique.

Zunehmend kam es jetzt allerdings zu heftigen Auseinandersetzungen mit der *Societas Jesu*, da Teilhard sich anstrengte, die Evolutionstheorie mit theologischen Einsichten in Einklang zu bringen. Einen prägenden Einfluss hatte auf ihn die Lektüre von Henri Bergsons «L'évolution créatrice» (1907; dt.: Die schöpferische Entwicklung, 1912) ausgeübt, hatte er doch im *élan vital*-Konzept des französischen Lebensphilosophen einen prägnanten Anknüpfungspunkt gefunden. Er war überzeugt: So wie sich die Natur immer weiter bilde, entwickelten sich auch Geist und Bewusstsein; den Evolutionsgedanken machte er zum Zentrum seiner Überlegungen. Scharf grenzte sich Teilhard dabei vom Monogenismus ab, dessen Vertreter behaupteten, dass alle Menschen von einem Menschenpaar abstammten. Damit rief er allerdings den Protest der römisch-katholischen Kirche hervor, da diese die Funktionsfähigkeit der traditionellen Erbsündenlehre und der darauf aufbauenden Erlösungs-Christologie in Gefahr sah; denn ohne Erbsünde gab es auch keine dementsprechende Erlösungsbedürftigkeit des Menschen durch Gott. Der Mensch vervollkommne sich in seiner Geschichte nach Teilhards Modell geradezu selbst, wodurch Gott an den Rand gedrängt werde. So wurde der Jesuit zum Inbegriff eines zu bekämpfenden Modernismus, einer neuen Weltanschauung, die mit den alten Prinzipien des Glaubens nicht vereinbar war.

In Rom setzte vor allem der einflussreiche Publizist und Kurienbeamte Umberto Benigni (1862–1934) alles daran, den als Gefahr für die absolute päpstlich-kirchliche Deutungshoheit identifizierten Modernismus auszuschalten. In Kontinuität zum 1864 von Pius IX. verantworteten *Syllabus Errorum*, einem Verzeichnis von 80 zurückgewiesenen Irrtümern, ließ Pius X. 1907 im Dekret *Lamentabili* und in seiner Enzyklika *Pascendi Dominici gregis* (Die Herde des Herrn zu weiden) keinen Zweifel daran, dass der Modernismus als irreführende Haltung zu verdammen sei. Mit unzulässiger Kritik an der Neuscholastik untergrabe er Autorität und Tradition der Kirche und fördere überkonfessionelle Einheitsbestrebungen ebenso fatal wie rationalistische Bibelkritik, Agnostizismus, ein subjektivistisches Glaubensverständnis und eine reformistische Politik- und Sozialauffassung. Gerade auch die Evolutionslehre wurde Ausdruck eines zu verurteilenden neuen Weltverständnisses. Seinen Höhepunkt fand der Konfrontationskurs 1910 im den gesamten Klerus verpflichtenden «Antimodernisteneid», mit dem Pius X.

auf die als Bedrohung empfundenen Umbrüche reagierte. Dieser formale Disziplinierungsversuch wurde erst 1967 in Folge des Zweiten Vatikanums aufgehoben und ist das nach außen hin deutliche Zeichen einer bis heute nicht überwundenen «Modernismuskrise». Die römisch-katholische Haltung zur Evolutionslehre erfuhr erst mit der Enzyklika *Humani generis* von Papst Pius XII. 1950, fünf Jahre vor Teilhards Tod, eine vorsichtige Öffnung. Darin gestand der Papst zu, dass es eine Evolution des Körpers gebe. Die menschliche Seele allerdings sei von Gott geschaffen.

Teilhard de Chardin, dessen Karriere gerade erst begann, bekam die ganze Härte des Systems zu spüren. Seine Pariser Lehrtätigkeit wurde unterbunden, seine Publikationstätigkeit, ständig von Indizierung bedroht, erheblich eingeschränkt und nur noch für den naturwissenschaftlichen Bereich zugelassen; schließlich wurde er ab 1926 für zwei Jahrzehnte nach China verbannt. Seinen theoretischen Standpunkt legte der Jesuit zu dieser Zeit in mehreren Schriften dar, von denen «La Messe sur le Monde» (1923, Die Messe über die Welt) den größten Einfluss hatte. In China wirkte Teilhard in Choukoutien, nahe Peking, an der Ausgrabung des *Sinanthropus Pekiniensis*, der asiatischen Form des *Homo erectus*, mit (vgl. die Berichte in Werke 3). Durch unzählige Exkursionen, Forschungsreisen, Vorträge und Schriften entwickelte er sich zu einem weltweit anerkannten Wissenschaftler. Eng arbeitete er mit Kollegen wie Franz Weidenreich, Davidson Black oder Helmut de Terra zusammen. Das Netzwerk an persönlichen Beziehungen, das Teilhard de Chardin durch exzessive Korrespondenztätigkeit aufbaute, ist legendär.

Als er 1946 China den Rücken kehrte, um wieder in Frankreich zu leben, wurde er erneut durch kirchliche Sanktionen stark behindert, galten seine Überlegungen doch immer noch als Gefahr für das traditionelle Glaubenssystem. Gleichzeitig erfuhr er aber auch Zeichen der Anerkennung, so erfolgte 1947 seine Berufung zum Offizier der Ehrenlegion und 1950 zum korrespondierenden Mitglied des «Institut de France». Eine ihm angetragene Paläontologie-Professur am «Collège de France» musste Teilhard 1948 auf Anweisung seines Ordens ablehnen. Schließlich wich er nach New York aus, wo er an der «Wenner-Gren Foundation for Anthropological Research» tätig sein konnte. Teilhard verstarb am 10. April 1955 an einem Herzanfall in New York. Erst im Todesjahr durfte sein Hauptwerk «Le Phénomène Humain» (Der Mensch im Kosmos) erscheinen, das er, von kurzen späteren Zusätzen abgesehen, bereits 1940 fertiggestellt hatte.

Immer wieder geht Teilhard in seinen Veröffentlichungen denselben Grundfragen nach: Wie lassen sich evolutionäre Weltentstehung und Menschwerdung mit der biblischen Botschaft eines Schöpfergottes und der Erlösung der gefallenen Welt durch Jesus Christus verbinden? Wie lässt sich die Einheit zwischen belebter und unbelebter Materie erfassen? Die Suche galt dem «Cœur de la matière», dem «Herz der Materie» (1950). In der Offenbarung Jesu Christi, so die Spekulation, kommt die radikale Energie der Liebe zum Ausdruck; sie trifft auf die physikalische Energie und verändert sie. «Der Geist der Erde» (1931, in: Werke 6, 25–63), nicht die Materie, bewirkt, dass Leben entsteht. Eine vitalisierende Lebenskraft bricht sich Bahn. Der Kosmos ist von grundlegender und primärer Lebendigkeit; er darf «nicht als ein Staub unbewußter Elemente verstanden werden, auf denen in unbegreiflicher Weise das Leben aufblühte – als ein Zufall oder eine Schimmelbildung». Teilhard macht «eine unermeßliche psychische Angelegenheit» aus. Das zerstreute Bewusstsein befindet sich in einem progressiven Sammlungsvorgang. Der Mensch wird zum «Schlüssel der Dinge». Wie ein Labyrinth liegt die Welt vor ihm. «Der Ariadnefaden, der uns im Universum leiten muß, ist ‹die Entstehung des

Geistes›; und die Hand, die ihn uns reicht, ist die ehrliche Anerkennung des ‹menschlichen Phänomens›» (ebd., 30 f.). In der Liebe will Teilhard «das Blut selbst der geistigen Evolution» (ebd., 45) erkennen. Das Leben steigt irreversibel auf zu Gott, um letztlich, jenseits des Materiellen, mit ihm vereint zu werden (vgl. Mensch im Kosmos, 257–262).

Im Laufe der Entwicklungsgeschichte entsteht eine «Noosphäre», eine aus denkender Substanz bestehende Hülle, die mit Christus verbunden ist, auf den die gesamte Evolution heilsgeschichtlich zuläuft; denn in ihm findet sie ihr Ziel absoluter Synthese. Er ist hypothetischer «Punkt Omega», der «Brennpunkt des Universums», in dem Wissenschafts- und Glaubenswelt zusammenfallen. Herangezogen wird dazu die neutestamentliche Rede kosmischer Inkarnations-Christologie als Ausdruck des im Glauben zu erfassenden Omega-Punktes. Jesus Christus, als Gott-Mensch, ist der Omega-Punkt, auf den sich die ganze Schöpfung zielgerichtet zubewegt, er wird zum «Retter der Evolution», zum «Christus-Universalis» (Werke 10, 110 und 155; vgl. Römer 8,22; Kolosser 1,15–23; Offenbarung 1,8 und 22,13). Teilhard benennt vier Omega-Attribute: «Eigengesetzlichkeit, allgegenwärtiges Wirken, Irreversibilität und schließlich Transzendenz» (Mensch im Kosmos, 265). Es geht ihm dabei gerade auch darum, die menschlichen Einzelpersönlichkeiten in ihrer Struktur zu bewahren und nicht in eine undifferenzierte Summe zu überführen; sie sollen vielmehr «in einer Atmosphäre aktiver Sympathie» (ebd., 283) verbunden sein, ohne beeinträchtigt zu werden. Dies betrachtet er als legitime Form des Pantheismus, als «die differenzierende und einigende Wirkung der Liebe (Gott ganz *in allen*)» (ebd., 307). Wenn die Gesellschaft vom Geist Christi, von seiner Liebe durchdrungen wird, ereignet sich die «Christifikation». Christus setzt sich in diesem Prozess immer weiter durch, und es vollzieht sich die sogenannte «Christogenese».

Teilhard vertritt ein dynamisch-progressives Konzept, in dem Gott und Welt zueinander gelangen, zur Einheit werden. «Gott ist die Liebe, und letzten Endes wird er nur in der Liebe erreicht: das ist die psychologische Revolution und das Geheimnis des christlichen Aufschwungs» (Die menschliche Energie, 1937, in: Werke 6, 152–219, hier 211). Bei allem Optimismus weiß Teilhard allerdings auch um die Macht zerstörerischer Kräfte, um die Präsenz der Sünde. Es ist die Aufgabe des Menschen, sich konsequent zu verbessern, im Glauben gegen das Böse, gegen Übel, Leid und Vernichtung anzugehen; in diesem Vorhaben wird er von der Kirche getragen (vgl. Die Bedeutung und der konstruktive Wert des Leidens, 1933 [in: Werke 6, 64–69]; Mensch im Kosmos, 308–311). Ein «kosmisches Drama» sei es, das es zu bestehen gelte, eine Abwehr der «Abgründe zwischen den Gipfeln» (ebd., 308). Die oft artikulierte Kritik, er unterschätze auf diese Weise das Böse im Kosmos, da er es lediglich als unvermeidliches «Nebenprodukt» (ebd., 310) der Evolution einstufe, hat Teilhard letztlich nicht konstruktiv aus dem Weg räumen können.

«Das Phänomen Mensch», sein rätselhaftes Auftreten in der Evolutionskette, steht im Mittelpunkt der Überlegungen, in denen rationale Elemente mit mystischer Spekulation kombiniert werden. Teilhard lässt auf die Entstehung von Welt und Leben («Kosmo- und Biogenese») die «Noogenese» als Werden des Geistes folgen. In diesem dritten Stadium, der «Noosphäre» oberhalb der «Biosphäre», entsteht ein umfassender «Super-Organismus», in dem der Einzelne und die Gemeinschaft verknüpft werden. «In der heutigen Menschheit, in der Noosphäre, ist uns die Möglichkeit gegeben, zum ersten Mal direkt an der Spitze des evolutiven Baumes zu beschauen, was eine Synthese nicht mehr nur von Individuen, sondern ganzer zoologischer Blätter ergeben kann» (Die Bildung der Noosphäre, 1947, in: Werke 5, 207–241, hier 213). Aber die Existenz des Menschen ist und bleibt ein Wagnis, stets konfrontiert mit dem Risiko des Scheiterns; denn: «Leben ist nicht so sicher wie der Tod.» Der Schöpfungsprozess ist noch lange nicht an seinem Ende. Er ist, so Teilhards Verständnis der Orthogenese, eine unilineare Entwicklung, die teleologisch, das heißt auf ein Ziel hin, ausgerichtet ist. Selbst wenn es einen «Druck der Erde» gibt, der auf eine «Ultra-Menschwerdung» hinausläuft, «so bedeutet das noch keineswegs, daß uns dieses Ultra-Menschsein auch tatsächlich gelingt» (Entstehung, 125). Es gibt jedoch bei allem Zweifel an der Durchführbarkeit des Projekts Menschheit eine Perspektive, die Zukunft verheißt: «Gott als Triebkraft, Sammelpunkt und Garant – das Haupt der Evolution» (ebd., 129). Die «Theosphäre» dämmert auf. Gott als «Zentrum der Zentren» (Mensch im Kosmos, 290), als Omega-Brennpunkt, der schon in der Gegenwart seine Wirksamkeit unter Beweis stellt, hat für den gläubigen Christen den Charakter lebendiger Wirklichkeit. Es gebe keinen Anlass, sich vor den Evolutionsgedanken zu fürchten, beschwört Teilhard de Chardin. Vielmehr seien sie «eine wunderbare Möglichkeit ..., sich noch tiefer Gott nahe zu fühlen und hinzugeben» (ebd., 293).

Den eigentlichen Durchbruch erfuhr Teilhard de Chardin erst postum, im Verlauf des Zweiten Vatikanischen Konzils, auf dem sein Werk breit diskutiert wurde. Manche seiner Überlegungen flossen dabei in die «Pastoralkonstitution über die Kirche in der Welt von heute», *Gaudium et spes* (Freude und Hoffnung), ein, was Joseph Ratzinger mit deutlicher Sympathie für Teilhard zustimmend hervorhob (Kommentar zum 1. Kap. von *Gaudium et spes*, in: Lex. für Theol. und Kirche, 2. Aufl., Bd. 14, 1968, 313–354). Bis heute stellt er allerdings für die lehramtlich sanktionierte Theologie einen Problemfall dar, da sich – bei aller Öffnung für Grundsätze der Evolutionslehre – viele seiner mystisch-spekulativen Gedanken nicht ohne Weiteres in die lehramtlich gestützte Dogmenbildung integrieren lassen. Das gilt vor allem für den Sündenbegriff, der von Teilhard mit idealistischem Pathos entschärft wird. Mit Aufmerksamkeit wurde jedoch zur Kenntnis genommen, dass Benedikt XVI. im Sommer 2009 bei einer Predigt in Aosta die Formulierung «kosmische Liturgie» verwandte und dabei auf «die große Vision» verwies, die mit dem Namen Teilhard de Chardin verbunden sei. Schon seit Johannes Paul II. läuft das «offizielle» Verständnis der katholischen Kirche darauf hinaus, die Evolutionstheorie als einen möglichen Ansatz zu akzeptieren; immer bleibt jedoch die Einschränkung, dass die Geistseele des Menschen von Gott unmittelbar geschaffen sei. Teilhard de Chardins Verhältnis zu seinem Orden hat Züge einer Tragödie. Trotz aller Versuche der Disziplinierung verließ er die Gesellschaft Jesu nicht, und es hat den Charakter einer späten Versöhnung, dass es heute gerade Jesuiten sind, die das Werk ihres Mitbruders aktiv fördern und verbreiten. Seine größten Bewunderer findet er allerdings nicht in den engeren Kreisen von Theologie und Kirche, sondern bei einem breiten Lesepublikum, das sich mit der Trennung von Naturwissenschaften und Glaube nicht still abfinden will und in der spirituellen Evolutionslehre eine Chance sehen möchte.

21. **Rudolf Bultmann:** Mythos und Existenz

Der enge Austausch mit dem nur wenig jüngeren Philosophen Martin Heidegger, insbesondere in den Jahren 1923 bis 1928, war für Rudolf Bultmanns Werk und Wirken wegweisend. Von besonderem hermeneutischen Belang wurde für ihn die Fundamentalontologie des frühen Heidegger – «Sein und Zeit» erschien 1927 –, weil sie rein formale Bedeutung im Blick auf das menschliche Existenzverständnis besitze und inhaltlich nicht festgelegt sei. Bultmann hob vor allem die Kategorien der Ganzheit, der Eigentlichkeit, der Freiheit und – damit zusammenhängend – der Möglichkeit und Entscheidung heraus, auch das «Vorlaufen» im Blick auf die Verwirklichung des Seins. In seinem Programm der Entmythologisierung ging er später über Heidegger bewusst hinaus, um Freiraum für eine existentiale Interpretation der zentralen inhaltlichen Aussagen des Neuen Testaments zu gewinnen. 1933 veröffentlichte er unter dem hermeneutisch aufgeladenen Titel «Glauben und Verstehen» den ersten Band – den er Heidegger widmete – einer Sammlung von Aufsätzen, an den sich 1952, 1960 und 1965 mit jeweils zahlreichen Neuauflagen drei weitere Bände anschlossen.

1941 erschien nicht nur sein berühmter Vortrag «Neues Testament und Mythologie», sondern zudem der die Johannesforschung seitdem elementar prägende Kommentar zum vierten Evangelium. Auch wenn die religionsgeschichtliche Einordnung des Corpus Johanneum im Kontext gegenwärtiger Forschung wesentlich nuancierter erfolgt, bot Bultmann doch mit seinem Kommentar eine eigenständige, einheitliche Gesamtauslegung, die den präsentisch-eschatologischen Charakter dieses Evangeliums prägnant hervorhob. Nachdem Bultmann 1949 mit der Monographie «Das Urchristentum im Rahmen der antiken Religionen» eine Zusammenfassung seiner religionsgeschichtlichen Forschungen vorgelegt hatte, fügte er 1953 als sein wissenschaftliches Hauptwerk die in der Geschichte der Disziplin herausragende «Theologie des Neuen Testaments» hinzu. Als Grundproblem, aber gleichzeitig auch als wesentliche Stärke des Bultmannschen Werkes kann die innere Verzahnung und Geschlossenheit seiner Denkwelten und Deutungskonstrukte angesehen werden. Als Neutestamentler war Bultmann immer auch Systematischer Theologe und umgekehrt. Die beeindruckende Konsistenz und Konsequenz seiner Theologie hat analog zu derjenigen Karl Barths nicht unwesentlich zu einer die theologische Landschaft gestaltenden Schulbildung beigetragen

– zu nennen wären in einer ersten Generation etwa Günther Bornkamm und Ernst Käsemann – und auch jenseits der Universitätstheologie tiefe Wirkungen hervorgerufen, wie ein Blick auf das Werk von Hans Jonas oder Hannah Arendt zeigt.

Am 20. August 1884 wurde Rudolf Karl Bultmann in Wiefelstede, Oldenburg, als Sohn des evangelisch-lutherischen Pastors Arthur Bultmann (1854–1919) geboren. Seine Mutter Helene, geborene Stern (1858–1935), stammte aus einem Pfarrhaus in Baden, dessen pietistische Frömmigkeitskultur ihr Leben nachhaltig prägte. Nachdem er am «Alten Gymnasium» in Oldenburg von 1895 bis 1903 die Grundlagen humanistischer Bildung erhalten hatte, begann er im Sommer 1903 in Tübingen ein Studium der Evangelischen Theologie und Philosophie. Bultmann hörte unter anderen den Neutestamentler Adolf Schlatter und den Systematiker und Exegeten Theodor Häring, schätzte aber insbesondere den Kirchenhistoriker Karl Müller. Während zweier Semester in Berlin zogen ihn der Alttestamentler und führende Vertreter der Religionsgeschichtlichen Schule Hermann Gunkel sowie in der Dogmengeschichte Adolf Harnack an. Für den Winter 1905/06 und den Sommer 1906 wechselte er schließlich nach Marburg, wo im Neuen Testament vor allem Adolf Jülicher, aber auch Johannes Weiß und in der Systematischen Theologie Wilhelm Herrmann als prägende Lehrer herausragten. Im Januar 1907 beendete er sein Studium mit «vorzüglichem» Ergebnis, um anschließend, nach einem Jahr Vertretungstätigkeit als Oberlehrer am Oldenburger Gymnasium, bis 1916 an der Marburger Hessischen Stipendiatenanstalt eine Repetentenstelle wahrzunehmen. Mit einer Arbeit zum Thema «Der Stil der paulinischen Predigt und die kynisch-stoische Diatribe» wurde Bultmann am 30. Juli 1910 von der Fakultät in Marburg zum Licentiaten der Theologie promoviert. Die Gutachten erstellten Wilhelm Heitmüller als Doktorvater und Adolf Jülicher.

Die Habilitation für das Fach Neues Testament folgte schon zwei Jahre später am 27. Juli 1912 mit einer Studie über «Die Exegese des Theodor von Mopsuestia». Zum Winter 1916/17 erhielt er den Ruf auf ein Extraordinariat für Neues Testament in Breslau. Hier heiratete Bultmann 1917 Helene Feldmann (1892–1973); aus der Ehe gingen drei Töchter hervor. Am 23. Juni 1920 wurde er zum Nachfolger des früh verstorbenen Wilhelm Bousset als Ordinarius nach Gießen berufen. Sein erstes großes Werk «Die Geschichte der synoptischen Tradition» erschien 1921 in Göttingen bei Vandenhoeck & Ruprecht. Damit begründete Bultmann neben Martin Dibelius und Karl Ludwig Schmidt, deren Arbeiten «Die Formgeschichte des Evangeliums» und «Der Rahmen der Geschichte Jesu» 1919 veröffentlicht worden waren, die formgeschichtliche, an den einzelnen Textgattungen orientierte Forschung zum Neuen Testament.

Bereits zum Winter 1921/22 folgte er einem Ruf auf den Lehrstuhl Wilhelm Heitmüllers in Marburg, wo er über seine Emeritierung (1951) hinaus bis zu seinem Tod am 30. Juli 1976 lebte. In Marburg wurde Bultmann zu einer weit über die engeren Universitätsgrenzen hinaus bestimmenden Persönlichkeit, die auch international hoch geachtet wurde. Innerhalb der theologischen Fakultät pflegte er engen Kontakt mit seinem alttestamentlichen Kollegen Gustav Hölscher und dem Neutestamentler Hans von Soden. Mit Wilhelm Herrmanns Nachfolger Rudolf Otto – dem Verfasser des Klassikers «Das Heilige» (1917) – kam es allerdings zu erheblichen Spannungen. Dagegen war Bultmann Paul Friedländer, dem Klassischen Philologen, freundschaftlich verbunden, und auch zu den Philosophen Hans-Georg Gadamer, Gerhard Krüger und Karl Löwith sowie dem Stefan George verpflichteten Literaturwissenschaftler Max Kommerell ergaben sich fruchtbare Verbindungen.

So scharf sich das wissenschaftliche Profil Bultmanns zeichnen lässt, so vage bleiben – quellenbedingt – die Umrisse des politischen Zeitgenossen. Gegen seinen eigenen Wunsch war ihm aufgrund eines Hüftleidens die Teilnahme am Ersten Weltkrieg verwehrt worden. Auch wenn er zunächst im Kriegsverlauf das Wirken Gottes auf Seiten des deutschen Kaiserreiches erkennen wollte, zeigte er sich im Folgenden zunehmend zurückhaltender und wandte sich gegen eine theologische Ideologisierung des Kampfes. 1928 urteilte er dann, dass die Kriegseindrücke ihn nicht zu einer «Revision» seiner «Daseinsbegriffe» gebracht hätten. Während viele profilierte Vertreter der (theologischen) «Frontgeneration», etwa Emanuel Hirsch, Friedrich Gogarten und anfangs auch Paul Tillich, das deutsche Demokratie-Experiment nach 1918 zum Teil vehement befehdeten, fand die Weimarer Republik in Bultmann, der eher auf der linksliberalen Seite des Parteienspektrums zu verorten war, einen engagierten Befürworter. Er stand der «Deutschen Demokratischen Partei» Friedrich Naumanns, Martin Rades und Ernst Troeltschs nahe, deren Linie er auch in kirchenpolitischen Fragen, etwa in den Kontroversen um den Volkskirchenstatus der evangelischen Landeskirchen, unterstützte. Sein parteipolitisches Engagement blieb allerdings verhalten. In der Nachkriegszeit wurde eine auf die Erneuerung des Geistes abzielende Volks- und Jugendbildungsarbeit zu einem wichtigen Betätigungsfeld. So leitete Bultmann ab 1919 mit Wilhelm Gottschick die «Abteilung für Fragen der Religion und Weltanschauung» der Jugendvereinigung der Deutschen Demokratischen Partei. Parteimitgliedschaften, womöglich auch in der Sozialdemokratischen Partei Deutschland, lassen sich nicht nachweisen. Während der NS-Diktatur gelang es ihm, einerseits seinen Lehrstuhl zu behalten und sich doch andererseits deutlich vom herrschenden Regime abzugrenzen. So zählte sich Bultmann zur «Bekennenden Kirche» und bezog 1933 kritisch Position gegen den sogenannten «Arierparagraphen». Kein geschichtliches Phänomen könne, mahnte er 1941, als solches den Willen Gottes offenbaren. Auch sein Entmythologisierungsprogramm lässt sich als eine dezidierte Destruktion nationalsozialistischer Mythologie und Ideologie lesen. Die unterschiedliche Bewertung der politischen Ereignisse führte 1933 zum Bruch mit dem langjährigen Weggefährten Friedrich Gogarten und zur Entfremdung vom Freund und Kollegen Martin Heidegger, die zeitlebens nicht mehr vollständig aufgehoben werden sollte, da sich Heidegger nach 1945 nicht zu der von Bultmann erwarteten Selbstkritik bereit fand.

In Marburg begann Bultmann konsequent, ein eigenständiges theologisches Profil zu entwickeln, dessen Konturen sich immer markanter von der «liberalen Theologie» seiner Lehrer abhoben. Maßgeblich wurde seine Annäherung an die «dialektische Theologie», insbesondere die Rezeption von Karl Barths «Römerbrief», zumal der zweiten Auflage von 1922. Mit Pathos wandte er sich gegen alle Bemühungen, das Christentum «als Prinzip einer kulturschöpferischen geistigen Macht» zu verstehen. Die «zentralen theologischen Probleme» hätten im Mittelpunkt zu stehen: «Die Entscheidung über das, was Theologie sei, kann nicht von außerhalb der Theologie gefällt werden, und die Theologie kann sich ihre Probleme und Begriffe nicht von einer allgemeinen Kultur- oder Geisteswissenschaft geben lassen» (Theologie als Kritik, 162).

«Der Gegenstand der Theologie», formulierte Bultmann 1924 apodiktisch, «ist Gott, und der Vorwurf gegen die liberale Theologie ist der, daß sie nicht von Gott, sondern von Menschen gehandelt hat» (GuV 1, 1–25, hier 2). Der Mensch werde durch Gott radikal verneint und aufgehoben. Entscheidend für die Theologie sei ihre Ausrichtung auf das Wort vom Kreuz. Dieses Zentrum erweise sich dem Menschen gegenüber als Skandalon, als ein Ärgernis, dem sich die liberale Theologie allerdings entziehen, es zumindest abschwächen wolle. Gleichwohl lägen herausragende Verdienste darin, das historische Interesse gepflegt zu haben, wobei die besondere Leistung in der «Erziehung zur Kritik» (ebd.) auszumachen sei, im Ernst radikaler Wahrhaftigkeit. In dezidierter Abgrenzung von Adolf von Harnack betonte Bultmann als Ergebnis der Kritik, «daß die Welt, die der Glaube erfassen will, mit der Hilfe der wissenschaftlichen Erkenntnis überhaupt nicht erfaßbar wird» (ebd., 4). Historisches Denken könne dem Glauben kein Fundament liefern. Die liberale Theologie begehe in ihrer Geschichtsauffassung den Fehler, nicht nur die lediglich relative Geltung ihrer Ergebnisse zu übersehen, sondern auch zu verdrängen, «daß alle geschichtlichen Erscheinungen, die dieser geschichtlichen Betrachtungsweise unterworfen werden, nur relative Größen sind, nur Größen innerhalb eines großen Relationszusammenhangs». In ihm gebe es keinen Anspruch «auf absolute Geltung», und «der historische Jesus» sei «eine Erscheinung unter anderen, keine absolute Größe» (ebd.).

Mit Karl Barth unterstrich Bultmann den paradoxalen Charakter des Glaubens, der kein Bewusstseinszustand sei. Aus dieser Einsicht erschließe sich die Berechtigung einer «Polemik gegen alle Erlebnisreligion, gegen Frömmigkeit, Sündengefühl und Begeisterung» (ebd., 22). Bultmann ließ seine Abgrenzung von der liberalen Tradition auf die prägnante, für seine weitere Arbeit programmatische Schlussthese zulaufen: «Gegenstand der Theologie ist ja Gott, und von Gott redet die Theologie, indem sie redet vom Menschen, wie er vor Gott gestellt ist, also vom Glauben aus» (ebd., 25).

In deutlicher Wendung gegen Barths Fixierung auf das offenbarende Wort Gottes wurde für Bultmann dann jedoch die Anthropologie zum Zentrum seiner Theologie. Konsequent kam er 1928 in einem Aufsatz zur «Bedeutung der ‹dialektischen Theologie› für die neutestamentliche Wissenschaft» auf die

Fundamentalstellung der Anthropologie zu sprechen. Ein theologischer Satz sei nicht dank der Begründung «durch ein zeitloses Prinzip der Wahrheit» oder wegen eines «zeitlos gültigen Gehalt[s]» wahr, sondern dann, wenn er eine Antwort «auf die Frage der jeweiligen konkreten Situation» (GuV I, 114–133, hier 116) geben könne. Das Dasein des Menschen sei geschichtlich. «Geschichtlichkeit des menschlichen Seins» ist, «daß sein Sein ein Sein-Können ist. D. h. daß das Sein des Menschen seiner Verfügung entnommen ist, jeweils in der konkreten Situation des Lebens auf dem Spiele steht, durch Entscheidungen geht, in denen der Mensch nicht je etwas für sich wählt, sondern sich selbst als seine Möglichkeit wählt» (ebd., 118). Entsprechend hat die Interpretation eines neutestamentlichen Textes immer die Frage nach der Existenzauffassung zu stellen. Die menschliche Existenz ist unabgeschlossen und liegt nie als ein eindeutig bestimmbares Faktum vor. Der auszulegende Text vermag die Möglichkeit eines Existenzverständnisses zu erschließen – und bestätigt damit, «daß ich ein Vorwissen um meine Möglichkeiten habe» (ebd., 126).

Dieses im Menschen existential verankerte Vorwissen konfrontiert Bultmann mit dem Wort Gottes in Gestalt des Kerygmas, der Verkündigungsbotschaft. «Jesus Christus begegnet dem Menschen nirgends anders als im Kerygma, so wie er dem Paulus selbst begegnet ist und ihn zur Entscheidung zwang» (GuV I, 188–213, hier 208). Hinter dieses Kerygma darf nicht zurückgegangen werden, es kann nicht als «Quelle» dazu dienen, etwa das Messiasbewusstsein oder die Innerlichkeit des «historischen Jesus» zu bestimmen. «Nicht der historische Jesus», formulierte Bultmann 1929, «sondern Jesus Christus, der Gepredigte, ist der Herr». In der Predigt als Heilsgeschehen ereigne sich das «eschatologische Jetzt von Tod und Auferstehung Jesu» (ebd.) als stets dem hörenden Menschen gegebene Möglichkeit zur eigenen seinsverwirklichenden Tat. In der Predigt werde dem Menschen die für ihn entscheidende Frage gestellt, ob er sich glaubend für das Leben oder den Tod entscheiden will. Von der Ausrichtung am Kerygma her gesehen, von der Überführung des Verkündigers in den Verkündigten, erschien es für Bultmann nur konsequent, «das Daß seiner Verkündigung» (GuV I, 245–267, hier 266) als entscheidend anzusehen, nicht Jesu Persönlichkeit, sondern seine Person.

1948 mündete diese Gedankenführung in den grundlegenden Eingangssatz der «Theologie des Neuen Testaments»: Jesu Verkündigung gehört «zu den Voraussetzungen der Theologie des NT» und ist «nicht ein Teil dieser selbst». «Erst mit dem Kerygma der Urgemeinde also beginnt das theologische Denken.» Mit dieser Programmaussage, der Verankerung des Heilsgeschehens in der Verkündigung und nicht in einem mit historischen Mitteln erschließbaren Leben Jesu, überführte Bultmann die Grundsatzfrage nach der theologischen Bedeutung des «historischen Jesus» auf eine neue Ebene (vgl. dazu bereits Bultmann, Jesus, 1926).

Der Glaube wurde von Bultmann als ein stets neu zu vollziehendes Ereignis begriffen, er ist kein Zustand. Im Glauben ist der Mensch frei zum Gehorsam, und er ist unterwegs zu dem, was schon, und dem, was noch nicht ist. Dem Menschen wird im Glauben die Möglichkeit zu einem neuen Leben eröffnet, und es liegt an ihm, diese zu ergreifen. Bestimmt wird diese Entscheidung des Menschen dadurch, daß er sich existentiell durch das Wort der Bibel angesprochen fühlt. Er hat die Möglichkeit, die Relevanz des Wortes Gottes und des für ihn in Jesus Christus vollzogenen Heilsgeschehens für ein neues, seiner Bestimmung gerecht werdendes Leben aufzunehmen.

Diese Überlegungen Bultmanns lassen sich in dem für seine existentiale Hermeneutik zentralen Begriff des «Vorverständnisses» herausstellen: «Die Tatsache, daß die christliche Verkündigung, wenn sie einen Menschen trifft, von ihm verstanden werden kann, zeigt, daß er ein Vorverständnis von ihr hat» (GuV I, 294–312, hier 295). Die Voraussetzung für jedes Verstehen ist «das Lebensverhältnis des Interpreten zu der Sache …, die im Text – direkt oder indirekt – zu Worte kommt» (ebd., 211–235, hier 217). Durch das Sachinteresse wird die Interpretation motiviert und die Fragestellung auf ein bestimmtes Woraufhin geleitet. Es kommt zu einer existentiellen Begegnung mit dem Text, die eine existentielle Entscheidung fordert. Im biblischen Text wird der Mensch mit einem Selbstverständnis konfrontiert, das Zustimmung oder Ablehnung hervorruft. Eine neutrale Haltung ist für den Verschärfungsdenker Bultmann nicht möglich.

Seine hermeneutischen und existential-theologischen Einsichten finden sich gebündelt in dem Vortrag «Neues Testament und Mythologie. Das Problem der Entmythologisierung der neutestamentlichen Verkündigung». Unmittelbar nach seinem Erscheinen 1941 und mehr noch im Anschluss an den Nachdruck in «Kerygma und Mythos» (1948) provozierte der Text eine scharfe, von persönlichen Anfeindungen begleitete Debatte, die, wie ein Rückblick zeigt, eher vom mangelnden Verständniswillen und -vermögen seiner Gegner lebte als von konstruktiver Sachkritik. Bultmann wollte das neuzeitliche Weltbild und Selbstverständnis mit den im Gewand antiker Mythologie auftretenden neutestamentlichen Aussagen durch eine existentiale Interpretation des Mythos in Einklang bringen. «Unter Entmythologisierung», formulierte er Jahre später, «verstehe ich ein hermeneutisches Verfahren, das mythologische Aussagen bzw. Texte nach ihrem Wirklichkeitsgehalt befragt. Vorausgesetzt ist dabei, daß der Mythos zwar von einer Wirklichkeit redet, aber in einer nicht adäquaten Weise. Vorausgesetzt ist ebenso ein bestimmtes Verständnis von Wirklichkeit» (GuV IV, 128–137, hier 128). Das nach Bultmann vornehmlich durch den von ihm postulierten gnostischen Erlösungsmythos und die jüdische Apokalyptik geprägte neutestamentliche Weltverständnis erwies sich dem modernen Selbstverständnis gegenüber als inkompatibel. Ein vergangenes Weltbild lasse sich nicht einfach nahtlos in die Gegenwart überführen, so dass die historische Kritik gefordert sei. Eine Eliminierung des Mythos verbiete sich jedoch, gefragt sei vielmehr die existentiale Interpretation, die Rückfrage nach dem in ihm enthaltenen Existenzverständnis.

Im Grundsatz gehe es um die Frage, «ob dem Menschen im Neuen Testament ein Verständnis seiner selbst entgegengebracht wird, das eine echte Entscheidungsfrage für ihn bedeutet» (Neues Testament und Mythologie, 29). Dieser Zusammenhang hat sich vor allem an der Deutung des Christusgeschehens zu behaupten, von dem im Neuen Testament in mythologischer Sprache die Rede ist. Historischer Jesus und schon vor allen Zeiten gewesener, präexistenter Gottessohn sind miteinander verbunden. Zum Kernpunkt werden Kreuzestod und Auferstehung. Bultmann unterscheidet das historische Ereignis des Todes Jesu am Kreuz von dessen geschichtlicher, auch gegenwärtig eschatologisch wirksamer Bedeutsamkeit, in die es überführt wird. «Als Heilsgeschehen ist also das Kreuz Christi kein mythisches Ereignis, sondern ein geschichtliches Geschehen, das in dem historischen Ereignis der Kreuzigung Jesu von Nazareth seinen Ursprung nimmt» (ebd., 56). Die geschichtliche Bedeutsamkeit liegt darin, dass die Welt gerichtet und der Mensch im Gericht befreit wird. Das wahrhaft geschichtliche Verständnis vermag das historische Ereignis in seiner Relevanz zu verstehen, und es ist die Eigenart mythologischer Rede, dass sie die Bedeutsamkeit eines historischen Ereignisses ausdrücken will. Problematisch wird jedoch die Interpretation der Auferstehung, liegt hier für Bultmann doch kein Ereignis vor, dem Historizität zuzusprechen ist. Zusammen mit dem Kreuz bildet die Auferstehung eine Einheit «als ‹kosmisches Geschehen›», es handelt sich bei ihr nicht um ein lediglich «beglaubigendes Mirakel» (ebd., 58); denn sie ist selbst als eschatologisches Ereignis Glaubensgegenstand, und zwar «als der Glaube an das Kreuz als Heilsereignis». Genau an dieser Stelle bringt Bultmann erneut das Kerygma ins Spiel: Im Verkündigungswort begegnet Christus als Gekreuzigter und Auferstandener. «Eben der Glaube an dieses Wort ist in Wahrheit der Osterglaube» (ebd., 6). Keine historische Rückfrage nach dem Verkündigungsursprung vermag eine empirische Absicherung zu liefern.

Im Gegensatz zu Bultmanns Zurückweisung jeglicher historischer Rekonstruktionsbemühungen postulierten seine Schüler Ernst Käsemann, Ernst Fuchs, Günther Bornkamm und andere die Identität von historischem Jesus und nachösterlichem Christus im Glauben. Sie vertraten in jeweils spezifischer Ausprägung die These, dass sowohl kritische Maßstäbe zur Feststellung der alten Jesusüberlieferung als auch die Einsicht in Zusammenhang und Gegensatz zwischen Jesusüberlieferung und zeitgenössischem Judentum dazu dienen könnten, einen Bestand an Quellen zu erlangen, der ein wissenschaftliches Jesusbild darzustellen erlaube. In Aufnahme dieser Kritik ist die Notwendigkeit historischer Analyse zu betonen, gerade um den Rezeptionsvorgang ursprünglicher Jesusüberlieferung in die Verkündigung des Urchristentums herauszuarbeiten. Die sachliche Vorrangstellung des Ostereignisses und seiner Verkündigung muss dabei nicht notwendig aufgegeben werden, aber die Suche nach dem historischen Gehalt der Biographie Jesu ist und bleibt eine immerwährende Aufgabe.

22. Romano Guardini: Christentum und Humanismus

Der Münchener Theologe und Religionsphilosoph Romano Guardini gilt als herausragender Repräsentant eines «Kulturkatholizismus», dem es darum geht, existentielle Glaubenserfahrungen des Individuums, soziokulturelle Gebundenheit und die Ansprüche kirchlicher Gemeinschaft in lebendiger Einheit zu verknüpfen. Im Mittelpunkt von Guardinis weitgespanntem Lebenswerk steht das Ringen um eine «Christliche Weltanschauung» in den Krisen der Moderne. So gewann er Rang und Ruhm als Vorkämpfer der katholischen Jugendbewegung wie auch als Streiter für die Liturgiereform. Besondere Resonanz fand aber außerdem seine sprachmächtige Auslegung religiöser Motive in Kunst, Literatur und Philosophie, die das Profil seiner Werke prägt und ihn zu einem der meistgelesenen und prominentesten Theologen des 20. Jahrhunderts werden ließ.

In seinem «Schlußchor» lässt Botho Strauß 1991 im ersten Akt einen Fotografen auftreten, der kurz vor seinem Tod Einblicke in die ihm eigene, auf das Optische fixierte Weltwahrnehmung bietet: «Sein ist Gesehenwerden. Selbst Gott der Allmächtige konnte nicht darauf verzichten, sich zu offenbaren. Das ganze große Universum konnte nicht darauf verzichten, ein Wesen hervorzubringen, das es beobachtet. Und selbst Sie, werte Damen, Herren, verzehren sich nach dem einen Auge, das Sie überblickt, das Ihre wahre Gestalt ans Licht befördert! Erkannte wollen Sie sein!» Erwartungsräume göttlicher Offenbarung erschließen sich seit jeher in der Feier des Gottesdienstes oder der Heiligen Messe. Und so zählte im Jahr 2007 der Dramatiker Strauß, der mit dem «Schlußchor» einst *das* Theaterstück zur wiedererlangten Deutschen Einheit verfasst hatte, zu einigen wenigen sich «der Kultur» verpflichtet wissenden Unterstützern der von Papst Benedikt XVI. angekündigten Revitalisierung der alten Tridentinischen Messe von 1570. Es solle wieder möglich sein, forderte der Papst, die Messe in der vorkonziliaren, über Jahrhunderte bewährten lateinischen Form zu zelebrieren.

Rasch wurde Benedikt XVI. vorgehalten, er wolle einen Rückschritt hinter die als demokratiefreundlich eingestuften Maßnahmen des Zweiten Vatikanischen Konzils inszenieren, die auch die Liturgie erfassten, sie kommunikativer und verständlicher gestalteten. Befürworter seines Kurses sehen die weltumspannende Katholizität gestärkt oder haben den Eindruck, in ihren ästhetischen Bedürfnissen, die sie mit Religion verbinden, durch die lateinische Form angemessener aufgefangen zu werden. Schriftsteller wie Botho Strauß und Martin Mosebach erheben auf diese Weise ihren (neo-konservativen) Ästhetizismus zum theologischen Kriterium. Wie auch immer: Die lateinische Sprache und der mit ihr verbundene alte Ritus haben einen exklusiven Charakter, weil eine Sprachform verwandt wird, die weiten Teilen der Kirchenmitglieder fremd geworden ist.

Dieser Konflikt prägt teils offen, teils unterschwellig seit Jahrzehnten die innerkatholische Liturgiedebatte und -bewegung, die im 20. Jahrhundert gerade auch von Romano Guardini gestaltet wurde. 1918 veröffentlichte er sein Erstlingswerk: «Vom Geist der Liturgie», dessen Orientierungspunkt das Leben in den Gemeinden war. Durch die großen Umwälzungen und Herausforderungen der Moderne hatte sich auch in ihnen die alltägliche Lebensgestaltung nachhaltig verschoben. Nicht mehr die Vorgaben von Kloster, kirchlicher Hierarchie und Universitätstheologie sollten bestimmend sein, sondern die unmittelbaren Bedürfnisse der einzelnen Gläubigen vor Ort. «Die Liturgie ist Kunst gewordenes Leben», so Guardinis Credo (20. Aufl., 1997, 68). Die Kirche dürfe nicht als bloßes Zweckgebilde verstanden werden, sondern sei «auch in sich sinnvolles, Kunst werdendes Dasein. Das ist sie, wenn sie betet: in der Liturgie» (ebd., 70). Es drohe jedoch eine große Gefahr von der «ästhetischen Weltanschauung», «die schließlich in entnervter Schöngeisterei endet» (ebd., 72); hier werde unzulässig die Schönheit der Wahrheit vorgeordnet und somit die Lebensbedeutung verkannt. Die eigentliche Aufgabe der Liturgie, «grundlegende christliche Gesinnung zu schaffen» (ebd., 79), trete zurück. Guardini verschärft diesen Befund dadurch, dass er die klassischen Begriffe «Ethos» und «Logos» ins Spiel bringt, jener stehe für das tätige Wirken, den Willen des Menschen, dieser für die betrachtende Einstellung. In der Moderne habe das Ethos das Primat vor dem Logos gewonnen, dies sei eine Schwerpunktverlagerung von der Erkenntnis zum Willen. Unruhe und Ortlosigkeit seien die Folge, alles sei permanentem Wandel unterworfen. Der Katholizismus allerdings könne diesem Prozess entgegentreten, beinhalte er doch das «Primat des Logos über das Ethos». Die Liturgie feiere den Vorrang des Logos «vor dem Willenswesen. Daher ihre wunderbare Gelassenheit, ihre tiefe Ruhe.» Mit Pathos beschwört Guardini ihre Kraft: «Die Liturgie hat etwas an sich, was an die Sterne erinnert, an ihren ewig gleichen Gang, ihre unverrückbare Ordnung, ihr tiefes Schweigen, an die unendliche Weite, in der sie stehen» (ebd., 88). Mit seinem Loblied auf den «Geist der Liturgie» wurde Guardini langfristig zu einem der theologischen Taktgeber der großen Liturgiereformen des Zweiten Vatikanums, die ihren Ausdruck 1963 in der Konstitution *Sacrosanctum concilium* fanden.

Am 17. Februar 1885 wurde Romano Guardini als Sohn eines Geflügelgroßhändlers in Verona geboren. 1886 zog die Familie nach Mainz, wo Romano bis 1903 das humanistische Gymnasium besuchte. In Tübingen, München und Berlin studierte er anschließend die Fächer Chemie und Nationalökonomie, dann jedoch in Freiburg und wieder Tübingen katholische Theologie. Die Priesterweihe erfolgte 1910, und 1915 wurde Guardini in Freiburg mit einer Arbeit über «Die Lehre des heiligen Bonaventura über die Erlösung» promoviert. 1922 schlossen sich die Habilitation und eine Privatdozententätigkeit für «Systematische Theologie» in Bonn an. Parallel zu seiner wissenschaftlichen Arbeit wirkte er auch im priesterlich-seelsorgerischen Amt.

Spezifisch für den besonderen Blick Romano Guardinis auf die kirchliche Landschaft der Gegenwart, das Streben nach Reform sowie eine erneuerte Liturgie war sein Anknüpfen an die von ihm als sehr lebendig wahrgenommene Jugendbewegung. Eine herausragende Rolle spielte für Guardini die bündische «Quickborn»-Bewegung, deren zentrale Treffen im Main-Fränkischen, auf der 30 Kilometer nordwestlich von Würzburg liegenden Burg Rothenfels, stattfanden. Ab 1920 wurde dieser Ort für ihn zum zentralen Orientierungspunkt und die mit deutlichen Anklängen an die neue Sachlichkeit des «Bauhaus» umgestaltete Burgkapelle zum liturgischen Experimentierfeld. Von 1927 bis 1934 war Guardini «Quickborn»-Bundesleiter und zugleich bis 1939 Burgleiter; dann übernahmen die Nationalsozialisten die Anlage. Ebenfalls 1939 wurde der Lehrstuhl für «Religionsphilosophie und Katholische Weltanschauung», den Guardini seit 1923 in Berlin innehatte, aufgelöst. Über fünfzehn Jahre hinweg hatte der Theologe und Religionsphilosoph von der Metropole aus die religiöse und kirchliche Landschaft mitbeeinflusst. Im Kern ging es ihm darum, moderne Kultur und Christentum zu verbinden, ohne allerdings einen der beiden Teile zu Gunsten des anderen seiner Selbständigkeit zu berauben. Der parteilose Staatssekretär und spätere Kultusminister Carl Heinrich Becker, der mit ausgeprägtem Gespür für neue, zeitgemäße Strömungen und Persönlichkeiten den Bildungssektor formen wollte, hatte den Berliner Lehrstuhl für Guardini eingerichtet. An Universitäten, die nur über eine katholische oder eine evangelische Fakultät verfügten, sollten «Weltanschauungsprofessuren» der jeweils anderen, nicht vertretenen einen gewissen Ausgleich verschaffen.

Kant hatte den Begriff «Weltanschauung» in seiner «Kritik der Urteilskraft» in den philosophischen Sprachgebrauch eingeführt, worauf er zügig eine immense Konjunktur entfaltete, ob bei Fichte, Schelling oder Schleiermacher. Die begriffsgeschichtlich entscheidende Zäsur setzte freilich 1919 Wilhelm Dilthey mit seiner «Weltanschauungslehre»: Die plurale Verfasstheit der Wahrheit sei im relativen geschichtlichen Bewusstsein und seiner Entwicklung begründet. Damit wollte sich der Theologe Guardini nicht zufriedengeben. 1925 veröffentlichte er seine wichtige Schrift «Der Gegensatz. Versuche zu einer Philosophie des Lebendig-Konkreten», in der es ihm darum ging, ein dialogisch strukturiertes Einheitsmodell des Lebens zu entwerfen. «Leben kann lebendig nur bleiben, wenn es maßvoll und bewegt bleibt; ein steter, auf bleibendes Gleichgewicht, auf dauernde Gegenwart verzichtender Vorübergang» (4. Aufl., 1998, 181). Von Jesus Christus her gelte es, so die über die philosophische Betrachtung der Gegensatzspekulationen hinausgehende Perspektive, die Phänomene der Welt qualitativ zu deuten und synthetisch-vermittelnd zu interpretieren. Es war der Entwurf einer Weltanschauung, die sich für den Erscheinungsreichtum des menschlichen Geistes offen zeigte, dennoch aber von der Mitte des Glaubens aus entfaltet wurde. In einer ganzen Reihe von Texten über große Gestalten wie Dostojewski, Augustinus, Kierkegaard, Pascal, Dante, Hölderlin, Rilke oder Sokrates erprobte Guardini diesen Ansatz eines Jahrhunderte übergreifenden Gesprächs, das letztlich aus der Bildungsperspektive dem Ziel diente, die eigene Individualität in ihrer existentiellen Tiefe selbsttätig zu formen. Als Guardini 1939 zwangsemeritiert wurde, hatte er die ganze Ambivalenz des von ihm so nachdrücklich protegierten Weltanschauungsbegriffs vor Augen; denn es war auch der Anspruch nationalsozialistischer Ideologie, eine Weltanschauung zu verkörpern, allerdings mit der ganzen Macht antipluraler, dezisionistischer Setzung, die eine universale Sicht exklusiv behauptete und zum normativ unterscheidenden Kriterium erklärte.

In unzähligen Schriften schärfte Guardini sein Profil, oftmals auch in Form einer mehr oder weniger subtil ausgeprägten Destruktion nationalsozialistischer Herrschafts- und Deutungsansprüche, darunter: 1929 «Das Gute, das Gewissen und die Sammlung», 1935 gesammelte Studien unter dem Titel «Unterscheidung des Christlichen» (fortgeführt in 2. Aufl., 1963), 1937 «Der Herr. Betrachtungen über die Person und das Leben Jesu Christi», 1938 «Das Wesen des Christentums», 1939 «Welt und Person. Versuche zur christlichen Lehre vom Menschen», 1940 «Die Offenbarung. Ihr Wesen und ihre Formen» und 1945 «Der Heilbringer in Mythos, Offenbarung und Politik», 1958 «Religion und Offenbarung». Guardini schritt die verschlungenen Wege zwischen Theologie, Philosophie und Literatur ab und verankerte sie in einem christlichen Humanismus. Dieses Konzept erwies sich dann nach dem Zweiten Weltkrieg in den Bemühungen, eine neue geistig-moralische Basis zu finden, in seiner Zielgruppe als anschlussfähig. Auch jetzt fand Guardini eine breite, noch wachsende Leserschaft, da er zentrale theologisch-philosophische Aussagen so auszudrücken vermochte, dass sie für ein gebildetes Publikum, durchaus auch evangelischer Provenienz, verständlich waren, ohne zu sehr ins Triviale abzurutschen.

Nachdem er sein Universitätsamt hatte aufgeben müssen, hielt sich Guardini noch einige Jahre in Berlin auf und zog sich dann von 1943 bis 1945 ins Allgäu nach Mooshausen zurück, wo ihn ein Freund, der Pfarrer und Liturgiker Josef Weiger, aufnahm (vgl. Gerl-Falkovitz, 63–66; 234 f.). Nach Kriegsende bekam Guardini einen Ruf nach Tübingen auf einen Lehrstuhl für

«Religionsphilosophie und christliche Weltanschauung». Für eben dieses Gebiet wurde er 1948 nach München berufen, wo er bis 1962 lehrte. Ihm folgten Karl Rahner, Eugen Biser und Hans Maier. Die Zeit in München war für Guardini eine Art «zweite Karriere», entfaltete der inzwischen über 60-Jährige doch eine sensationelle Anziehungskraft. Regelmäßig zog er mit seinen legendären Vorlesungen im *Auditorium Maximum* der Ludwig-Maximilians-Universität und Predigten an der Ludwigskirche, die Kunstwerkcharakter annahmen, Hunderte in seinen Bann. 1952 wurde er zum Päpstlichen Hausprälaten ernannt und ihm wurde der Friedenspreis des Deutschen Buchhandels verliehen. Der Orden «Pour le Mérite» nahm ihn 1958 in seine Friedensklasse auf. Am 1. Oktober 1968 starb Romano Guardini nach langjährigem schmerzhaften Nervenleiden in München.

In das kulturtheologische Gedächtnis von Generationen hat sich Guardini insbesondere mit einer eher kleinen Veröffentlichung eingeschrieben: dem 1950 publizierten manifestartigen Orientierungsversuch «Das Ende der Neuzeit» (zuletzt in 11. Aufl., 2006). Hierin äußerte der Weltanschauungstheoretiker massive Zweifel an den Selbstabschottungstendenzen neuzeitlicher Individualität sowie am autonomiefixierten Persönlichkeitskult und übte sich zugleich weiterhin als konservativer Ideologiekritiker. Die alles umfassende Technisierung des Lebens betrachtete Guardini mit großer Distanz und eindringlich wandte er sich gegen Dominanz und Schattenseiten kapitalistischen Konsumterrors. Nur wenn es gelänge, eine christlich fundierte neue Ethik zu entwickeln, könne die Gesellschaft der Zerstörung entgehen.

23. Karl Barth: Theologische Existenz heute

In den gegenwärtigen theologiegeschichtlichen Debatten geraten verstärkt die Weimarer Republik und die 1930/40er Jahre ins Blickfeld, wobei heftige Auseinandersetzungen über die Haltung führender Theologen zum Nationalsozialismus geführt werden und die bisherigen Deutungsschemata unter starkem Revisionsdruck stehen: Die archivgestützte, von Pietätsrücksichten der unmittelbaren Schülergeneration nunmehr freie Beschäftigung mit Werk und Biographie fördert häufig Ergebnisse zutage, die Einstellung und Positionierung der Protagonisten ambivalenter erscheinen lassen als bisher vielfach angenommen. Dies gilt etwa für die deutliche Sympathie, die Paul Tillich dem linken Flügel der NSDAP entgegenbrachte, oder die Parlamentarismuskritik Karl Barths. Aber auch die Strategien der «Bekennenden Kirche» (BK) und die durch diese mitbewirkte Tendenz zur Barth-Orthodoxie nach dem Zweiten Weltkrieg werden deutlicher hinterfragt als bisher. Dem entspricht zugleich das Bestreben, durch die NS-Zeit korrumpierte Theologen wie Emanuel Hirsch aus ihrer selbstverschuldeten Isolation zu befreien und ihr Werk für die gegenwärtigen Debatten neu zu öffnen.

Der Göttinger Theologe Emanuel Hirsch hatte versucht, Schöpfungsordnung, Volk, Staat und Gesetz miteinander zu verbinden, um den sich ausbildenden Nationalsozialismus ideologisch zu untermauern. In ähnlicher Richtung argumentierten der Hamburger Publizist Wilhelm Stapel, Friedrich Gogarten, Breslau, oder die Erlanger Theologen Paul Althaus und Werner Elert. Bei den «Deutschen Christen» (DC), die sich 1932 zusammengeschlossen hatten, um die protestantisch-kirchliche Landschaft mit dem Geist des Nationalsozialismus zu erfüllen, fanden ihre Überlegungen kräftige Resonanz. Auf diese Weise wurde der «Kirchenkampf» ausgelöst, da sich ab 1934 mit der theologisch maßgeblich von Karl Barth dominierten «Bekennenden Kirche» massiv Gegenkräfte zu Wort meldeten. Als wichtiges Sprachrohr diente der BK die im Sommer 1933 von Barth und dem Praktischen Theologen Eduard Thurneysen gegründete Schriftenreihe «Theologische Existenz heute». Zur entscheidenden Wegmarke theologisch-kirchlicher Opposition gegen die nationalsozialistische Ideologiebildung und ihre Trägerschichten wurde die «Theologische Erklärung zur gegenwärtigen Lage in der Deutschen Evangelischen Kirche». Das vornehmlich von Karl Barth verantwortete «Barmer Bekenntnis» wurde auf der ersten Bekenntnissynode in Wuppertal-Barmen (29.–31. Mai 1934) verabschiedet. In sechs griffigen Thesen wird unter Bezug auf das Neue Testament Jesus Christus als alleiniger Herr behauptet. «Wir verwerfen die falsche Lehre, als könne und müsse die Kirche als Quelle ihrer Verkündigung außer und neben diesem einen Worte Gottes auch noch andere Ereignisse und Mächte, Gestalten und Wahrheiten als Gottes Offenbarung anerkennen.» Dies waren klare Aussagen gegen die Gleichschaltungsbestrebungen des sich etablierenden Führerstaates.

Im Hintergrund des theologischen Unterfangens, dem NS-Regime eine christlich-kirchliche Weihe zu verleihen, erkannte Barth die Gedankengänge der «natürlichen Theologie». In ihr wird behauptet, dass es möglich sei, ohne Offenbarung das Dasein und auch die Wesenszüge Gottes allein mit Hilfe der «natürlichen» Kraft der Vernunft aus Gegebenheiten der Natur zu erkennen. Die natürliche Theologie basiert auf der Annahme einer sogenannten Seinsanalogie, der *analogia entis*, der zufolge der Mensch aus seinem Sein, seiner Vernunftbegabung heraus Rückschlüsse auf das Sein Gottes ziehen könne. Im Rückgriff auf Scholastik und Neuscholastik erfuhr die natürliche Theologie im Rahmen des Ersten Vatikanischen Konzils (1869–1870) eine Dogmatisierung, die zu entschiedenem Widerspruch protestantischer Theologie führte. Ihren Höhepunkt fand die Abgrenzung von der natürlichen Theologie dann innerhalb der dialektischen Theologie Karl Barths: Gott sei *nur* in seiner biblisch bezeugten Offenbarung in Christus erkennbar, innerweltlich schlechthin nicht nachweisbar. Dies stellte Barth 1934 in der Reihe «Theologische Existenz heute» auch gegenüber seinem Zürcher Weggefährten Emil Brunner heraus, als er dessen Rede von Schöpfungsordnungen, natürlicher Theologie und *analogia entis* aggressiv mit dem klaren Signal «Nein!» konterte.

Bereits kurz nach dem Ersten Weltkrieg hatte Karl Barth die theologische Landschaft mit seinen Ideen konfrontiert. Vom 22. bis 25. September 1919 fand im Thüringischen Ort Tambach eine religiös-soziale Konferenz statt. Die Tagung ist – insbesondere aufgrund von Barths Vortrag «Der Christ in der Gesellschaft» – fast zu einem Mythos geworden, der, so die lange Zeit dominierende Lesart der Traditionskonstrukteure, für den epochalen Aufbruch der «dialektischen Theologie», «Krisentheologie», «theologischen Revolution» Barthscher Prägung stehen könne. Anders gesagt: Tambach wurde zum protestantischen Erinnerungsort erhoben. Die Konferenz steht paradigmatisch für die Netzwerke der Ideenkommunikation und die ideologischen Verflechtungen der 1920er Jahre. Schonungslos wurde die Vorkriegstheologie von der neuen Generation revolutionär gestimmter Theologen attackiert. Wie könnten sich die dramatischen sozialen Konflikte der Nachkriegszeit mit christlichen Orientierungsmustern lösen lassen, lautete die zentrale Frage. Karl Barth ließ keinen Zweifel daran, dass nur die radikale Opposition gegen jede Politisierung des Christentums erfolgversprechend sein könne.

Das Erlebnis der Weltkriegs- und Revolutionswirren, ein stimulierendes Ineinanderströmen theologischer und politischer

Visionsenergien bestimmen Karl Barths Schriften zur Zeit der Weimarer Republik. Mit einem Paukenschlag betrat Barth 1919 die theologische Bühne, als er seinen expressionistische Züge tragenden Kommentar zum «Römerbrief» veröffentlichte, in dem es ihm darum ging, «durch das Historische hindurch zu sehen in den Geist der Bibel, der der ewige Geist ist» (1. Aufl., Vorwort, V). Die weitaus wirkmächtigere überarbeitete zweite Auflage erschien 1922. Barths Auseinandersetzung mit Paulus ist die eigentliche Geburtsstunde der «dialektischen Theologie», der «Theologie des Wortes Gottes», die starke Ordnungsstrukturen an Stelle historistischer Relativierungstendenzen propagierte. Das Werk brachte seinem Autor, der weder über Promotion noch Habilitation verfügte, 1921 eine Honorarprofessur für reformierte Theologie in Göttingen ein.

Bereits 1913 hatte Karl Barth die Violinistin Nelly Hofmann geheiratet. 1925 beginnt er zudem ein außereheliches Verhältnis mit Charlotte von Kirschbaum (1899–1975). Die Beziehung nahm symbiotische Züge an; die ehemalige Rotkreuzschwester, die sich zur Sekretärin ausbilden ließ und in das Fach Theologie vertiefte, unterstützte Barth bei seinen literarischen Arbeiten erheblich und zog 1929 sogar bei der Familie Barth ein. Von den fünf Kindern und Nelly Barth musste die neue Konstellation, die über Jahrzehnte anhalten sollte, akzeptiert werden.

Ab 1925 hatte Karl Barth einen Lehrstuhl für Systematische Theologie in Münster inne, wo ihm 1922 schon der Ehrendoktor der Theologie verliehen worden war. 1930 wechselte Barth nach Bonn. Als er im Jahre 1934 nicht dazu bereit war, den Eid auf Adolf Hitler abzulegen, wurde er seines Amtes enthoben. Ohne Verzögerungen erhielt er allerdings einen Ruf nach Basel, wo sein vier Jahre jüngerer Bruder Heinrich (1890–1965) bereits seit 1928 als Professor für Philosophie wirkte. In Basel war Karl Barth am 10. Mai 1886 als Sohn des evangelisch-reformierten, späteren Berner Theologieprofessors (Neues Testament und

Kirchengeschichte) Fritz Barth (1856–1912) geboren worden. Nach der Gymnasialzeit in Bern folgte dort, in Berlin, Tübingen und Marburg das Theologiestudium, an das sich nach einer Hilfspredigertätigkeit in Genf ab 1911 eine Stelle als Pfarrer in Safenwil (Kanton Aargau) anschloss. Seine wichtigsten theologischen Lehrer waren Adolf von Harnack, Wilhelm Herrmann und Martin Rade, der ihn in Marburg für einige Monate als Hilfsredakteur seiner für den liberalen Protestantismus konstitutiven Zeitschrift «Die Christliche Welt» engagierte.

Durch seinen engen Freund Eduard Thurneysen kam Barth, seit 1915 Mitglied der Sozialdemokratischen Partei, in Kontakt mit der religiös-sozialen Bewegung in ihrer spezifischen Schweizer Form, die sich um Hermann Kutter und Leonhard Raggaz scharte. Tief prägten ihn überdies Begegnungen mit Christoph Blumhardt, dessen diesseitsorientierte Reich-Gottes-Theologie den Sozialismus in seiner religiösen Form nachdrücklich motivierte. Barth erkannte vor allem die Notwendigkeit, die Wortverkündigung in der Predigt so zuzuschneiden, dass die göttliche Offenbarungsbotschaft auch tatsächlich die momentane Bedürfnislage der Gläubigen traf. Ein wesentlicher Teil der späteren schulbildenden Wirkung, die Karl Barth ausübte und ihn für Generationen von Pfarrern zum bestimmenden Theologen werden ließ, liegt in diesem Ansatz unmittelbarer Zusage der befreienden Kraft der Evangeliumsbotschaft begründet, die er – anders als Martin Luther – dem Gesetz voranstellte.

Barth war bemüht, durch die Konzentration auf das Ereignis der Offenbarung das, was Kierkegaard den «Schwindel der Freiheit», die «Krankheit zum Tode» genannt hatte, in seiner das Subjekt verunsichernden Wirkung aufzufangen. Großes Gewicht legte er auf die «unbegreifliche Gnade» Gottes, mit der dieser sich seines Geschöpfes so annimmt, «daß in der Mitmenschlichkeit des Menschen Jesus die freie Wahl des göttlichen Willens gerade als Menschenfreundlichkeit wirksam und sichtbar wird» (KD III/1, 267). Klassisch ist die Formulierung aus dem «Römerbrief»: «Jesus als der Christus ist die uns unbekannte Ebene, die die uns bekannte senkrecht von oben durchschneidet» (2. Aufl., 6). Über der ganzen Schöpfung sieht Barth das «Ja» Gottes: Sein Werk «besteht im Besonderen in der Wohltat, daß, was er geschaffen hat, in den Grenzen seiner Geschöpflichkeit als durch ihn verwirklicht sein und als von ihm gerechtfertigt gut sein darf» (ebd., 377). Eine zentrale Stellung kommt für ihn der Nächstenliebe zu. So fixiere sich im Aufruf zur Nächstenliebe in Römer 13,11 im aktuellen Gegenwartsmoment ein «‹Augenblick› zwischen den Zeiten». Dies sei «der ewige Augenblick, das Jetzt, in welchem Vergangenheit und Zukunft stillstehen, jene in ihrem Gehen, diese in ihrem Kommen» (ebd., 481). «Zwischen den Zeiten» war der Titel des von Georg Merz ab 1923 herausgegebenen Zentralorgans der «dialektischen Theologie», zu dessen führenden Akteuren neben Barth, Rudolf Bultmann und Eduard Thurneysen auch Friedrich Gogarten gehörte, der bereits im Juni 1920 in der «Christlichen Welt» einen «Zwischen den Zeiten» überschriebenen Programmaufsatz veröffentlicht hatte: «Das ist das Schicksal unserer Generation», setzte Gogarten ein, «daß wir zwischen den Zeiten stehen. Wir gehörten nie zu der Zeit, die heute zu Ende geht. Ob wir je zu der Zeit gehören werden, die kommen wird? ... So stehen wir mitten dazwischen. In einem leeren Raum.» Doch die Absetzbewegungen von der eigenen theologischen Lehrergeneration und die schonungslose Aufdeckung der verlorenen Zeit habe auch etwas Produktives, denn: «Der Raum wurde frei für das Fragen nach Gott. Endlich. Die Zeiten fielen auseinander und nun steht die Zeit still.» Der Mensch habe sich voll und ganz auf die Aktivität Gottes zu besinnen und eigenen Aktionismus abzulegen.

Mit dem Ende des Weimarer Demokratieexperiments war auch der von den dialektischen Theologen um Barth so plastisch beschworene Schwebezustand nicht mehr aufrechtzuerhalten. Von der Schweiz aus ergriff Barth gegen das nationalsozialistische Regime das Wort. In der unmittelbaren Nachkriegszeit wurde er von vielen vorbehaltlos als Ikone antinazistischen Widerstandsgeistes gefeiert, aber durchaus nicht überall begegnete ihm der gleiche affirmative Eifer. So stellte sich etwa der Tübinger Systematische Theologe Helmut Thielicke in den scharfen Kontroversen um das «Stuttgarter Schuldbekenntnis» des Rates der Evangelischen Kirche in Deutschland vom Oktober 1945 gegen den Schweizer Ankläger. Barth war zu Vorträgen nach Tübingen und Stuttgart gereist und hatte mit deutlichen Schuldzuweisungen – so auch in seiner Broschüre «Ein Wort an die Deutschen» von 1946 – heftige, hochemotional geführte Debatten ausgelöst. Thielicke weigerte sich, die politischen Implikationen zu thematisieren, und verortete die Schulddebatte exklusiv theologisch. Er verbat sich Barths «Vergeltungspathos». Intensiv beteiligte sich Barth aber weiterhin an der Diskussion über die Zukunft und Ausgestaltung des geteilten Nachkriegsdeutschlands. Berühmt wurde sein «Brief an einen Pfarrer in der Deutschen Demokratischen Republik» von 1958. Den Vorwurf, er verhalte sich gegenüber dem Kommunismus in seinen unterschiedlichen Spielarten zu indifferent, wollte er nicht gelten lassen.

Ab 1932 erschien das unvollendet gebliebene monumentale Hauptwerk Karl Barths, die «Kirchliche Dogmatik», mit der er sich auch aus dem engeren dialektisch-theologischen Umfeld der Weimarer Republik herausschrieb und neue, eigenständige Wege beschritt. Das trinitätstheologisch zu entfaltende Handeln Gottes in den drei Dimensionen Schöpfung, Versöhnung und Erlösung wird hier umfassend dargelegt, wobei Barth die Theologie als eine «Funktion der Kirche» (KD I/1, 1) versteht. In Gestalt von Offenbarung, Schrift und Predigt begegnet dem Menschen das Wort Gottes, die göttliche Wahrheit. In der

Christologie, der Lehre von Jesus Christus als dem einen Wort Gottes, laufen alle Stränge zusammen, und in der Erwählungslehre, der Bestimmung aller Menschen zum Heil, erkennt er die «Summe des Evangeliums, weil dies das Beste ist, was je gesagt und gehört werden kann: daß Gott den Menschen wählt und also auch für ihn der in Freiheit Liebende ist» (KD II/2, 1). Die Versöhnungslehre, «Mitte aller christlichen Erkenntnis» (KD IV/1, 7), bleibt bei aller Monumentalität sachlich unvollendet. Eine selbständige Ethik hat Barth verneint und nur als Teil der Dogmatik gelten lassen.

1947 publizierte er «Die protestantische Theologie im 19. Jahrhundert». In diesem auf Vorlesungen von 1932/33 zurückgehenden Band zeigte er erneut die zentralen Probleme der in liberaler Theologie und Kulturprotestantismus mündenden Entwürfe auf, in denen nicht Gott, sondern der fromme Einzelne, der auf sich selbst fixierte Bürger im Mittelpunkt stand. Aus der Fülle weiterer Veröffentlichungen ragt Barths «Einführung in die evangelische Theologie» von 1962 heraus. Auch diese Propädeutik läuft auf das entscheidende Leitmotiv der Barthschen Theologie zu, geht es hier doch um die eine, vollkommene Liebe, die im Bund zwischen Gott und Mensch in Jesus Christus gründet. 1962 wurde Barth emeritiert und am 10. Dezember 1968 verstarb er in Basel. Der neben Rudolf Bultmann wohl herausragendste Theologe des 20. Jahrhunderts hat kein geschlossenes System vorlegen wollen. In Eberhard Jüngel hat er seinen wichtigsten, seine Gedanken konstruktiv weiterführenden Schüler, aber auch der «Linksprotestantismus» – gerade der 1960er und 1970er Jahre – mit Repräsentanten wie Helmut Gollwitzer oder Jürgen Moltmann knüpft an ihn an. Barths Werk ist geprägt von vielerlei Spannungen, permanenten Neuansätzen und dem konsequenten Umkreisen der einen göttlichen Wahrheit. Auf der Einsicht, dass zwischen Gott und Mensch ein «unendlicher qualitativer Unterschied» (S. Kierkegaard) besteht, hat Barth beharrt. Gott ist und bleibt der absolute Souverän. Sein offenbarendes Wort trifft den Menschen unmittelbar und konfrontiert ihn mit der göttlichen Wahrheit. Aus dieser Perspektive bleibt Barths strikte Zurückweisung aller religiös motivierten Bestrebungen des Menschen, von sich aus die Sphären des Transzendenten, Jenseitigen, Göttlichen zu erfassen, konsequent umstritten: Ob «Gottes Offenbarung als Aufhebung der Religion» (KD I/2, § 17) verstanden werden kann, ob Religion tatsächlich «Unglaube» ist – dies sind Betrachtungsweisen, die den interreligiösen Dialog, die «Theologie der Religionen» bis heute maßgeblich bestimmen.

24. **Paul Tillich:** Der Mut zum Sein

Im November 1933 emigrierte Paul Tillich in die USA, wo er zu einem der zentralen Theologen und Religionsphilosophen des 20. Jahrhunderts avancierte und langfristig eine breite öffentliche Resonanz erfuhr, die weit über engere Fachkontexte hinausreichte und ihn am 16. März 1959 sogar auf das Titelblatt des «Time Magazine» brachte. Neben Thomas Mann und Albert Einstein war Tillich einer der einflussreichsten und bekanntesten deutschsprachigen Exil-Intellektuellen.

Am 20. August 1886 wurde Paul Johannes Oskar Tillich in Starzeddel bei Guben geboren. Sein Vater Johannes Tillich war dort als Pastor tätig und wechselte 1891 als Superintendent nach Schönfließ in der Neumark. Paul Tillich ging ab 1898 auf das Gymnasium im benachbarten Königsberg, dann von 1900 bis 1904 auf das Königliche Friedrich-Wilhelms-Gymnasium in Berlin, wo er im Wintersemester 1904/05 auch sein Studium begann. Schon im darauffolgenden Sommer zog es ihn nach Tübingen, und im Winter wiederum nach Halle. Hier engagierte sich Tillich in der christlichen Studentenverbindung «Wingolf» und fand in den positiven Theologen Wilhelm Lütgert und Martin Kähler seine wichtigsten Lehrer. Der Philosoph Fritz Medicus brachte ihm den Deutschen Idealismus nahe. Thomas Mann, der sich für seine Arbeit am «Doktor Faustus» Informationen über das Theologiestudium zu Jahrhundertbeginn erbeten hatte, schilderte er dies sehr plastisch. Die Zugehörigkeit zum Wingolf erhält dabei eine wichtigste Stellung. «Was ich theologisch, philosophisch und menschlich geworden bin», so kommentiert er, «verdanke ich nur zum Teil den Professoren, in überragendem Maße dagegen der Verbindung, wo die theologischen und philosophischen Debatten nach Mitternacht und die persönlichen Gespräche vor Sonnenaufgang für das ganze Leben entscheidend blieben» (GW XIII, 22–27, hier 26).

Ab Winter 1907 studierte Tillich wieder in Berlin, wo er im Frühjahr 1909 sein erstes theologisches Examen ablegte, und am 22. August 1910 wurde er in Breslau mit einer Arbeit über «Die religionsgeschichtliche Konstruktion in Schellings positiver Philosophie, ihre Voraussetzungen und Prinzipien» zum Doktor der Philosophie promoviert. In Halle schloss sich am 22. April 1912 an der Theologischen Fakultät die Promotion zum Licentiaten der Theologie an, nachdem er eine Dissertation über «Mystik und Schuldbewußtsein in Schellings philosophischer Entwicklung» vorgelegt hatte. Nach dem zweiten theologischen Examen wurde er am 18. August 1912 zum Pastor der Evangelischen Kirche der Altpreußischen Union ordiniert und wirkte bis 1914 als Hilfsprediger in Berlin-Moabit. Am 28. September 1914 heiratete er Margarethe Wever. Nach der Scheidung 1921 ging Tillich 1924 eine zweite Ehe mit Hannah Werner Gottschow ein.

Noch während des Krieges habilitierte er sich in Halle mit einer Schrift über den «Begriff des Übernatürlichen, sein dialektischer Charakter und das Prinzip der Identität, dargestellt an der supranaturalistischen Theologie vor Schleiermacher».

Um das Habilitationsverfahren absolvieren zu können, hatte Tillich, der von Oktober 1914 bis August 1918 als Feldprediger an der Westfront diente, einen kurzen Urlaub erhalten. Trotz seiner Teilnahme an den endlosen, verlustreichen Kämpfen um Verdun beschwor er zu diesem Zeitpunkt noch begeistert Kraft und Notwendigkeit des Krieges sowie den Überlegenheitsanspruch des Kaiserreichs. Erst allmählich stellte sich bei ihm Ernüchterung ein, die ihre Zuspitzung in Nervenzusammenbrüchen fand, von denen er sich nur langsam erholte. Im Februar 1919 erfolgte seine Umhabilitation nach Berlin, da er dort vom Konsistorium zum Stadtvikar ernannt worden war. Ebenfalls 1919 begründete der Privatdozent Tillich mit gleichgesinnten Freunden wie Günther Dehn, Carl Mennicke, Alexander Rüstow und Adolf Löwe den sogenannten «Kairos-Kreis» und erprobte hier die Tragfähigkeit seines religionsphilosophischen, religiös-sozialistischen und kulturtheologischen Programms. Trotz ausgeprägt antibürgerlichem Gestus und sozialrevolutionärem Impetus blieb der politische Einfluss dieser Gruppe, die aufgrund unvereinbarer Theoriekonzepte keinen nachhaltigen Bestand hatte, marginal. Es gelang ihr nicht, den Anspruch einer kairoshaften Übereinstimmung von gegenwärtiger politisch-sozialer Lage und Reich-Gottes-Vorstellung in breitere, revolutionär zu begeisternde Schichten zu tragen.

Zum Sommer 1924 folgte Tillich dem Ruf auf eine außerordentliche Professur nach Marburg, wechselte jedoch, deutlich irritiert von der kleinstädtischen Enge und Borniertheit der hessischen Provinz, bereits im folgenden Jahr auf eine ordentliche Professur für Religionswissenschaften und Sozialphilosophie an der Technischen Hochschule in Dresden. Von 1927 bis 1929 lehrte er zugleich an der Leipziger Universität als Honorarprofessor für Systematische Theologie. In Dresden setzte er seinen bohèmehaften Berliner Lebensstil fort, vertiefte sich in die

Sphären von Architektur, Tanz, Design, expressionistischer Dichtung und Malerei.

Im Frühjahr 1929 nahm Tillich mit Unterstützung des parteilosen preußischen Kultusministers Carl Heinrich Becker, der ihm bereits zu seiner Professur in Marburg verholfen hatte, einen Ruf nach Frankfurt am Main als Nachfolger von Hans Cornelius auf den Lehrstuhl für Philosophie und Soziologie an. Acht Semester lehrte er, seit 1929 SPD-Mitglied, mit stetig wachsendem Erfolg in Frankfurt, bis er am 13. April 1933 vom Reichskommissar Bernhard Rust als Professor beurlaubt wurde. Seine Schrift «Die sozialistische Entscheidung», die kurz nach ihrer Veröffentlichung im Januar 1933 bereits verboten worden war, gehörte zu den am 10. Mai 1933 von den Nationalsozialisten verbrannten Büchern. Darin bot Tillich die programmatisch zugespitzte Zusammenfassung der Positionen des Religiösen Sozialismus. Geschrieben zu einem Zeitpunkt, an dem noch nicht ‹entschieden› war, wem das Erbe der in Agonie versinkenden Republik einmal zufallen würde, ist diese Arbeit das Dokument eines letzten nachdrücklichen Zukunftsentwurfs aus dem Geist religiös motivierter politischer Tatbereitschaft.

In Deutschland gestaltete sich Tillichs Situation zunehmend bedrohlich. Dennoch hoffte er noch längere Zeit, von den Nationalsozialisten auf seinen Frankfurter Lehrstuhl zurückgeholt zu werden oder wieder nach Berlin an die Theologische Fakultät wechseln zu können. Es fiel ihm sehr schwer, sich aus dem intellektuell und gesellschaftlich hochambitionierten Frankfurter Umfeld zu lösen, das ihm mit stetig zunehmender Akzeptanz begegnete. Zudem war er zunächst nicht bereit, einen Anspruch auf Mitgestaltung und Ausformung der «deutschen Revolution» als illusionär preiszugeben, zu eng waren seine Übereinstimmungen mit dem linken Flügel der nationalsozialistischen Bewegung. Viele Freunde insbesondere aus dem Umkreis des «Frankfurter Instituts für Sozialforschung», wie Max

Horkheimer, aber auch Theodor W. Adorno, drängten Tillich allerdings, Deutschland möglichst schnell zu verlassen.

Schließlich akzeptierte er – mit Urlaubsbewilligung des Berliner Ministeriums – das Angebot, für zunächst ein Jahr an der Columbia University und am Union Theological Seminary in New York zu lehren. Am 3. November 1933 traf er mit Frau und Tochter in New York ein. Doch schon im Januar 1934 erreichte ihn die Mitteilung seiner auf den 20. Dezember 1933 datierten offiziellen Entlassung aus dem Staatsdienst. Vergeblich legte Tillich Widerspruch ein. Das Unvermögen, die Entlassung zu revidieren, die Verlängerung der Tätigkeit in New York, die Gleichschaltung und Eliminierung innenpolitischer Konkurrenzkräfte in Deutschland im Kontext des «Röhm-Putsches» und schließlich der Tod Hindenburgs – diese bedrohlichen Realitätssignale beendeten in ihrer kumulativen Wirkung die Phase der lange gehegten Rückkehrhoffnung und führten ihn zu einem noch entschiedener ablehnenden Urteil über den Nationalsozialismus. Als Schlüsseltext seiner Auseinandersetzung mit den theologischen Trägerschichten des Dritten Reiches ist sein Offener Brief «Die Theologie des Kairos und die gegenwärtige geistige Lage» aus dem Jahr 1934 zu lesen. Darin wandte sich Tillich gegen die Identifizierung von göttlichem Willen und Machtergreifung als «Stunde des deutschen Volkes», wie sie sein enger Freund Emanuel Hirsch publizistisch feierte und damit die «Kairos»-Lehre fatal instrumentalisierte.

Nachdem sich herausgestellt hatte, dass an eine Rückkehr nach Deutschland nicht mehr zu denken war, ergab sich für Tillich die Notwendigkeit einer neuen Integration in einen zunächst fremden philosophisch-theologischen Kontext. Er konnte sich dabei nicht auf die rein wissenschaftliche Arbeit beschränken. Als eine der führenden Persönlichkeiten innerhalb des amerikanischen Exils war er zwingend eingebunden in den Kampf gegen den Nationalsozialismus, in die Unterstützung anderer Emigranten und in die theoretische Standortbestimmung der deutschen Emigration in Amerika. Politische Äußerung und theologische Reflexion waren somit notwendig verknüpft und gewannen Gestalt in Form einer politischen Theologie, in der es Tillich darum ging, sein religiös-sozialistisches Programm der Weimarer Zeit modifiziert in die gesellschaftliche Lage einzutragen. Tillich half im November 1936 die «Self-Help for Emigrees» in New York zu gründen und wurde zu deren erstem Vorsitzenden gewählt. 1944 übernahm er auch den von Thomas Mann zuvor ausgeschlagenen Vorsitz des «Council for a Democratic Germany», dessen programmatische Vorstellungen zu einer Umgestaltung des von den Alliierten besiegten Deutschland er bei den politisch einflussreichen Eliten der Vereinigten Staaten jedoch nicht durchsetzten konnte.

Nachdem er von 1933 bis 1937 zunächst nur Gastprofessor, bis 1940 außerordentlicher Professor gewesen war, wurde Tillich, der am 4. März 1940 auch die amerikanische Staatsbürgerschaft angenommen hatte, schließlich als Professor für philosophische Theologie an das Union Theological Seminary berufen. 1955 folgte er einem Ruf als University Professor nach Harvard, von wo aus er nach seiner Pensionierung 1962 als «Nuveen Professor» an die Theologische Fakultät der Universität Chicago ging. Nicht nur in Amerika, auch in Deutschland wurden ihm ab Mitte der 1950er Jahre hohe Ehrungen zuteil, darunter 1962 der «Friedenspreis des deutschen Buchhandels». Paul Tillich starb am 22. Oktober 1965 in Chicago an einem Herzinfarkt.

1973 veröffentlichte Hannah Tillich unter dem Titel «From Time to Time» eine eigenwillige Biographie ihres Mannes, in der sie ausführliche Selbstreflexion und autobiographische Ambition mit der Lebensbeschreibung Paul Tillichs verknüpfte. Dieser besaß eine legendäre, Frauen und Männer gleichermaßen faszinierende Ausstrahlungskraft, in der intellektuelle Brillanz und körperliche Präsenz zur Wirkung gelangten. Im Bericht seiner Frau erscheint der gefeierte Theologe als Sexualneurotiker von hoher promiskuitiver Energie. Das auch in deutscher Übersetzung publizierte Werk («Ich allein bin», 1993) gewann große Aufmerksamkeit und sorgte für eine aufgeregte, die Verfasserin häufig nachgerade verketzernde Debatte. Nachdem sich mittlerweile die öffentlichkeitswirksame Empörung weitgehend gelegt hat, wird – nicht zuletzt durch Archivmaterialien gestützt – der Realitätsgehalt des von Hannah Tillich gezeichneten Bildes in seiner Substanz zu akzeptieren sein.

Unmittelbar nach dem Ende des Ersten Weltkriegs hatte Tillich die Prophetie zum Maßstab aller religiös-sozialistischen Rede erhoben. Inhalt aller prophetischen Geschichtsschau ist der Kairos, der als Zeitmoment «mit unbedingtem Gehalt und unbedingter Forderung» erfüllt ist. In ihm berühren sich «das gegebene und das geforderte Heilige» (MW/HW 3, 1998, 103–130, hier 108). Der Kairos bezieht seine auratische Energie und semantische Strahlkraft aus den Wechselfällen einer verwickelten Geschichte, die sich bis zu Homer und den Vorsokratikern zurückverfolgen lässt. Pausanias berichtet von einem Altar, der am Eingang des Stadions von Olympia für den Kairos – Zeus' jüngstes Kind – errichtet war (Description of Greece, V, 14, 9). Seiner Grundbedeutung nach bezeichnet der Kairos das Entscheidende, den wesentlichen Punkt; rasch weitete sich jedoch das semantische Feld vom Naturzeitmaß bis hin zu einer «Kairologie der Politik» des Aristoteles-Schülers Theophrast, die allerdings nicht erhalten geblieben ist. In den 1920er Jahren wird der Kairos, ganz unabhängig von seiner eindrucksvollen Vorgeschichte, ein Zentralbegriff der religiösen Revolution, deren Vorkämpfer vielfach mit seiner Hilfe ein radikal gegenwartsbezogenes Zeitkonzept zu etablieren versuchten. Für Tillich erwiesen sich Weltkriegsende und Revolutionswirren, die von ihm ganz im Einklang mit der großen Mehrheit der Deutschen als Zeit der Krise wahrgenommen wurden, als entscheidender

Augenblick für eine Neugestaltung von Gesellschaft, Kultur und Theologie. Indem er den Kairos beschwor, wollte er Horizonte für den Einbruch des Überzeitlichen öffnen und zugleich auf das Jetzt, auf die eigene, in Endzeitdepression, Aufbruchseuphorie und Parteienstreit gebannte Zeit wirken.

Das Konzept des Religiösen Sozialismus diente Tillich dazu, der christlichen Religion eine gesellschaftsumbildende Kraft einzuräumen. Die Kultur habe sich an der Religion als alles erschütternder und neu aufbauender Sinnwirklichkeit auszurichten. Arbeiterbewegung und traditionelle, im Wesentlichen lutherische Kirchen bildeten ein kontroverses Gegenüber. Die «lutherische Seite» beharrte darauf, dass nur staatliche Autorität dazu in der Lage sei, die Welt aus «den Händen des Teufels» zu befreien, und widersprach damit jeder revolutionären Entwicklung. Die «Utopisten» hingegen gingen von einer unmittelbar bevorstehenden Revolution aus und waren der Meinung, die Verwirklichung des Sozialismus löse alle Probleme der Menschheit. «Zwischen diesen beiden Polen bewegten wir uns damals und versuchten, mit Hilfe gewisser Grundbegriffe eine Lösung zu finden» (GWE 2, 1972, 197). Tillich nennt drei von ihnen: das Dämonische, den Kairos und die Theonomie.

Die Kategorie des Dämonischen diente ihm dazu, die Strukturen des Bösen sowohl in Individuen als auch in Gesellschaftsgruppen offenzulegen. Das Dämonische kennzeichnet die zerstörenden Kräfte, denen er im Vergleich zu den schöpferischen ein Übergewicht beimaß. Indem sie zugleich schöpferisch und zerstörerisch wirkten, erwiesen sich die Strukturen der Gesellschaft als ambivalent. Eine «Erfahrungsgrundlage» für diese Interpretation fand Tillich zum einen in der durch die Psychologie angeleiteten Beschreibung der «inneren Mächte», die das Individuum bestimmten, zum anderen in der soziologischen Deutung der bürgerlichen Gesellschaft durch den Marxismus. Ein «Durchbruch des Ewigen in die Geschichte» (ebd.) ist möglich, wenn es zu einer Aufdeckung und Bekämpfung der dämonischen Mächte kommt; dies kann aber nur dann geschehen, wenn es auch einen entsprechenden Kairos gibt. Untrennbar mit dem Kairos verbunden war für Tillich der Theonomiegedanke; denn der Religiöse Sozialismus beabsichtigte, eine theonome Gesellschaftsform zu errichten. Während Autonomie als ein «inhaltsleeres kritisches Denken» bestimmt wird und Heteronomie als «Unterwerfung unter Autorität und Versklavung», zielt die Theonomie darauf ab, «eine ganzheitliche Gesellschaft» zu errichten (ebd., 198). «Theonomie ist Wendung zum Unbedingten um des Unbedingten willen.» Demgegenüber ist die Autonomie auf das Bedingte gerichtet. Theonomie und Autonomie stehen in einer dialektischen Spannung zueinander. Tillich hob allerdings heraus, «daß nur in der Einheit beider Richtungen alle Sinnerfüllung möglich ist. ... Der Kampf von Theonomie und Autonomie ist die tiefste Triebkraft des schöpferischen Geistprozesses; er ist der dialektische Stachel der Geschichte, der sie nie zur Ruhe kommen läßt» (System der Wissenschaften, 1923, 245).

Mit dem Ende des Zweiten Weltkriegs, der sich allmählich manifestierenden Aufteilung Nachkriegsdeutschlands und dem Scheitern seiner politischen Bemühungen im «Council for a Democratic Germany» nahm Tillich zunehmend Abstand vom politischen Engagement. Am 9. Januar 1948 schrieb er resigniert an den Bostoner Theologen und Philosophen Edgar S. Brightman: «Es gibt kein Deutschland mehr, sondern nur noch eine amerikanische und eine russische Kolonie ... Ich habe mich von aller Politik zurückgezogen, um in Ruhe meine ‹Systematische Theologie› schreiben zu können» (in: Pauck, 322). Der erste Band von Tillichs «Systematic Theology» erschien 1951, die Bände zwei und drei folgten 1957 und 1963, eine deutsche Übersetzung schloss sich an (1955–1966). Der Einleitungssatz des ersten Bandes weist die Theologie als «eine Funktion der christlichen Kirche» aus, deren Erfordernissen sie zu entsprechen habe. Auf diese Weise markierte Tillich sehr deutlich die Differenz zur eigenen Position der frühen 1920er Jahre, als im Rahmen seiner Kulturtheologie auch der Distanz zur Kirche programmatische Bedeutung zugekommen war. Ein theologisches System hat sowohl die Wahrheit christlicher Botschaft auszusprechen als auch «diese Wahrheit für jede Generation neu» zu deuten. Damit steht sie in «Spannung zwischen zwei Polen: der ewigen Wahrheit ihres Fundamentes und der Zeitsituation, in der diese Wahrheit aufgenommen werden soll». Neben die beiden so bezeichneten Elemente Botschaft und Situation setzt Tillich die Apologie als «antwortende Theologie» (Systematische Theologie, Bd. I, 12); die Theologie antwortet auf die durch die Situation gestellten Fragen. Tillichs konsequentes Bemühen darum, theologische und weitergefasst religiöse, aber auch philosophische Aussagen mit zeitgebundenen, aktuellen Fragen in ein Wechselverhältnis zu stellen sowie in einen umfassenderen kulturellen und politischen Kontext zu integrieren, erhielt in seiner «Systematischen Theologie» mit der sogenannten «Korrelationsmethode» eine weitere theoretische Absicherung.

Tillich will mit seinem System «die Fragen, die in der Situation enthalten sind, mit den Antworten, die in der Botschaft enthalten sind, in Korrelation … bringen». Die Fragen, die sich der um seine Endlichkeit wissende Mensch stellt, werden in Bezug zu einer in der Offenbarung Gottes zu findenden Antwort gesetzt. Die Antworten bilden dabei keine einfachen Ableitungen aus den gestellten Fragen, es gibt auch keine «Antworten, die nichts mit der Frage zu tun haben». Vielmehr setzt das theologische System in dialektischer Spannung «Fragen und Antworten, Situation und Botschaft, menschliche Existenz und göttliche Selbstoffenbarung in Korrelation» (ebd., 15). In symbolischer Redeweise sah Tillich darin formuliert: «Gott antwortet auf die Fragen des Menschen, und unter dem Eindruck von Gottes Antworten stellt der Mensch neue Fragen.» Dabei verbalisiert die Theologie sowohl die in der Existenz des Menschen enthaltenen Fragen als auch die Antworten, die die Offenbarung liefert. Das Ergebnis «ist ein Zirkel, der den Menschen zu einem» der Zeit enthobenen «Punkt treibt, wo Frage und Antwort nicht mehr voneinander getrennt sind» (ebd., 75). Grundlegend für ein Verständnis der «Systematischen Theologie» ist Tillichs Definition des formalen Kriteriums der Theologie aus dem ersten Band seines Systems: «Der Gegenstand der Theologie ist das, was mich unbedingt angeht. Nur solche Sätze sind theologisch, die sich mit einem Gegenstand beschäftigen, sofern er uns unbedingt angeht» (ebd., 19 f.). Diesen Gegenstand umkreist Tillich in den fünf Hauptteilen: 1) Vernunft und Offenbarung, 2) Sein und Gott, 3) Die Existenz und der Christus, 4) Das Leben und der Geist, 5) Die Geschichte und das Reich Gottes.

Die «Systematic Theology» stieß vielfach auf begeisterte Resonanz: Über Fachkreise hinaus wurde Tillichs Hauptwerk gerade auch von theologisch nicht vorgebildetem Publikum und der Kirche eher ferner Stehenden intensiv rezipiert. Der vergleichsweise eingängige Stil erleichterte die stete, vom Autor intendierte Verknüpfung eigener existentieller Erfahrung und Offenbarungsantwort. 1955 wies er «Das Neue Sein als Zentralbegriff einer christlichen Theologie» aus. Gott, der sich offenbart, der Logos, als vernünftige Rede über die Mitteilung Gottes, und der Kairos, als richtiger Zeitmoment für den Theologen, zu seiner Gegenwart zu sprechen, werden als konstitutive Elemente der Theologie genannt. Im Zusammenspiel von Logos und Kairos kann sich dem Menschen die Möglichkeit eines lebensweltlichen Vollzuges des Neuen Seins erschließen.

Mit der Aufnahme der paulinischen Rede vom «Neuen Sein» meinte Tillich, den «Zentralbegriff einer neuen Theologie» (MW/HW 6, 1992, 363–383, hier 380) gefunden zu haben, durch den einer drohenden Sinnentleerung begegnet werden könne. Bei seiner Sinnsuche befasste sich Tillich, der 1960 eine größere Reise nach Japan unternahm, zunehmend mit der religionswissenschaftlich orientierten Fragestellung nach dem Verhältnis des Christentums zu anderen Weltreligionen. Erste Klärungen gewann er 1964/65 im Dialog mit dem Schriftsteller und Religionswissenschaftler Mircea Eliade. Tillichs letzte Vorlesung in Chicago vom 11. Oktober 1965 galt der «Bedeutung der Religionsgeschichte für den Systematischen Theologen». In ihr zeichnen sich die Grundlinien einer Revision bisheriger Systematisierung ab, die um den Gedanken einer «Religion des konkreten Geistes» kreisen. Für den Marburger Theologen Carl Heinz Ratschow wird hier «deutlich, daß Tillich durch die nähere Bekanntschaft mit der Religionsgeschichte vor neuen Aufbrüchen stand, daß er seine bisherigen Konzeptionen ad acta legte und die Notwendigkeit neuer Überlegungen sah» (Ratschow, 104). Ein derartiges Vorgehen war angesichts der Gesamtentwicklung von Tillichs Lebensweg und Werk konsequent; denn, so formulierte er in seinen autobiographischen Reflexionen «Auf der Grenze», es «ist das Dialektische der Existenz, daß jede ihrer Möglichkeiten durch sich selbst zu ihrer Grenze und über die Grenze hinaus zu ihrem Begrenzenden treibt» (GW XII, 1971, 13–57, hier 57).

25. **Karl Rahner:** Der anonyme Christ

Die gegenwärtigen Problemstellungen, mit denen die Weltgesellschaft konfrontiert ist, erfordern deutliche, in elementaren ethischen Fragen konsensorientierte Positionen der Religionen. Unabdingbar ist deshalb der überkommene interreligiöse Dialog erheblich zu vertiefen. Seit den frühen 1960er Jahren drängt sich in diesem Zusammenhang dabei eine spezifisch religionstheologische Fragestellung in den Vordergrund, in der es darum geht, von christlicher Perspektive aus die religiöse Pluralität zu erfassen und zu beurteilen. Vor allem im römisch-katholischen Kontext wird die Religionstheologie als ein Problem wahrgenommen, da es dort in aller Konsequenz des Systems stets auch um den Status des Lehramtes und die Maßregelung abweichender Positionen geht. Die religionstheologischen Auseinandersetzungen sind folglich immer auch Grundsatzdebatten über den normativen Anspruch der Institution Lehramt, insbesondere der Glaubenskongregation, über die päpstliche Unfehlbarkeit und die authentische Auslegung von Konzilsdokumenten.

Der wohl herausragendste katholische Theologe des 20. Jahrhunderts, Karl Rahner, brachte die religionstheologischen Ansätze erheblich voran und stellte die Weichen für die Entscheidungsprozesse des Zweiten Vatikanischen Konzils zum Status nichtchristlicher Religionen. Dabei brachte Rahner eine bis heute heftig umstrittene Formulierung ins Spiel, deren systematisch-theologische Tragfähigkeit er immer wieder erprobte: das «anonyme Christentum». Im Christentum erblickte er 1961 nichts anderes «als das Zusichselbergekommensein dessen, was als Wahrheit und Liebe auch überall sonst lebt und leben kann» (Schriften, V, 17). Aus dieser Einsicht zieht er Konsequenzen im Hinblick auf den Pluralismus der Religionen, gelte es doch, die «Zerrissenheit der religiösen Menschheit» (ebd., 137) zu überwinden – nicht zuletzt, um der dezidierten Religionslosigkeit, der prinzipiellen Verneinung von Religion geeint entgegentreten zu können. Die Welt sei mittlerweile «planetarisch» strukturiert, bemerkt Rahner und präsentiert damit einen Begriff, der seine gegenwärtige Entsprechung in der Rede von einer «Globalisierung» findet: «Jede Religion, die in der Welt existiert, ist, wie alle kulturellen Möglichkeiten und Wirklichkeiten anderer Menschen, eine Frage und eine angebotene Möglichkeit für jeden Menschen» (ebd., 138). Vor diesem Hintergrund ist Rahner bemüht, den Anspruch des Christentums, eine «absolute Religion» zu sein, zu behaupten. Neben diesem könne nichts anderes als gleichberechtigt anerkannt werden. Gott habe sich der Welt in Jesus Christus universal offenbart und wolle das Heil aller. Er sei in den Lauf der Geschichte mit seiner Heilsbotschaft eingetreten. Das Christentum müsse als die einzige Religion betrachtet werden, die für alle Menschen bestimmt sei, als offen habe nur der Zeitpunkt zu gelten, an dem es zu einer «objektiven Verpflichtung» für jeden Einzelnen werde. Auch nichtchristliche Religionen besitzen für Rahner sowohl Elemente natürlicher Gotteserkenntnis als «auch übernatürliche Momente aus der Gnade, die dem Menschen wegen Christus von Gott geschenkt wird» (ebd., 143). Auf dieser Basis könne in abgestufter Form von der Existenz außerchristlicher, legitimer Religionen gesprochen werden. Ob der Mensch dem Gnadenangebot Gottes ablehnend oder zustimmend gegenüberstehe, sei angesichts des umfassenden Charakters der Selbstmitteilung Gottes unerheblich. Rahner beantwortet in seinen Gedankengängen die für ihn entscheidende Grundfrage, ob es auch außerhalb der Kirche den göttlichen Heilserweis geben kann, mit einem eindeutigen Ja und setzt sich damit von der als normativ tradierten altkirchlichen Lehre *extra ecclesiam nulla salus* ab. Das Individuum könne in seinen sittlichen Entscheidungen der Gnade Gottes, die ihn stets verfolge, entsprechen. Um genau diesen Zustand begrifflich zu fassen, wählt Rahner die Formulierung vom «anonymen Christen», der zwar nicht Teil des Christentums, aber auf dieses hingeordnet sei. Insbesondere dort, wo sich der Mensch existentiell auf den Tod hin ausrichte und die Begrenztheit seines Daseins erfasse, «ist in ihm, schon bevor das missionarische Wort von außen auf ihn auftrifft, in einem wahren Sinn schon Offenbarung geschehen» (ebd., 155), befinde er sich doch in einem apriorischen Gnadenhorizont. Wende sich im Laufe seines Lebens der anonyme Christ der Kirche zu, gelange er zu einem tieferen Erlösungsbewusstsein. Die Kirche beschreibt Rahner dabei als «geschichtlich greifbaren Vortrupp» (ebd., 156), der das vorwegnehme, was außerhalb dieses institutionellen Rahmens zwar erhofft, aber noch nicht realisiert worden sei. Die einheitliche, planetarische Weltgeschichte wird auf eine eschatologische Vollendung in Christus ausgerichtet, die Rahner mit Teilhard de Chardin als «Punkt Omega» (ebd., 22) kennzeichnet. Auch wenn es Nicht-Christen anmaßend vorkommen möge, als noch nicht reflex zu sich selbst gekommene, eben anonyme Christen begriffen zu werden, liege doch eine Anmaßung vor, auf die nicht verzichtet werden könne. Rahner ist sich sicher: «Man kann an dem unendlichen Geheimnis, das uns stille liebend umfängt, nicht so leicht vorbeilaufen, wie sowohl die Skeptiker und Atheisten wie auch die Engen unter den Christen meinen, die sich Gott zu sehr nach ihrem kleinen Herzen denken» (ebd., 31).

In religionstheologische Terminologie gefasst vertritt Rahner einen inklusivistischen Ansatz, nach dem postuliert wird, dass mehrere Religionen existieren, die wahr sind, aber nur eine Religion, die sich als allen anderen überlegen weiß. In Folge des Zweiten Vatikanums (1962–1965) ist dieser Typ in der lehramtlich sanktionierten römisch-katholischen Religionstheologie verbreitet. Obgleich Karl Rahner heute, wie Joseph Ratzinger, als einer der großen Konzilstheologen gilt, verlief sein Weg zu der mehrjährigen Zusammenkunft steinig. Noch kurz vor Beginn des Konzils wurde Rahner im Juni 1962 auf Veranlassung des Präfekten des Heiligen Offiziums (heute Glaubenskongregation) Alfredo Ottaviani mit einer Vorzensur belegt, wodurch verhindert werden sollte, dass sich Rahner ungefragt in die Meinungsbildungsprozesse einmische. Alles, was er veröffentlichen wolle, habe er in Rom genehmigen zu lassen. Dieser Vorgang löste wilde Empörung aus. Die Kardinäle König (Wien), Döpfner (München und Freising) und Frings (Köln) und mit ihnen etwa 250 namhafte Persönlichkeiten legten Protest ein. Schließlich wurde Rahner von Papst Johannes XXIII., der mit seiner Rede vom *aggiornamento*, einer vor allem auch sprachlichen Anpassung an heutige Verhältnisse, die kirchliche Landschaft auf Reformvorhaben einstimmte, zum offiziellen Konzilstheologen ernannt. Insbesondere mit Franz Kardinal König war Rahner eng verbunden. Im Verlauf des Konzils in Rom brachte er sich in verschiedene Bereiche ein. Nicht unmaßgeblich war sein Einfluss auf Dokumente wie *Dei verbum* (Über die göttliche Offenbarung) und *Gaudium et spes* (Freude und Hoffnung; Über die Kirche in der Welt von heute), vor allem aber auf *Lumen gentium* (Licht der Völker), die «Dogmatische Konstitution über die Kirche», wo es etwa in der Nummer 16 lautet: «Die göttliche Vorsehung verweigert auch denen das zum Heil Notwendige nicht, die ohne Schuld noch nicht zur ausdrücklichen Anerkennung Gottes gekommen sind, jedoch, nicht ohne die göttliche Gnade, ein rechtes Leben zu führen sich bemühen.» Mit seinem Schüler Herbert Vorgrimler gab Rahner 1966 «Sämtliche Texte des Zweiten Vatikanums mit Einführungen und ausführlichen Registern» heraus. Dieses zuletzt 2008 in 35. Auflage erschienene «Kleine Konzilskompendium» begleitet mittlerweile Generationen und ist rezeptionsprägend. Auch die drei für die kommentierte Konzilsdokumentation maßgeblichen Ergänzungsbände zum «Lexikon für Theologie und Kirche» gab er heraus. 1969 wurde er von Papst Paul VI. in die neugegründete «Internationale Theologenkommission» berufen, deren Aufgabe es sein sollte, die vielfältigen Ergebnisse des Konzils weiterzuentwickeln, vor allem aber das Lehramt zu beraten und die Glaubenskongregation zu unterstützen. 1974 beendete er aufgrund anwachsender Konflikte seine Mitarbeit und isolierte sich auch in anderen Gremien zunehmend, da er die nachkonziliare Entwicklung, nicht nur in Fragen lehramtlicher

Irrtumsfähigkeit, als deutlich restaurativ empfand (vgl. Vorgrimler, Rahner, 117–121).

Dieses Urteil Rahners hat eine lange Vorgeschichte, die mit der spezifischen Prägung seiner Biographie zusammenhängt. Geboren wurde Karl Rahner am 5. März 1904 in Freiburg im Breisgau, der Vater war Gymnasiallehrer. Unter den sechs Geschwistern stand ihm sein Bruder Hugo (1900–1968), der Jesuit und ebenfalls ein namhafter Theologe wurde, besonders nahe. Noch als Schüler engagierte sich Karl Rahner in der Jugendbewegung «Quickborn» und begegnete 1920 auf der Burg Rothenfels Romano Guardini. Kurz nach dem Abitur im März 1922 trat er der *Societas Jesu* bei. Insbesondere die auf den Ordensgründer Ignatius von Loyola zurückgehende Exerzitienpraxis des Ordens faszinierte den Novizen. Sie wurde für ihn zum zentralen Ort mystischer Gotteserfahrung, die in die existentielle Wahl des Einzelnen, die Entscheidung für eine bestimmte Aufgabe mündete. Rahner sah seine Zukunft im Jesuiten-Orden, dem er sich voll und ganz verschrieb. Von 1924 an studierte er Philosophie an den Hochschulen im Vorarlberger Feldkirch/Tisis und dann in Pullach bei München. In der Zeit der Debatten über den Stellenwert des Modernismus und bestimmt von dem neuscholastisch ausgerichteten Curriculum befasste sich Rahner eingehend mit Strömungen und Einflüssen aus Frankreich und Belgien. Neben Maurice Blondel (1861–1949) und Henri de Lubac (1896–1991) war es wesentlich Joseph Maréchal (1878–1944), der ihn beeindruckte und ihm das Werk Thomas von Aquins vor dem Horizont von Immanuel Kant und dem Deutschen Idealismus erschloss. Nachdem Rahner zusätzlich das Studium der Theologie aufgenommen hatte, das ihn in die Niederlande nach Valkenburg führte, legte er im Jahr 1933 das Examen ab. Bereits am 26. Juli 1932 hatte er in der Münchener St. Michaelskirche die Priesterweihe empfangen. In Freiburg, wo er ein Promotionsstudium anschloss, wählte er neben

Martin Honecker Martin Heidegger zu seinem Lehrer. In Innsbruck wurde Rahner schließlich nach einigem Hin und Her 1937 zum Dr. theol. promoviert und lehrte anschließend das Fach Dogmatik. Seine philosophische Dissertationsschrift «Geist in Welt. Zur Metaphysik der endlichen Erkenntnis bei Thomas von Aquin» war in Freiburg abgelehnt worden und erschien erst 1939. Nachdem die Nationalsozialisten 1938 die Innsbrucker Theologische Fakultät geschlossen hatten, arbeitete Rahner, teilweise im Verborgenen, unter anderem im Wiener Ordinariat. Von 1945 bis 1948 lehrte er in Pullach und bis 1964 in Innsbruck, um dann bis 1967 Romano Guardini in München nachzufolgen. An dieser letzten Station war der Erfolg allerdings relativ gering, Rahner fand keinen besonderen Anklang bei den Guardini-Anhängern; als zu komplex und schwierig erschienen vielen der Hörer seine Reflexionen. Nur allzu gern wechselte er deshalb bis 1971 nach Münster. Am 30. März 1984 verstarb Karl Rahner in Innsbruck, nachdem er noch über Jahre vor allem durch umfassende internationale Vortragstätigkeit die theologisch-kirchliche Landschaft geprägt hatte. Mit der Schriftstellerin Luise Rinser verband ihn eine jahrzehntelange sehr enge Freundschaft, die – postum befördert durch eine Teilveröffentlichung des Briefwechsels (L. Rinser, Gratwanderung, 1994) – immer wieder auf Resonanz bei voyeuristisch-effektverliebten Zeitgenossen stieß, aber auch hier und da ins Feld geführt wird, wenn es darum geht, die Leistung und Abgründe des Zölibats gegeneinander abzuwägen.

Karl Rahners Werk hat die ganz eigentümliche Prägung einer sogenannten Anlasstheologie: Nicht die großen umfassenden Werke sind es, die im Mittelpunkt seines literarischen Ehrgeizes standen, vielmehr veröffentlichte er unendlich viele kleinere Texte zu jeweils aktuellen Grundsatzfragen und Konflikten; diese aber bilden wiederum ein umfassendes Verweis- und Begründungssystem eigener Qualität. Richtet sich der Blick auf

Leitthemen, fallen als besonders charakteristisch Christologie und Gnadenlehre ins Auge. Sie wirken unmittelbar auf das Kirchenverständnis mit der Betonung des zeichenhaften Charakters der Kirche als Ort der sakramentalen Verbindung der Gläubigen mit Gott. Dem spannungsreichen Wechselverhältnis von Orts- und Universalkirche ging Rahner intensiv nach und klagte vor allem über unzureichende missionarische Aktivität und Selbstabschottungstendenzen. Er tendierte zu einem Christentum, das die individuelle Entscheidung der Gläubigen verlangte, um den Verunsicherungen durch die Modernisierungs- und Pluralisierungsprozesse der Gegenwart konzentriert zu begegnen. Scharf fiel seine Kritik an der Moderne aus, da sie darauf zulaufe, das Transzendente immer konsequenter zu ignorieren, wodurch der Mensch verkümmere. Nur durch neue Spiritualitätsformen könne der Kirche aus ihrer «winterlichen Zeit» herausgeholfen werden.

Pointiert vertrat Rahner die Meinung, dass das Katholische seine unverwechselbare Eigenart vor allem in der umfassenden Bereitschaft zum offenen Dialog (auch innerkirchlich) habe. Einer massiven Bewährungsprobe wurde dieses Verständnis ausgesetzt, als sich Rahner nachdrücklich gegen Hans Küng stellte und dessen 1970 erschienenen Angriff auf die Unfehlbarkeit des Papstes zurückwies. Küng zeigte sich schockiert und enttäuscht darüber, dass ihn ausgerechnet Rahner, der ja seinerseits nicht unerheblichen Spannungen mit der römischen Kurie ausgesetzt war, jetzt nicht unterstützte und so der «Inquisition» in ihrer neuen Gestalt in die Hände spielte. Als Retourkutsche attestierte Küng Rahner eine mangelnde exegetische und dogmengeschichtliche Absicherung seiner Theologie (vgl. Hans Küng, Umstrittene Wahrheit. Erinnerungen, 2007, 216–223). Diese von persönlichen Animositäten bestimmten Gefechte können allerdings die Substanz des Rahnerschen Werkes nicht ernsthaft schmälern. Die immense Dialogbereitschaft des Theologen wurde auch auf den Feldern der Ökumene gerade von protestantischen Vertretern begrüßt. Zusammen mit Heinrich Fries publizierte Rahner noch kurz vor seinem Tod in der von ihm selbst begründeten Reihe *Quaestiones disputatae* als 100. Band den Text «Einigung der Kirchen – reale Möglichkeit», in dem es um pragmatische und konstruktive Möglichkeiten der Verständigung ging. Vehement grenzte sich Joseph Ratzinger als Präfekt der Glaubenskongregation von diesem Vorstoß ab, den er für realitätsfern hielt. Im evangelischen Bereich ist es vor allem Eberhard Jüngel, der Rahner, insbesondere seine Trinitätslehre und die Rede von Gott als Geheimnis, intensiv rezipiert.

Konsequent umkreiste Rahner die Frage, wie der Mensch Gott überhaupt erkennen könne; als «Hörer des Wortes» (1941 u. ö.) sei er auf eine zeitgemäße, ihn existentiell auch erreichende Sprache angewiesen. Rahner war der tiefen Überzeugung, dass das göttliche Geheimnis und der sich verbergende Gott zwar im Gnadenerweis präsent, menschlichem Zugriff aber immer entzogen sei. In seiner Theologie vollzog Rahner eine «anthropologische Wende», indem er den Versuch unternahm, die Glaubensaussagen vom Menschen, von seinen Bedürfnissen her zu entfalten. Dieser Ansatz ist aber untrennbar mit der Christologie, dem gnadenhaften Erlösungswirken Gottes verknüpft: Der Zuwendung Gottes zum Menschen entspricht der Weg des Menschen zu Gott. Christus bildet die Einheit dieser beiden Perspektiven, und der Mensch hat sich in seine Nachfolge zu begeben. Programmatischen Charakter erhält dabei für Rahner Jakobus 4, Vers 8: «Wer sich Gott naht, dem naht sich Gott.» Die anthropologische Wende Rahners bedeutet, «dass die Antwort auf die Frage nach Gott nicht mehr in der äußeren Natur, sondern in der Selbstreflexion des Menschen, in der Analyse seiner Erfahrungen, gesucht wird» (Vorgrimler, Rahner, 143). In seiner an Heidegger geschulten Ausrichtung der Theologie an der Anthropologie hat Rahner durchaus Gemeinsamkeiten mit

Rudolf Bultmann. Dies nahm auch einer der Antipoden Rahners, Hans Urs von Balthasar, präzise wahr, indem er zunächst Bultmanns Entmythologisierungsprogramm als anthropologische Verkürzung identifizierte, um sich dann polemisch herabsetzend Rahners «anonymem Christentum» zuzuwenden: Hier komme eine Theologie zum Ausdruck, die auf «Schlagwortprinzipien» beruhe, und als solche auf «Nivellierung» hinauslaufe. Es sei eine Theologie der «Erleichterung und Verbilligung, schließlich der Liquidation und des Ausverkaufs; sie nähert sich, ob sie es will oder nicht, asymptotisch dem Atheismus» (H. U. von Balthasar, Cordula oder der Ernstfall, 1966, 104 f.). Aus der Theologie werde im besten Fall Humanismus. Mit Blick auf den theologischen Gehalt des Rahnerschen Werkes nehmen sich von Balthasars Anwürfe allerdings eher als mehr oder weniger geglückte Karikaturen aus.

Den Status einer Zusammenfassung hat Rahners «Grundkurs des Glaubens», der als «Einführung in den Begriff des Christentums» (1976) konzipiert war und ein Klassiker unter den theologischen Lehrbüchern geworden ist. Hier umschreibt Rahner auch noch einmal den tieferen Sinn des anthropologisch und christologisch gleichermaßen verankerten Begriffs «anonymes Christentum», wenn er gegen Ende (12. Aufl., 1982, 437 f.) in einer berühmten Passage betont: «Der Mensch kommt nur wirklich in echtem Selbstvollzug zu sich, wenn er sich radikal an den anderen wegwagt. Tut er dies, ergreift er (unthematisch oder explizit) das, was mit Gott als Horizont, Garant und Radikalität solcher Liebe gemeint ist, der sich in Selbstmitteilung (existentiell und geschichtlich) zum Raum der Möglichkeit solcher Liebe macht. Diese Liebe ist intim und gesellschaftlich gemeint und ist in der radikalen Einheit dieser beiden Momente Grund und Wesen der Kirche.» Und Rahner präzisiert: «Diese Selbstmitteilung Gottes an den Menschen, die dessen Nächstenliebe trägt, hat ihren eschatologisch siegreichen, geschichtlichen

Höhepunkt in Jesus Christus, der darum in jedem anderen Menschen mindestens anonym geliebt wird.» Dass es für den Menschen aber überhaupt möglich ist, sich Gott anzunähern, liegt für Rahner in der Eigenschaft begründet, immer schon im Vorgriff auf das Absolute denken und damit als Wesen der Transzendenz die Welt in Offenheit für Gott überschreiten zu können. Das göttliche Geheimnis wird er dabei nie entschlüsseln können, aber auch sich selbst und die ihn umgebende Welt nimmt der Mensch nur unter der Voraussetzung radikaler Fraglichkeit wirklich ernst.

26. Martin Luther King: Der messianische Traum

Mitten in der weltweiten Finanzkrise beschwor Barack Obama als Präsidentschaftskandidat den (Zeiten-)Wechsel: Ob Bildung, Steuern, Immigration, Gesundheitswesen – gekämpft werde für das Land, für eine Nation unter Gott. Gegen die Macht des *Status quo* sei der Wandel für die Welt durchzusetzen. Die Helligkeit komme und lasse die dunklen Tage zurück. Alle Entscheidungskraft müsse in den Moment hinein investiert werden. Was zähle sei, wie schnell man wieder aufstehe, nicht der Umstand, niedergeschlagen worden zu sein. Aus der analytischen Perspektive politischer Theologie gelang es Obama, einen sich selbst tragenden Messiaseffekt zu erzeugen. Darin liegt allerdings auch eine große Gefahr; denn dieser Effekt kann zusammenbrechen und im entscheidenden Moment versagen, so dass die Sympathiebekundungen schwinden und der Realitätsgehalt hinter der Wolke aus Unbestimmtheit vielleicht gar im gegnerischen Lager gesucht und gefunden wird. Hier drängt sich ein anderes religiös relevantes Motiv in den Vordergrund: die hohe

Mobilisierungskraft eher fundamentalistisch ausgerichteter Gruppen, der «christlichen Rechten», «Christian right», die schon den Ausgang der vorangegangenen Präsidentschaftswahlen gelenkt hatten. Zudem behält der latent wirkmächtige Rassismus eine dominante Funktion – trotz aller political correctness, die in den letzten Jahren kultiviert zur Schau gestellt wurde.

In der Begründung seiner politischen Visionen griff Obama auch auf Reinhold Niebuhr zurück, der ab 1928 als Sozialethiker am Union Theological Seminary in New York lehrte. Er nahm damit einen Theologen auf, der in den letzten Jahren in den USA ein Revival erlebt, aber ebenso von einem der großen Vorbilder Obamas, Martin Luther King – sein 40. Todestag und das Jahr des Präsidentschaftswahlkampfs 2008 kamen zusammen –, sehr geschätzt wurde. Niebuhr hatte 1932 in seiner berühmten Studie zum Verhältnis von Ethik und Politik zwischen «Moral Man and Immoral Society» unterschieden und dabei auch die These vertreten, dass der in Gruppen organisierte Mensch dazu tendiert, böser zu handeln als das Individuum. Die zerstörerische Kraft des kollektiven Egoismus sei ein nicht zu unterschätzendes Phänomen. 1941/43 entwickelte Niebuhr diese Ideen in seinem Hauptwerk «The Nature and Destiny of Man» weiter. Die Machtversessenheit der Herrschaftseliten wurde von ihm als sozial unverträglich gebrandmarkt. In seinem Kampf für Bürgerrechte und Emanzipation der schwarzen US-Bevölkerung fand Martin Luther King in Niebuhrs Gesellschaftskritik eine zentrale Stütze. Auch vom Werk des in Rochester lehrenden baptistischen Theologen Walter Rauschenbusch (1861–1918) gingen Impulse auf King aus. Sein Hauptwerk «Christianity and the Social Order» erschien 1907 und wurde breit rezipiert. Rauschenbusch, der in Deutschland zur Schule gegangen war und dort auch studiert hatte, entwarf das Konzept einer sozialen Theologie, mit der Antworten auf die

Armuts- und Elendsstrukturen des sich entwickelnden Industriezeitalters gegeben werden sollten. Mit seiner kapitalismusskeptischen Rede vom «Social Gospel» setzte er Maßstäbe für eine Theologie sozialer Verantwortung («The Theology of Social Gospel», 1917).

Am 15. Januar 1929 wurde Martin Luther King Jr. in Atlanta (Bundesstaat Georgia) als Sohn einer Lehrerin und eines baptistischen Pastors geboren. Da dieser ein großer Luther-Verehrer war, benannte er sich selbst und seinen Sohn um: aus Michael wurde Martin Luther. Am Morehouse College in Atlanta und am Crozer Theological Seminary in Chester (Pennsylvania) studierte King jr. von 1951 an Theologie, um dann, gefördert durch ein leistungsbezogenes Stipendium, an die Boston University zu wechseln. Dort wurde King, der auch in Harvard an Lehrveranstaltungen teilnahm, 1955 mit einer Arbeit zum Doktor der Philosophie promoviert, die sich mit den Gotteskonzepten P. Tillichs und des Religionsphilosophen und Theologen H. N. Wieman (1884–1975) befasste («A Comparison of the Conceptions of God in the Thinking of Paul Tillich and Henry Nelson Wieman»). Nachdem es immer wieder Gerüchte über die wissenschaftliche Integrität Kings gegeben hatte, stellte 1991 eine Fachkommission fest, dass die Dissertation in einigen Teilen als Plagiat gelten muss. Der Doktorgrad wurde allerdings nicht aberkannt.

Zur zentralen Zäsur wurde für King das Jahr 1954, in dem er an der Dexter Avenue Baptist Church in Montgomery – zunächst nur am Wochenende – ein Pastorenamt übernahm. Der 1. Dezember 1955 ist als Beginn des etwas über einjährigen Busboykotts von Montgomery in die Geschichte der USA eingegangen. Was war geschehen? Die Näherin Rosa Parks hatte sich geweigert, ihren Sitzplatz für einen weißen Fahrgast frei zu machen. Es kam zum Eklat. Unterschiedliche Bürgerrechtsgruppen – vor allem auch der Women's Political Council – hielten zum Boykott der Busgesellschaft an – eine Initialzündung, die eine ungeahnte Dynamik hervorrief und mit der zunächst noch fernen Aufhebung der Rassentrennung enden sollte. Der «Supreme Court of the United States» stellte als oberstes Gericht am 20. Dezember 1956 fest, dass die Trennung der Rassen in öffentlichen Verkehrsmitteln gegen die Verfassung verstoße. Für King bedeuteten die Ereignisse von Montgomery den entscheidenden Einstieg in den Kampf gegen die Diskriminierung; er wurde zum Sprachrohr des Boykotts. Auf den 27. Januar 1956 datiert King – mitten in den Streitigkeiten – eine eigentümliche Erfahrung der Nähe Gottes, die frappierend an das sogenannte Turmerlebnis des Reformators Luther erinnert. Schwer angeschlagen durch Anfeindungen, habe King des Nachts, von Schlaflosigkeit geplagt, die Küche aufgesucht, einen Kaffee gekocht, diesen dann aber gar nicht getrunken, sondern vielmehr in seiner existentiellen Not zu Gott gebetet: «In diesem Augenblick» habe er dessen Gegenwart erlebt «wie nie zuvor. Mir war, als hörte ich eine innere Stimme, die mir Mut zusprach: ‹Stehe auf für die Gerechtigkeit! Stehe auf für die Wahrheit! Und Gott wird immer an deiner Seite sein!›» (Freiheit, 101 f.). Die Historizität dieses Ereignisses ist allerdings nur durch King selbst belegt.

Als im Januar 1957 die «Southern Christian Leadership Conference» (SCLC) entstand, um unterschiedliche Gruppen des Protestes zu bündeln, wurde King zum Vorsitzenden bestimmt. Im selben Jahr ereignete sich auch der Skandal um die «Little Rock Nine»: Im Bundesstaat Arkansas konnte der erste Schulbesuch neun schwarzer Kinder an der Central High School von Little Rock gewährleistet werden, nachdem sie auf Anordnung von Präsident Dwight D. Eisenhower unter den Schutz von Soldaten der 101. US-Luftlandedivision gestellt worden waren. Damit wurde die bereits 1954 für beendet erklärte Rassentrennung an staatlichen Schulen durchgesetzt. Auch die seit 1896 in den Südstaaten praktizierte Form der «racial segregation» mit dem Grundsatz «separate but equal» fand somit ein Ende.

An Gandhi orientiert, wurde die Methode des zivilen Ungehorsams, der Nonviolent Direct Action, perfektioniert: Die bekannten Verfahren der «Sit-ins» in Restaurants (ab 1960) und die «Freedom Rides» (ab 1961), bei denen Weiße und Schwarze zusammen öffentliche Verkehrsmittel frequentierten, über Land fuhren und die Umsetzung des Verbotes der Rassentrennung in Wartesälen, Schulen etc. überprüften, wurden zum Markenzeichen des organisierten Widerstands. Größtes Gewicht legte King auf Gewaltlosigkeit; nur so könne die Glaubwürdigkeit der Bewegung gewahrt werden, «passiver Widerstand» lebe von dem Versuch, den Gegner zu überzeugen, ihn von seiner als falsch eingestuften Position abzubringen. Durch einen Wandel der Strukturen sollte eine neue Gemeinschaft («Beloved Community») entstehen; hier zeigt sich der Einfluss Niebuhrs. Nachfolge Christi bedeutete also zudem die Leidensübernahme und das Erdulden ungerechten Handelns. Auch King selbst wurde immer wieder physisch angegriffen und oft verhaftet.

Als wichtigste Stütze für Martin Luther King erwies sich Präsident John F. Kennedy, der am 22. November 1963 in Dallas erschossen wurde. Als es im April/Mai 1963 in Birmingham zu erheblichen Unruhen und Ausschreitungen kam, sogar ein wohl vom Ku-Klux-Klan zu verantwortender Bombenanschlag auf King und seinen Bruder A. D. King verübt wurde, schaltete sich Kennedy in die Verhandlungen ein und konnte mäßigend wirken. King wurde für einige Tage inhaftiert und verfasste in dieser Zeit seinen einflussreichen «Brief aus dem Gefängnis von Birmingham», in dem er sich gegen Anwürfe weißer Geistlicher der Stadt richtete. Ebenfalls 1963, am 19. Juni, brachte Kennedy seine Bürgerrechtsvorlage in den Kongress ein, die im Juni des folgenden Jahres den Senat passierte und am 2. Juli 1964 von Präsident Lyndon B. Johnson nunmehr im Gesetzesrang unterzeichnet wurde. Neben das Civil Rights Act trat schließlich 1965 das Voting Rights Act; denn die mögliche Beteiligung an Wahlen war ein zentraler Punkt im Hinblick auf die «desegregation».

Anlässlich des «March on Washington for Jobs and Freedom», an dem unterschiedliche Gruppen der Bürgerrechtsbewegung teilnahmen, hielt King trotz erheblicher Sicherheitsbedenken vor 250 000 Anhängern auf den Stufen des Lincoln Memorial am 28. August 1963 diejenige Rede, mit der er Kultstatus erreicht hat: «I have a dream». Seine rhetorische Brillianz, die tiefe Verwurzelung in den Sprachwelten des Alten und Neuen Testaments, aber auch das Beharren auf den Gleichheitsgrundsätzen der «einen Nation unter Gott» kamen hier zusammen. Fernseh- und Rundfunkanstalten waren ebenfalls zugeschaltet: «In gewissem Sinne», stellte King heraus, «sind wir in die Hauptstadt unseres Landes gekommen, um einen Scheck einzulösen. Als die Architekten unserer Republik die großartigen Worte der Verfassung und der Unabhängigkeitserklärung schrieben, unterzeichneten sie einen Schuldschein, zu dessen Einlösung alle Amerikaner berechtigt sein sollten.» Mit Pathos wies King auf die «grimmige Notwendigkeit des Jetzt» hin. Die Versprechungen der Demokratie müssten Wirklichkeit werden. Allen solle Gerechtigkeit widerfahren. An eine Umkehr sei nicht zu denken. «Heute sage ich euch, meine Freunde, trotz der Schwierigkeiten von heute und morgen habe ich einen Traum. Es ist ein Traum, der tief verwurzelt ist im amerikanischen Traum. Ich habe einen Traum, dass eines Tages diese Nation sich erheben wird und der wahren Bedeutung ihres Credos gemäß leben wird: ‹Wir halten diese Wahrheit für selbstverständlich: dass alle Menschen gleich erschaffen sind›» (King, Testament der Hoffnung, 117).

Am 10. Dezember 1964 wurde King in Stockholm mit dem Friedensnobelpreis ausgezeichnet. Bereits am 3. Januar des Jahres war er vom Time Magazine mit einem ausführlichen Porträt zum «Man of the Year» ernannt worden. Im September war er einer Einladung des Regierenden Bürgermeisters Willy Brandt gefolgt, um die 14. Festwochen in Berlin zu eröffnen. Er besuchte auch den Ostteil der Stadt. Hier wie dort wurde er begeistert empfangen und hielt viel beachtete Reden, unter anderem eine zu Ehren von John F. Kennedy. Von der Theologischen Hochschule erhielt er den Ehrendoktorgrad. In den USA wurde die Lage allerdings immer brisanter. Vielerorts, gerade in Großstädten, kam es wiederholt zu Unruhen. King sah sich mit dem Vorwurf konfrontiert, zu mäßigend zu wirken, ja sich der weißen Bevölkerung anzubiedern. Auch der Versuch, die Erfolge in den Südstaaten auf die Metropole Chicago zu übertragen, schlug fehl. Sukzessive büßte Martin Luther King an Einfluss ein. Zu einem starken Widerpart entwickelten sich Malcolm X, der bis zu seiner Ermordung in Harlem am 21. Februar 1965 die «Nation of Islam» anführte, aber auch Stokely Carmichael, der einen deutlich aggressiveren Kurs als King verfolgte und die «Black Power»-Bewegung vertrat – dies erst recht nach dem «March Against Fear», der 1966 von Memphis, Tennessee, nach Jackson, Mississippi, führte und bei dem einer der entscheidenden Taktgeber, James Meredith, aus dem Hinterhalt angeschossen wurde. Im Oktober 1966 kam die von Huey P. Newton und Bobby Seale gegründete militante «Black Panther Party for Self-Defense» hinzu.

Martin Luther King wurde jedoch nicht müde, in aller Konsequenz den gewaltlosen Kampf gegen die Armut voranzutreiben und ein Ende der Rassendiskriminierung zu fordern. Klar stellte er sich auch gegen den als zunehmend verhängnisvoll und zutiefst inhuman wahrgenommenen Vietnamkrieg. Nachdrücklich wies er darauf hin, dass vornehmlich sozial schwächer Gestellte und Schwarze als Soldaten in den Krieg geschickt würden. Hier zeige sich die Schattenseite des amerikanischen Freiheitsideals, das nicht auf Freiheit für alle, sondern auf Freiheit für ganz bestimmte soziale Gruppen hinauslaufe. Indem sich King in die Debatten um Vietnam einbrachte, politisierte er seinen bürgerrechtlichen Einsatz noch einmal. Am 4. April 1967 antwortete er in einer Rede in der New Yorker Riverside Church seinen Kritikern, die ihm vorhielten, in der Vietnam-Frage, die die Bevölkerung spaltete, unnötig zu polarisieren: Vietnam gehöre für ihn zu seiner «moralischen Vision der Weltgesellschaft» (Testament der Hoffnung, 76), der Krieg binde das Kapital, das innerhalb der USA für das «Anti-Poverty-Program» benötigt werde, und sei ein Abenteuer, das «Menschen, Fähigkeiten und Geld wie ein zerstörerisch dämonisches Saugrohr an sich» (ebd., 77) ziehe. Als Träger des Friedensnobelpreises müsse er seine Stimme gegen den «Wahnsinn» des Krieges erheben. Mit seiner Forderung nach einer sofortigen Einstellung des «Albtraums» handelte er sich den ungebremsten Zorn der US-Regierung und vor allem auch des FBI ein, dessen Direktor J. Edgar Hoover es sich zur persönlichen Mission machte, gegen King vorzugehen. Ein probates Mittel war, ihn öffentlich als sexuell promisk und moralisch nicht integer zu präsentieren. King zeige der Öffentlichkeit nur eine Fassade der Rechtschaffenheit. Obgleich diese Manöver in ihrer strategischen Funktion durchschaubar waren, trafen sie durchaus einen empfindlichen Kern; denn immer deutlicher tritt bis heute zu Tage, dass King eine Vielzahl außerehelicher Beziehungen hatte, die die 1953 geschlossene Ehe mit Coretta Scott King, aus der vier Kinder, von denen drei noch leben, hervorgingen, stark belasteten (vgl. Mein Leben mit Martin Luther King, 1970).

Am frühen Abend des 4. April 1968 stand der Bürgerrechtler auf dem Balkon des Lorraine Motels in Memphis, Tennessee, als er einem Attentat zum Opfer fiel. Der Todesschütze James Earl Ray wurde nach etwas über zwei Monaten in London auf dem Flughafen verhaftet, sein Ziel war Rhodesien. Wie auch im Fall Kennedys verstummen Verschwörungstheorien seitdem nicht.

Ob der zunächst geständige Täter, der zu einer 99-jährigen Haftstrafe verurteilt wurde und 1998 starb, wirklich allein handelte, ob aus eigenem Antrieb oder im Auftrag, ist noch ungeklärt. Zu Kings Beerdigung kamen am 9. April Zehntausende in Atlanta zusammen. In vielen Orten des Landes, zumal in der Hauptstadt Washington, gab es tagelange Ausschreitungen.

Martin Luther King ging in das politische Gedächtnis der Vereinigten Staaten ein. So wurde 1986 zum ersten Mal der Martin Luther King Day begangen, der den Rang eines nationalen Feiertages erhielt und in jedem Jahr auf dem dritten Januarmontag liegt. Einen Tag vor seinem Tod hatte King in der Mason Temple Church in Memphis, wo die Müllarbeiter streikten, eine Ansprache gehalten, in der er strikte Gewaltlosigkeit verlangte und am Ende Formulierungen in der Sprache alttestamentlicher Prophetie verwandte, die oft als Todesahnung interpretiert wurden: «Schwierige Tage liegen vor uns. Aber das macht mir jetzt wirklich nichts aus. Denn ich bin auf dem Gipfel des Berges gewesen. ... Und ich habe hinübergesehen. Ich habe das Gelobte Land gesehen. Vielleicht gelange ich nicht dorthin mit euch. ... Ich mache mir keine Sorgen wegen irgendetwas. Ich fürchte niemanden. Meine Augen haben die Herrlichkeit des kommenden Herrn gesehen» (Testament der Hoffnung, 117).

27. Dorothee Sölle: Das Fenster der Verwundbarkeit

Die Feministische Theologie, die seit den 1970er Jahren mit Dynamik und Provokationspotential die Wissenschafts- und Kirchenlandschaft bereicherte, ist mittlerweile vielfach in die Gender Studies übergegangen, in denen aus umgreifenderer Perspektive nach den geschlechtsspezifischen Handlungs- und

Orientierungsmustern gefragt wird. Der feministisch-theologische Text- und Welterklärungswille wird nun seinerseits mit dem Ideologieverdacht konfrontiert und als zu einseitige, politisierende Theorie gekennzeichnet, die neue Unterdrückungsmechanismen und Exklusionen festschreibe und so die Schemata des Bekämpften übernehme. Problematisch ist das Verhältnis von Gender Studies und Feministischer Theologie vor allem darum, weil das kritische Potenzial der ursprünglichen Fragestellung, der Anspruch auf radikale Traditionsumbildung und -korrektur einer allgemeinen, nicht selten weichzeichnenden Reflexion über Geschlechterstereotypen gewichen ist.

Zeit ihres Lebens hat Dorothee Sölle dagegen gekämpft, kompromisssüchtig die real-existierenden Unterdrückungsstrukturen und gesellschaftlichen Missstände unkritisch einzuebnen. Stets ging es ihr um klare Positionen, ein entschiedenes Entweder-Oder. Dorothee Sölle stammt aus Köln, wo sie am 30. September 1929 in einem kirchenfernen bildungsbürgerlich-liberalen Umfeld geboren wurde. Ihr Vater war der angesehene Arbeitsrechtler Hans Carl Nipperdey, ihr bereits 1992 verstorbener Bruder Thomas wurde zu einem der führenden Historiker der Bundesrepublik. Nach einem Studium der Fächer Theologie, klassische Philologie, Philosophie und Germanistik in Köln, Freiburg im Breisgau und schließlich Göttingen, wohin sie Friedrich Gogarten zog, wurde Sölle mit der Arbeit «Untersuchungen zur Struktur der Nachtwachen von Bonaventura» zum Doktor der Philosophie promoviert. Anschließend arbeitete sie bis 1960 im Schuldienst, und nach einer Übergangstätigkeit als freie Hörfunkautorin und Schriftstellerin folgten von 1962 bis 1964 eine wissenschaftliche Assistenz im Bereich Philosophie an der Technischen Hochschule in Aachen und bis 1967 an der Universität zu Köln eine Beschäftigung als Studienrätin im Hochschuldienst für das Fach Germanistik. Nach einer ersten, 1964 geschiedenen Ehe mit dem Kunsterzieher und Maler Dietrich Sölle heiratete Dorothee Sölle 1969 Fulbert Steffensky. Dieser war über zehn Jahre Benediktinermönch, konvertierte zum Protestantismus und wirkte späterhin bis 1998 an der Universität Hamburg als Professor für Religionspädagogik.

1971 habilitierte sie sich an der Kölner Philosophischen Fakultät, nachdem sie die 1973 in der Sammlung Luchterhand erschienene Schrift «Realisation. Studien zum Verhältnis von Theologie und Dichtung» vorgelegt hatte. 1975 ging Dorothee Sölle nach New York, um bis 1987 am Union Theological Seminary eine Professur für Systematische Theologie wahrzunehmen. In dieser Zeit wurden der Feminismus und die Ökumene für sie zu zentralen Themen. Eine akademische Karriere in Deutschland blieb ihr zwar verwehrt, zumindest erhielt sie aber 1994 eine Ehrenprofessur an der Universität Hamburg. Durch ihre zahlreichen öffentlichen Auftritte, vor allem aber durch ihre Publikationstätigkeit schuf sich Dorothee Sölle – neben vielen Gegnern – eine begeisterte Anhängerschaft. Texte wie «Stellvertretung. Ein Kapitel Theologie nach dem Tode Gottes» (1965), «Leiden» (1973), «Wählt das Leben» (1980), «Lieben und Arbeiten. Eine Theologie der Schöpfung» (1985), «Gott denken. Einführung in die Theologie» (1990), «Mutanfälle» (1993) oder die Autobiographie «Gegenwind» (1995) erfuhren hohe Auflagen.

Zwei Reisen sind es, die auf Sölle Eindrücke hinterließen und ihre Grundhaltung prägen sollten: 1972 begab sie sich – mitten im Krieg – nach Nordvietnam und kommentierte rückblickend: «Auschwitz war mit Auschwitz nicht zu Ende, es ging weiter – das war die Lektion» (Gegenwind, 89). Von der amerikanischen Antikriegsbewegung war sie tief beeindruckt. 1984 hielt sich Sölle als Wahlbeobachterin in Nicaragua auf, als Mitglied der von den Sandinisten eingeladenen Friedensgruppe «Witness for Peace». Vietnam, Frieden, der Kampf gegen die Zerstörungskräfte eines ungezügelten Kapitalismus, Bodenspekulation, die

Situation im Strafvollzug, die RAF, der Einsatz für das Selbstbestimmungsrecht der Frau, ob in Fragen der Abtreibung oder der Antibabypille – das waren die Felder, in denen Dorothee Sölle den gesellschaftsumbildenden Anspruch von Kirche und Christentum artikuliert wissen wollte. Ein wirkmächtiges Forum voller Provokationspotential wurden für sie die «Politischen Nachtgebete», die gegen heftige Abwehrreaktionen der Amtskirchen abgehalten wurden. Besonders hervor taten sich in diesem Zusammenhang der Kölner Erzbischof Frings, der mit Hausverbot reagierte, und Präses Joachim Beckmann, der sich durch den politischen «Götzendienst» an die «Deutschen Christen» im Nationalsozialismus erinnert fühlen wollte, wobei er diese für vergleichsweise harmlos hielt (vgl. Cornehl, 266).

1968 wollten die Veranstalter des Essener Kirchentages den Kölner Kreis um Sölle an den Rand drängen und boten als Termin 23 Uhr an – ein als Blockade gedachter Schachzug, der allerdings den Kultcharakter eher förderte. Bis 1972 hatten die Nachtgebete Bestand, und auf den Kirchentagen werden sie bis heute aktiviert. Die mit hohem intellektuellen Anspruch zelebrierten Veranstaltungen hatten eine dreigliedrige Struktur von Information, Meditation und anschließender Diskussion beziehungsweise Aktion. Zusätzlich wurde umfangreiches Informationsmaterial zur Verfügung gestellt. Zu den Protagonisten gehörten, bei ökumenischer Ausrichtung, unter anderen Fulbert Steffensky und Heinrich Böll. Aber es war Dorothee Sölle, die den Fixpunkt der Glaubensevents bildete. Diese lebten von ihrer Präsenz und Ausstrahlungskraft, ihrem unnachahmlichen Pathos sowie dem konsequenten Aufruf, nicht in der Beobachterperspektive zu verharren, sondern aktiv in die politischen Handlungsprozesse einzugreifen. «Wenn ich den theologischen Ertrag mal mit einem Begriff benennen soll, dann würde ich sagen», kommentierte Sölle rückblickend, «wir haben die Konsequenz aus Auschwitz gezogen: Wir haben das Sündenverständnis neu gedacht. Wir nannten das ‹Politisierung des Gewissens›.» Im Mittelpunkt habe die reale Welt zu stehen und nicht das rein private Sündersein. «Eine richtige Theologie braucht Dazwischenredner, Dazwischenfrager, also quengelnde Weiber, Witwen, andere Ungebildete, die Fragen stellen» (Wie ich mich geändert habe, 34 f.).

In der südamerikanischen Befreiungstheologie fand Sölle einen kräftigen theologischen Impuls, den sie in die im engen Austausch mit Johann Baptist Metz und Jürgen Moltmann propagierte «Politische Theologie» einbrachte. Die Hoffnungspotentiale und die Dynamik des Utopischen, wie sie der marxistische Religionsphilosoph Ernst Bloch entfaltete, gingen als lebendige Quelle in diese Form der Theologie ein, die aufgrund des in ihr angelegten Primats der Praxis immer auch «Politische Ethik» sein wollte. Dabei kam es zu dem durchaus beabsichtigten Effekt einer strengen Moralisierung der christlichen Botschaft, in der manch einer Züge des Gesinnungsterrors erkannte. Ihre «Politische Theologie» von 1971 hatte Sölle im Untertitel als «Auseinandersetzung mit Rudolf Bultmann» gekennzeichnet. Der Marburger Exeget war es gewesen, dessen Entmythologisierungsprogramm ihr einst den Weg zur Theologie und – wie sie selbst festhielt – zum Glauben öffnete. Sie empfand sein Denken als ungeheure Befreiung und Möglichkeit, die eigene Existenz, gerade auch in ihrer Vernunftbestimmtheit, mit der Gotteswelt zu verbinden. Allerdings wandte sie sich gegen eine Individualisierung der Sünde des Menschen und brachte anders als Bultmann, den sie noch «im Bannkreis eines bürgerlichen Verständnisses von Wissenschaft als zeitenthoben und objektivierend» wahrnahm, mit gezieltem Blick auf Auschwitz den Kollektivcharakter der Sünde zum Ausdruck (Gegenwind, 58).

Unter Rekurs auf Friedrich Nietzsche, Jean Paul und Georg Wilhelm Friedrich Hegel, erneut aber auch in den Bahnen

Blochs, versuchte Sölle, das Konzept eines atheistischen Glaubens an Gott nach dem Tode Gottes zu entwickeln. Mit großem Nachdruck wies sie den männlichen Omnipotenz- und Allmachtswahn, der sich im überkommenen Gottesbegriff spiegele, zurück und legte den Akzent auf eine als Anthropologie verstandene Nachfolge-Christologie (vgl. Stellvertretung, 1965). Der Gedanke an ein alles diesseitige Leid aufhebendes himmlisches Wesen wird verneint. An seine Stelle tritt das unbedingte Ja zu einem Leben, das «ohne metaphysischen Vorteil vor den Nicht-Christen» auskommen könne, in dem aber «trotzdem an der Sache Jesu in der Welt festgehalten wird» (Atheistisch an Gott glauben, 1968, 79). Als Stellvertreter halte Christus in dieser Welt den Platz Gottes, der abwesend sei, für ihn offen.

Ein theologischer Satz muss notwendig immer auch ein politischer Sein – so die Grundbotschaft von Dorothee Sölle. Sie versuchte damit, eine Antwort auf die Frage zu geben, ob es nach dem Holocaust überhaupt noch möglich sei, einen christlichen Gottesbegriff aufrechtzuerhalten. Für Sölle funktionierte dies nur mit Hilfe eines radikalen Perspektivenwechsels, nur mit dem konsequenten Bezug der Heilsbotschaft auf das Diesseits als Antwort auf Not, Gefährdung und Leid des Menschen in Krieg, Totalitarismus und kapitalistisch-ignorantem Materialismus. Stets waren ihre Überlegungen durch einen globalen Zuschnitt bestimmt, durch die Artikulation der Ansprüche Entrechteter, die sich nicht selbst zur Wehr setzen konnten. Die Armen der Welt seien es, von denen die erlösende Freiheitsbotschaft neu gelernt werden müsse. In der Öffentlichkeit wurden Sölles Positionen in das linksradikale Spektrum eingeordnet, viele standen ihr mit großer Skepsis gegenüber. Nach der Wiedervereinigung versuchte sie, sich konstruktiv der PDS anzunähern, und unterstützte den Brandenburgischen Ministerpräsidenten Manfred Stolpe, als er sich gegen die Anwürfe im Kontext seiner Kontakte mit der Staatssicherheit zur Wehr setzen musste. Die Kritik an den Zerstörungskräften des Kapitalismus nahm für Sölle an Bedeutung noch zu, weil ihrer Meinung nach mit dem Scheitern sozialistisch-kommunistischer Systeme der Konkurrent abhanden gekommen sei. Es gebe deshalb für die kapitalistischen Weltakteure gar keine Veranlassung mehr, einen Anschein von Menschlichkeit zur Schau zu stellen.

1997 veröffentlichte sie ihr Hauptwerk «Mystik und Widerstand. ‹Du stilles Geschrei›». Darin wird deutlich akzentuierter als zuvor die mystische Präsenz Gottes betont und die Notwendigkeit zur «Resistenz» im Hinblick auf eine zwingend notwendige neue Befreiungstheologie postuliert. Weder wissenschaftliche Theologie noch Kirche hätten sie angetrieben, das religiöse Feld zu bearbeiten, sondern die «Gottesliebe», und es sei gerade die «Verrücktheit der Liebe, von der die Mystiker leben» (ebd., 16). Den Mystik-Begriff versteht Dorothee Sölle ganz in der Konsequenz ihrer bisherigen Überlegungen nicht als einfache Versenkung in die weltabgewandten Innenwelten der Gotteserfahrung, sondern vielmehr als Kraftreservoir für eine politisch-praxisorientierte Realisierung. Diese lebt vom Widerstandsgedanken, in dem «die Erinnerung an den europäischen Widerstand gegen Nationalsozialismus und Militarismus, gegen Stalinismus und Menschenrechtsverletzungen im real sozialistischen Machtbereich» (ebd., 19) enthalten ist. Die mittelalterliche Metapher «stilles Geschrei» begreift Sölle als mystischen Namen für Gott, sie sei ein Ausdruck dafür, dass nicht Herrschaft und Befehl seine Macht begründeten: «Es ist ein Name, den alle brauchen können, die das unter uns oft unhörbare ‹stille Geschrei› vermissen. Daß wir alle lernen, es im Grunde der Welt zu hören, dazu helfe uns der, der auch in uns schreit» (ebd., 21).

Dorothee Sölles Werk ist nicht nur durch das kreative Ineinander von Theologie, Philosophie, Ethik und politischer Theorie bestimmt, sondern erhält eine besondere Anziehungskraft aufgrund der literarischen Qualität und Eingängigkeit der Sprache. Mit sicherem Blick beherrschte Sölle – ab 1971 Mitglied des P. E. N.-Zentrums Deutschland (Bundesrepublik) und Autorin mehrerer Gedichtbände (Die revolutionäre Geduld, 1974; Zivil und Ungehorsam, 1990) – die Welten metaphorischen Ausdrucks und konnte auf diese Weise ihr Lesepublikum in den Bann ziehen. 1987 etwa veröffentlichte sie einen Sammelband mit einer Reihe kleinerer politisch-theologischer Texte, dem sie den Titel «Das Fenster der Verwundbarkeit» gab. Diese Formulierung hatte sie den US-amerikanischen Nachrüstungsdebatten entnommen, in denen «window of vulnerability» eine Lücke des Verteidigungssystems bezeichnete, die sich der Gegner zu Nutze machen konnte. Sölle verknüpfte damit die Einsicht, dass die Humanität des Menschen eben dadurch gekennzeichnet sei, dass ein solches Fenster existiere und gerade nicht geschlossen werden dürfe. Es sei die Voraussetzung für Frieden – eine Logik, die sich militärischer Eigengesetzlichkeit entziehe, ja von einem Staat, «der die Unverwundbarkeit als ‹Sicherheit› zum Idol erhebt», ignoriert werde. Demgegenüber sei auf die Verwundbarkeit Gottes zu verweisen, die sich in Christus als frei von Gewalt gezeigt habe. «Christus», so Sölles Credo, «ist die Wunde Gottes in der Welt. Darum brauchen wir ein Fenster der Verwundbarkeit, wenn wir in einer inneren Beziehung zu Christus leben wollen» (Fenster der Verwundbarkeit, 1987, 9).

Es war Søren Kierkegaard, der Sölle einst für die Theologie begeisterte. Sie war von dem Gedanken fasziniert, dass es im Glauben möglich sein könne, die lähmende Angst zu überwinden und sich für die Freiheit zu entscheiden. Dies kommt für Sölle einer Überwindung des Todes in dieser Welt gleich: «Wenn der Tod hinter uns ist, das heißt die Angst vor dem Tode und die Sucht nach dem Toten, so liegt die Liebe, in die wir hineinwachsen, vor uns» (Wählt das Leben, 1980, 129). Dorothee Sölle starb im April 2003.

28. Johannes Paul II.: Die Macht der Geste

Seine erste von 104 Pastoralreisen außerhalb Italiens führte Johannes Paul II. vom 25. Januar bis zum 1. Februar 1979 in die Dominikanische Republik, nach Mexiko und auf die Bahamas, seine letzte Reise unternahm der Papst – längst zum umjubelten Medienstar emporgestiegen – am 14. und 15. August 2004 ins französische Lourdes. In das kollektive Gedächtnis eingegangen sind die Bilder, die zeigen, wie Johannes Paul II. bei seinen Reisen das Flugzeug verlässt, niederkniet und den Boden des Gastlandes küsst. Zu dieser Geste, die immer wieder unterschiedliche Reaktionen hervorrief – als peinliche Anbiederung oder als Respektbekundung verstanden wurde –, war Johannes Paul II. gegen Ende seines Lebens, geschwächt durch ein Hüftleiden und Parkinson, nicht mehr fähig.

Ein katastrophales Ereignis teilte das Leben Karol Jożef Wojtyłas in zwei Hälften: Am 13. Mai 1981 verübte Mehmet Ali Ağca, der zu rechtsextremistischen Kreisen in der Türkei gehörte, ein Attentat auf den Papst. Von drei Kugeln getroffen, überlebte Johannes Paul II. schwer verletzt; zeitlebens blieb er jedoch von den Folgen des Anschlags gezeichnet. Es konnte bis heute nicht wirklich geklärt werden, wer hinter dem Attentat stand. Vermutet wird eine umfassende Verschwörung, in die die Geheimdienste der Sowjetunion, Bulgariens und der Deutschen Demokratischen Republik eingebunden gewesen sein sollen. Ağca selbst schwieg sich aus. Der Papst verzieh ihm und besuchte den Täter im Gefängnis. Am 14. Juni 2000 wurde Ağca begnadigt und dann an die Türkei ausgeliefert, wo er wegen anderer Verbrechen erneut in Haft kam und erst am 18. Januar 2010 entlassen wurde.

Johannes Paul II. maß dem Attentat auf seine Person heilsgeschichtlichen Rang zu. Die Kugel, die ihn in den Bauch getroffen hatte, ließ er vergolden und gab sie nach Fátima, den in Portugal gelegenen Marienwallfahrtsort. In eine Krone eingelassen ziert sie jetzt die dortige Madonnen-Statue. Der Papst nahm für sich in Anspruch, unter dem besonderen Schutz der «Mutter Gottes» gestanden zu haben, da der Anschlag genau auf denjenigen Tag fiel, an dem sich in Fátima am 13. Mai 1917 die erste von insgesamt drei Marienerscheinungen ereignet hatte. Bei der letzten wurden den drei Hirtenkindern Lúcia dos Santos, Jacinta und Francisco Marto drei Geheimnisse anvertraut, die sie nicht publik machen durften. Erst am 26. Juni 2000 veröffentlichten Erzbischof Tarcisio Bertone, der damalige Sekretär der Glaubenskongregation, und Kardinal Joseph Ratzinger das dritte Geheimnis. Passagen daraus bezog der Papst dann wiederum auf das Attentat. Als er sich im Mai 1982 in Portugal aufhielt, nicht zuletzt um den Dank für seine Errettung zu bezeugen, wurde er am 12. des Monats in der Basilika von Fátima erneut Opfer eines Angriffs auf sein Leben, der allerdings halbwegs glimpflich verlief: Der Priester Joan Fernandez Krohn, ein fanatischer Anhänger des Gründers der Pius-Bruderschaft Marcel Lefebvre, ging mit einem Bajonett auf ihn los, wurde aber aufgehalten. Der Vorfall ist auf Wunsch des Papstes über 25 Jahre lang verschwiegen worden. Mit seiner Tat wollte Krohn ein Zeichen gegen die Reformergebnisse des Zweiten Vatikanischen Konzils setzen. Johannes Paul II. war ein glühender Marienverehrer. Auch die Volksfrömmigkeit und der Glaube an Wunder wurden von ihm massiv befördert, wobei seine Verankerung in der Tradition Polens, gerade im Hinblick auf Maria, eine große Rolle spielte.

Karol Jożef Wojtyła wurde am 18. Mai 1920 in der kleinen Stadt Wadowice, die 48 Kilometer südwestlich von Krakau liegt, geboren. Seine Mutter Emilia, geborene Kaczorowska, starb früh, der Sohn war erst neun Jahre alt. Der Vater, Karol Wojtyła, arbeitete als Schneider. Noch während des Schulbesuchs begann der spätere Papst leidenschaftlich Theater zu spielen. Dies setzte er fort, auch als er ab 1938 in Krakau Philosophie und ab 1939 zudem Literatur studierte. Darüber hinaus veröffentlichte er eigene Gedichte (vgl. nur: Der Gedanke ist eine seltsame Weite. Betrachtungen, Gedichte, hg. von Karl Dedecius, 1979 u. ö.). Weil er mit seinen Studienfächern nicht voll und ganz zufrieden war, wandte er sich von 1942 an auch der Theologie zu, während des Krieges zunächst im Verborgenen. Die Priesterweihe fand am 1. November 1946 statt. Im Anschluss daran ging Karol Wojtyła nach Rom, wo er an der «Päpstlichen Universität Heiliger Thomas von Aquin» (*Angelicum*) eine Dissertation zum Thema «Das Glaubensproblem in den Schriften des heiligen Johannes vom Kreuz» abschloss. Wieder in Polen habilitierte er sich 1953 mit einer Arbeit über die katholische Ethik und die Philosophie Max Schelers. Parallel zu seiner wissenschaftlichen Tätigkeit wirkte Karol Wojtyła als Kaplan. Ab 1954 lehrte er Moralphilosophie an der Katholischen Universität Lublin. 1958 wurde er Titularbischof von Ombi (Ägypten) und Weihbischof von Krakau, 1962 Kapitularvikar. Papst Paul VI. ernannte ihn 1964 schließlich zum Erzbischof. Intensiv und erfolgreich wirkte Wojtyła überdies an Verhandlungen des Zweiten Vatikanischen Konzils mit, wobei er ein besonderes Augenmerk auf Fragen der Religionsfreiheit richtete (vgl. dazu das Dokument *Dignitatis humanae*, Die Würde der menschlichen Person, 1965). Gegen viele, gerade auch politische Widerstände bemühte sich der polnische Geistliche, den Reformgeist des Vatikanums in sein Heimatland zu tragen und wirksam werden zu lassen.

Noch vor Konzilsbeginn hatte er 1960 seine ethische Abhandlung «Liebe und Verantwortung» (vgl. später auch die Schrift «Person und Tat» von 1981) veröffentlicht. In fünf Kapiteln geht Wojtyła darin, geleitet vom Begriff der «Person», den Trieben des Menschen, der Liebe, der Keuschheit, der «Gerechtigkeit gegenüber dem Schöpfer» und dem Verhältnis von Sexualwissenschaft und Ethik nach. Hier wurden die Weichen für die späteren Äußerungen des Papstes zur Sexualethik gestellt: ob zur sogenannten Pillenenzyklika Pauls VI. *Humanae vitae* (Über die rechte Ordnung der Weitergabe menschlichen Lebens) von 1968 oder zu den Bereichen Empfängnisverhütung und Schwangerschaftsabbruch, nicht zuletzt im Zusammenhang mit dem hoch umstrittenen Ausstieg kirchlicher Stellen aus der Schwangerschaftskonfliktberatung in Deutschland, der 1999 zur Gründung des Vereins *Donum Vitae* (Geschenk des Lebens) führte. Die Enzyklika *Evangelium vitae* (Über den Wert und die Unantastbarkeit des menschlichen Lebens) von 1995 hat zusammenfassenden Charakter.

Die größte Herausforderung, der sich Karol Wojtyła stellen musste, war jedoch die brisante Frage des Verhältnisses von katholischer Kirche und sozialistischem Staat. Einerseits verstand er es, durchaus vermittelnd und stabilisierend zu wirken, andererseits wuchs er, vor allem als Papst, immer mehr in die Rolle eines prinzipiellen Gegners des Kommunismus hinein, gerade auch während der Auflösungsprozesse des sowjetischen Imperiums. Eng wirkte Wojtyła, der im Juni 1967 von Paul VI. zum Kardinal geweiht wurde, mit dem Primas von Polen Stefan Kardinal Wyszyński zusammen.

Zum entscheidenden Augenblick seines Lebens wurde der 16. Oktober 1978, als er mit 58 Jahren zum Nachfolger des am 28. September verstorbenen Johannes Paul I. gewählt wurde, der sein Amt nur 33 Tage ausüben konnte. Seit dem Niederländer Hadrian VI. (Pontifikat von 1522–1523) hatte es keinen Papst mehr gegeben, der nicht aus Italien stammte. In kürzester Zeit erwarb sich Johannes Paul II. als «Reisepapst» weltweit den Respekt und die Zuneigung der Gläubigen. Der passionierte Fußballspieler und Skiläufer strahlte bis zum Attentat große dynamische Vitalität und Spannkraft aus. Mit zunehmendem

Alter wurde er für die katholische Jugend immer mehr zum Idol und schließlich auf den Weltjugendtagen zur umjubelten Glaubensikone. Dieser Erfolg war nicht nur auf seine Schauspielerqualitäten zurückzuführen, sondern hatte seine tieferen Ursachen in der besonderen Glaubwürdigkeit, die der Papst ausstrahlte. Seine moralische Rigidität und seine konservative theologische Grundhaltung faszinierten in der ihnen eigenen Konsequenz und wurden in ein den Menschen zugewandtes Wesen integriert. Als er sein Amt am 22. Oktober 1978 antrat, rief er der Menge den Wahlspruch zu: «Habt keine Angst, die Tore weit für Christus zu öffnen, fürchtet euch nicht!»

Die mit dem Pontifikat Johannes Paul II. verbundenen Themen sind vielfältig und reichen von seinem Bemühen um den jüdisch-christlichen Dialog – im März 2000 legte der Papst ein öffentliches Schuldbekenntnis ab, kam in die Holocaust-Gedenkstätte Yad Vashem und zur Klagemauer –, seinen Einsatz für eine Verständigung mit dem Islam – der Besuch der Umayyaden-Moschee in Damaskus im Jahr 2001 war symbolträchtig –, die Rehabilitation von Galilei und Kopernikus bis hin zum Kampf gegen die Schattenseiten von Kapitalismus und Globalisierung. Auch als entschiedener Kriegsgegner tat sich Johannes Paul II. konsequent hervor und tadelte etwa Präsident George W. Bush im Hinblick auf sein Vorgehen gegen den Irak. Außerdem lud er Vertreter der Weltreligionen zu Friedensgipfeln nach Assisi ein.

Einen hohen Stellenwert hatten für Johannes Paul II. die Sozialenzykliken (vgl. *Laborem exercens*, Über die menschliche Arbeit, 1981; *Sollicitudo rei socialis*, Die soziale Sorge der Kirche, 1987; *Centesimus annus*, Zum hundertsten Jahrestag von *Rerum novarum* [Geist der Neuerung], 1991), aber auch theologisch-philosophische Grundsatzüberlegungen, wie sie in der Enzyklika *Fides et ratio* (Glaube und Vernunft, 1998) zum Ausdruck kommen. Kompromisslos zeigte sich der Papst im Hinblick auf den Zölibat und die Öffnung der Amtsstrukturen für Frauen. Demokratisierungswünsche innerhalb der Kirche wies er mit Nachdruck zurück. Und ersten Erfolgen in der Ökumene, wie der «Gemeinsamen Erklärung zur Rechtfertigungslehre» von 1999, ließ er – nicht zuletzt im Verbund mit seinem späteren Amtsnachfolger, dem Präfekten der Glaubenskongregation Joseph Ratzinger – rückwärtsgewandte Korrekturen wie die Erklärung *Dominus Iesus* (2000), in der der kirchliche Monopolanspruch des Katholizismus unterstrichen wird, oder die Enzyklika *Ecclesia de eucharistia* (Über die Eucharistie in ihrer Beziehung zur Kirche, 2003) folgen, in der die Abendmahlsgemeinschaft mit den Protestanten erneut abgelehnt wurde. In den ökumenischen Debatten kristallisierte sich die Amtsfrage als entscheidender Differenzpunkt zwischen Katholizismus und Protestantismus heraus. Die wechselseitige Anerkennung der Ämter und ihres Charakters ist umstritten. Dies gilt neben der protestantischen Infragestellung der besonderen Wesensdignität von Priestertum und Kirche insbesondere für die Institution des Papstamtes mit seiner Rückführung auf die Einsetzung Petri sowie der Beanspruchung von Unfehlbarkeit und oberster Jurisdiktionsgewalt.

Nach langem Leiden, an dem die Weltöffentlichkeit multimedial teilnahm, starb Johannes Paul II. am 2. April 2005. Als er noch einmal den Ostersegen *Urbi et Orbi* austeilen wollte, versagte seine Stimme. Die Kraft der Bilder wurde durch diese Sprachlosigkeit des Papstes ins nahezu Absurde verstärkt. Auf seinen Wunsch hin wurde darauf verzichtet, ihn noch einmal ins Krankenhaus einzuliefern, es unterblieben Intensivmedizin und damit lebensverlängernde Maßnahmen. Das Ereignis des Todes von Johannes Paul II. kommunizierte, beinahe schon losgelöst vom eigentlichen Protagonisten, eine Position in den drängenden Debatten zum Verhältnis von Autonomie des Einzelnen, moralischem Deutungs- und Gestaltungsanspruch der Institution Kirche und der Hoffnung auf ein menschenwürdiges Ende, das schon im Mittelalter als «Kunst des Sterbens», als *ars moriendi*, erfasst wurde.

Am 1. Mai 2011 wurde Johannes Paul II. selig gesprochen. Bereits unmittelbar nach seinem Tod waren enthusiastische *santo subito*-Rufe (sofort heilig) laut geworden. Die außergewöhnliche Geschwindigkeit, mit der die Seligsprechung erfolgte, löste vielerorts Irritationen aus. Kritiker hielten Johannes Paul II. etwa ein Versagen gegenüber der lateinamerikanischen Befreiungstheologie vor. Auch zweifeln nicht nur Protestanten daran, ob der Papst wirklich das für seine Seligsprechung notwendige Wunder bewirken konnte. Mit großem Aufwand inszenierte sich im Rahmen der Feierlichkeiten die römisch-katholische Kirche selbst und zeigte die für jede Institution so wichtige Außenseite, mit der ein Anspruch dokumentiert wird, der alles Individuelle übersteigt.

Dank

Die «Sternstunden der Theologie» nahm Wolfgang Beck großzügig in sein Verlagsprogramm auf, Ulrich Nolte begleitete die Entstehungsphasen des Buches engagiert und konstruktiv, Sabine Höllmann lektorierte des Manuskript sachkundig – ihnen danke ich sehr herzlich.

München, im Sommer 2011 *Alf Christophersen*

Literaturhinweise

1. Paulus

Jürgen Becker, Paulus. Der Apostel der Völker, 2. Aufl., 1992; Rudolf Bultmann, Theologie des Neuen Testaments, 9. Aufl., 1984; Christian Dietzfelbinger, Die Berufung des Paulus als Ursprung seiner Theologie, 2. Aufl., 1989; Ferdinand Hahn, Theologie des Neuen Testaments, 2 Bde., 3. Aufl., 2011; Andreas Lindemann, Paulus, Apostel und Lehrer der Kirche, 1999; Udo Schnelle, Paulus. Leben und Denken, 2003; Michael Wolter, Paulus. Ein Grundriss seiner Theologie, 2011.

2. Marcion

Jörg Frey, Marcion, in: Friedrich Wilhelm Graf (Hg.), Klassiker der Theologie, Bd. 1, 2005, 11–27; Adolf Harnack, Marcion. Der moderne Gläubige des 2. Jahrhunderts, der erste Reformator. Die Dorpater Preisschrift (1870), hg. von Friedemann Steck, 2003; ders., Marcion. Das Evangelium vom fremden Gott, 2. Aufl., 1924, unver. Nachdruck 1996; Gerhard May, Markion. Gesammelte Aufsätze, 2005; ders., Art. Markion/Markioniten, in: Religion in Geschichte und Gegenwart, 4. Aufl., Bd. 5, 2002, 834–836; ders./Katharina Greschat (Hg.), Marcion und seine kirchengeschichtliche Wirkung, 2002.

3. Origenes

Origenes, Vier Bücher von den Prinzipien [gr./lat./dt.], hg. von Herwig Görgemanns und Heinrich Karpp, 3. Aufl., 1992. – Eusebius von Caesarea, Kirchengeschichte, hg. von Heinrich Kraft, 1967; Hans Freiherr von Campenhausen, Origenes, in: ders., Griechische Kirchenväter, 7. Aufl., 1986, 43–60; Christoph Markschies, Origenes und sein Erbe. Gesammelte Studien, 2007.

4. Augustinus

Augustinus, *Confessiones* – Bekenntnisse. Lat. und dt., eingeleitet, übersetzt und erläutert von Joseph Bernhart, 4. Aufl., 1980; Logik des Schreckens. Augustinus von Hippo, *De diversis quaestionibus ad Simplicianum I 2*, dt. Erstübersetzung von Walter Schäfer, hg. und erklärt von Kurt Flasch, 2. Aufl., 1995. – Hans Freiherr von Campenhausen, Augustin, in: ders., Lateinische Kirchenväter, 6. Aufl., 1986, 151–222; Roland Kany, Augustin, in: Friedrich Wilhelm Graf (Hg.), Klassiker der Theologie, Bd. 1, 2005, 79–98.

5. Anselm von Canterbury
Anselm von Canterbury, *Monologion*, lat.-dt. Ausgabe von P. Franciscus Salesius Schmitt OSB, 1964; ders., *Proslogion*, lat.-dt. Ausgabe von F. S. Schmitt, 2. Aufl., 1984; ders., *Cur Deus homo*, lat.-dt. Ausgabe von F. S. Schmitt, 3. Aufl., 1960. – Karl Barth, *Fides quaerens intellectum*. Anselms Beweis der Existenz Gottes im Zusammenhang seines theologischen Programms (1931), hg. von Ingolf U. Dalferth und Eberhard Jüngel, 3. Aufl., 2002; Jan Rohls, Theologie und Metaphysik, 1988; Joachim Ringleben, Erfahrung Gottes im Denken, 2001.

6. Hildegard von Bingen
Das Leben der heiligen Hildegard berichtet von den Mönchen Gottfried und Theoderich. Aus dem Lat. übers. und kommentiert von Adelgundis Führkötter, 3. Aufl., 1980; Hildegard von Bingen, Briefwechsel, hg. von A. Führkötter, 1965. – Rainer Berndt (Hg.), «Im Angesicht Gottes suche der Mensch sich selbst». Hildegard von Bingen, 2001; Elisabeth Gössmann, Hildegard von Bingen. Versuche einer Annäherung, 1995; Alfred Haverkamp (Hg.), Hildegard von Bingen in ihrem historischen Umfeld, 2000; Udo Kern, Art. Hildegard von Bingen, in: Theologische Realenzyklopädie, Bd. 15, 1986, 322–326; Marianne Richert Pfau u. a. (Hg.), Hildegard von Bingen. Der Klang des Himmels, 2005.

7. Franz von Assisi
Kajetan Esser OFM, Die Opuscula des Hl. Franziskus von Assisi. Neue textkritische Edition, 1976; Lothar Hardick/Engelbert Grau (Hg.), Die Schriften des heiligen Franziskus von Assisi, 8. Aufl., 2001; Engelbert Grau/Marianne Schlosser, Leben und Schriften der heiligen Klara von Assisi, 8. Aufl., 2001. – Helmut Feld, Franziskus von Assisi, 2. Aufl., 2007; Werner Goez, Art. Franciscus von Assisi, in: Theologische Realenzyklopädie, Bd. 11, 1983, 299–307; Paul Sabatier, Leben des Heiligen Franz von Assisi, 1895; Oktavian Schmucki, Art. Franziskus von Assisi, in: Religion in Geschichte und Gegenwart, 4. Aufl., Bd. 3, 2000, 250–254.

8. Thomas von Aquin
Thomas von Aquino, Summe der Theologie, 3 Bde., zusammengefasst, eingeleitet und erläutert von Joseph Bernhart, 3. Aufl., 1985. – Otto Hermann Pesch, Art. Thomas von Aquin/Thomismus/Neuthomismus, in: Theologische Realenzyklopädie Bd. 33, 2002, 433–474; ders., Scholastik – Gottesdienst des Denkens, in: *Veritas et communio* (FS U. Kühn), hg. von Heiko Franks, 1992, 187–202; Notger Slenczka, Thomas von Aquin, in: Friedrich Wilhelm Graf (Hg.), Klassiker der Theologie, Bd. 1, 2005, 126–144.

9. Nikolaus von Kues
Nikolaus von Kues, *De docta ignorantia.* Liber Primus/Die belehrte Unwissenheit. Buch I, lat.-dt., hg. von Paul Wilpert und Hans Gerhard Senger, 4. Aufl., 1994; ders., *De beryllo*/Über den Beryll, lat.-dt., hg. von Karl Bormann, 1987. – Kurt Flasch, Nicolaus Cusanus, 3. Aufl., 2007; Karl-Hermann Kandler, Nikolaus von Kues. Denker zwischen Mittelalter und Neuzeit, 2. Aufl., 1997.

10. Martin Luther
Martin Luther, Weimarer Ausgabe [WA; Werke in vier Reihen: Schriften, Briefwechsel, Deutsche Bibel und Tischreden, 95 Bde. und Registerbde.], 1883 ff.; ders., *Disputatio de homine*, in: Gerhard Ebeling, *Disputatio de homine*, 1. Teil, 1977, 14–26. – Paul Althaus, Die Theologie M. Luthers, 7. Aufl., 1994; Albrecht Beutel (Hg.), Luther-Handbuch, 2. Aufl., 2010; Thomas Kaufmann, M. Luther, 2. Aufl., 2010; ders., Geschichte der Reformation, 2009; Volker Leppin, M. Luther, 2. Aufl., 2010; Bernhard Lohse, Luthers Theologie in ihrer historischen Entwicklung und in ihrem systematischen Zusammenhang, 1995; Reinhard Schwarz, Luther, 3. Aufl., 2004.

11. Johannes Calvin
Johannes Calvin, Unterricht in der christlichen Religion (*Institutio Christianae religionis*). Nach der letzten Ausgabe von 1559 übers. und bearb. von Otto Weber, neu hg. von Matthias Freudenberg, 2. Aufl., 2009. – Brian A. Gerrish, Art. Calvin, Johannes und Art. Calvinismus, in: Religion in Geschichte und Gegenwart, 4. Aufl., Bd. 2, 1999, 16–38; Friedrich Wilhelm Graf, Der Protestantismus. Geschichte und Gegenwart, 2. Aufl., 2010; Willem Nijenhuis, Art. Calvin, Johannes, in: Theologische Realenzyklopädie, Bd. 7, 1981, 568–592; Christoph Strohm, Johannes Calvin, in: Friedrich Wilhelm Graf (Hg.), Klassiker der Theologie, Bd. 1, 2005, 255–266; Max Weber. Die protestantische Ethik und der Geist des Kapitalismus. Vollständige Ausgabe, hg. und eingeleitet von Dirk Kaesler, 2004.

12. Paul Gerhardt
Christian Bunners, Paul Gerhardt. Weg – Werk – Wirkung, 2007; Arnold Niemann, Paul Gerhardt ohne Legende. Untersuchungen zum gesellschaftlichen Umfeld P. Gerhardts, 2009; Dorothea Wendebourg (Hg.), Paul Gerhardt – Dichtung, Theologie, Musik, 2008.

13. Blaise Pascal
Blaise Pascal, Briefe in die Provinz (Les Provinciales). Die Schriften der Pfarrer von Paris (Les Écrits des Curés de Paris), übers., eingel. und kommentiert von Karl August Ott, 1990; ders., Über die Religion und über einige andere Gegenstände (Pensées), hg. von Ewald Wasmuth, 8. Aufl., 1978;

ders., Kleine Schriften zur Religion und Philosophie, übers. von Ulrich Kunzmann. Mit einer Einleitung und Anm. hg. von Albert Raffelt, 2005. – Jacques Attali, Blaise Pascal. Biographie eines Genies, 2. Aufl., 2007; Hanno Helbing (Hg.), Port-Royal. Zeugnisse einer Tragödie, 2004; Wilhelm Schmidt-Biggemann, Blaise Pascal, 1999.

14. Nikolaus Ludwig von Zinzendorf

Nikolaus Ludwig von Zinzendorf, Hauptschriften, 6 Bde. mit 15 Material- und Dokumentenbänden, hg. von Erich Beyreuther u. a., 1962 ff. – Dietrich Meyer, Zinzendorf und die Herrnhuter Brüdergemeine. 1700–2000, 2000; Albrecht Ritschl, Geschichte des Pietismus, Bd. 3/2, 1886, 193–459; August Gottlieb Spangenberg, Leben des Herrn N. L. von Zinzendorf, 8 Bde. in 4 Bdn., 1971 (Original: 1771–1774); Karl August Varnhagen von Ense, Das Leben des Grafen von Zinzendorf, 1830; Johannes Wallmann, Der Pietismus, 2005.

15. Johann Gottfried Herder

Johann Gottfried Herder, Sämtliche Werke, hg. von Bernhard Suphan, 33 Bde., 1877–1913. – Martin Bollacher (Hg.), J. G. Herder. Geschichte und Kultur, 1994; Eilert Herms, Art. Herder, J. G., in: Theologische Realenzyklopädie, Bd. 15, 1986, 70–95; Martin Keßler, J. G. Herder – der Theologe unter den Klassikern, 2 Bde., 2007; ders./Volker Leppin (Hg.), J. G. Herder. Aspekte seines Lebenswerks, 2005; Harald Schnur, Schleiermachers Hermeneutik und ihre Vorgeschichte im 18. Jahrhundert. Studien zur Bibelauslegung, zu Hamann, Herder und F. Schlegel, 1994.

16. Friedrich Schleiermacher

Wilhelm Dilthey, Leben Schleiermachers, 2 Bde., hg. von Martin Redeker, Nachdruck der 3. Aufl. von 1970, 1991; Hermann Fischer, F. D. E. Schleiermacher, 2001; Kurt Nowak, Schleiermacher. Leben, Werk und Wirkung, 2001.

17. Ferdinand Christian Baur

Ausgewählte Werke, 6 Bde., hg. von Klaus Scholder, 5 Bde., 1963–1975. – Friedrich Wilhelm Graf, F. Chr. Baur, in: Heinrich Fries/Georg Kretschmar (Hg.), Klassiker der Theologie, Bd. 2, 1983, 89–110, 411–414, 443–447; Horton Harris, The Tübingen School, 1975; Ulrich Köpf (Hg.), Historisch-kritische Geschichtsbetrachtung. F. Chr. Baur und seine Schüler, 1994.

18. Søren Kierkegaard

Søren Kierkegaard, Der Augenblick (GW 34), übers. von Hayo Gerdes, 1959; ders., Der Begriff Angst (GW 11; 12), übers. von Emanuel Hirsch, 1965; ders., Entweder/Oder (GW 2; 3), 2. Bde., übers. von Emanuel Hirsch,

1957; ders., Furcht und Zittern (GW 4), übers. von Emanuel Hirsch, 1950; ders., Die Krankheit zum Tode (GW 24; 25), übers. von Emanuel Hirsch, 1957; ders., Philosophische Brocken. *De omnibus dubitandum est* (GW 10), übers. von Hayo Gerdes, 1967; ders., Journale und Aufzeichnungen. Journale AA-DD (Deutsche Søren Kierkegaard Edition, Bd. 1), hg. von Hermann Deuser und Richard Purkarthofer, 2005. – Joakim Garff, SAK, Søren Aabye Kierkegaard, 2004 (dän. Original 2000).

19. Adolf von Harnack
Adolf von Harnack, Das Wesen des Christentums, hg. von Claus-Dieter Osthövener, 2005; ders., Reden und Aufsätze, 7 Bde., 1903–1930; ders., Marcion. Das Evangelium vom fremden Gott, 2. Aufl., 1924. – Kurt Nowak (Hg.), A. v. Harnack als Zeitgenosse. Reden und Schriften aus den Jahren des Kaiserreichs und der Weimarer Republik, 2 Bde., 1996; ders. u. a. (Hg.), A. v. Harnack. Christentum, Wissenschaft und Gesellschaft, 2003; Ernst Troeltsch, Was heißt «Wesen des Christentums»? (1903), in: ders., Zur religiösen Lage, Religionsphilosophie und Ethik (GS 2), 1922, 386–451.

20. Teilhard de Chardin
Teilhard de Chardin, Werke, 10 Bde., 1962 ff.; ders., Der Mensch im Kosmos (Le Phénomène Humain, 1955), 1959 u. ö.; ders., Die Entstehung des Menschen (Le Groupe Zoologique Humain, 1950), 1961. – Karl Löwith, P. Teilhard de Chardin, in: Karl Schmitz-Moormann (Hg.), Teilhard de Chardin in der Diskussion, 1986, 308–332.

21. Rudolf Bultmann
Rudolf Bultmann, Glauben und Verstehen [GuV], 4 Bde., 1933, 1952, 1960, 1965; ders., Neues Testament und Mythologie. Das Problem der Entmythologisierung der neutestamentlichen Verkündigung. Nachdruck der 1941 erschienenen Fassung, hg. von Eberhard Jüngel, 3. Aufl., 1988; ders., Theologie als Kritik. Ausgewählte Rezensionen und Forschungsberichte, hg. von Matthias Dreher und Klaus W. Müller, 2002; ders./Martin Heidegger, Briefwechsel. 1925–1975, hg. von Andreas Großmann und Christof Landmesser, 2009. – Alf Christophersen, R. Bultmann und Paul Tillich, in: Friedrich Wilhelm Graf (Hg.), Klassiker der Theologie, Bd. 2, 2005, 190–222; Martin Evang, R. Bultmann in seiner Frühzeit, 1988; Konrad Hammann, R. Bultmann. Eine Biographie, 2. Aufl., 2009.

22. Romano Guardini
Romano Guardini, Werke, hg. von Franz Henrich und Florian Schuller, 1986 ff.; ders., Ethik. Vorlesungen an der Universität München (1950–1962), 2 Bde., hg. von Hans Mercker, 1993. – Hans Urs von Balthasar, R. Guardini, 2. Aufl., 1995; Hanna-Barbara Gerl-Falkovitz, R. Guardini, veränderte

Neuausgabe 2005. Alfons Knoll, Glaube und Kultur bei R. Guardini, 1994.

23. Karl Barth
Karl Barth, Die kirchliche Dogmatik [KD], 9 Bde. (in 13 Teilbd.), 1932–1967 (1970 Registerbd.). – Eberhard Busch, K. Barths Lebenslauf. Nach seinen Briefen und autobiographischen Texten, 1975; Friedrich Wilhelm Graf, Der heilige Zeitgeist. Studien zur Ideengeschichte der protestantischen Theologie in der Weimarer Republik, 2011, bes. 1–137, 381–459; Stefan Holtmann, K. Barth als Theologe der Neuzeit. Studien zur kritischen Deutung seiner Theologie, 2007; Eberhard Jüngel, Barth-Studien, 1982; Trutz Rendtorff (Hg.), Die Realisierung der Freiheit. Beiträge zur Kritik der Theologie Karl Barths, 1975; ders., Theologie in der Moderne, 1991.

24. Paul Tillich
Paul Tillich, Gesammelte Werke, Bde. 1–14, 1959–1975 [GW]; Ergänzungs- und Nachlaßbände 1 ff., Stuttgart 1971 ff. [GWE]; Main Works/Hauptwerke, Bde. 1–6, 1987–1998 [MW/HW]. – Alf Christophersen, Rudolf Bultmann und P. Tillich, in: Friedrich Wilhelm Graf (Hg.), Klassiker der Theologie, Bd. 2, 2005, 190–222; Friedrich Wilhelm Graf, Der heilige Zeitgeist. Studien zur Ideengeschichte der protestantischen Theologie in der Weimarer Republik, 2011, bes. 1–137, 343–380; Wilhelm und Marion Pauck, P. Tillich. Sein Leben und Denken, Bd. I: Leben, 1978; Carl Heinz Ratschow, Einführung: P. Tillich, Ein biographisches Bild seiner Gedanken, in: Tillich-Auswahl, Bd. 1, hg. von Manfred Baumotte, 1980, 11–104.

25. Karl Rahner
Karl Rahner, Schriften zur Theologie, 16 Bde., 1954–1984; Sämtliche Werke, angelegt auf 32 Bde., noch unabgeschlossen, 1996 ff. – Karl Heinz Neufeld, Die Brüder Rahner. Eine Biographie, 2. Aufl., 2004; Roman A. Siebenrock, K. Rahner, in: Friedrich Wilhelm Graf (Hg.), Klassiker der Theologie, Bd. 2, 2005, 289–310; Herbert Vorgrimler, K. Rahner. Gotteserfahrung in Leben und Denken, 2004.

26. Martin Luther King
Martin Luther King, Stride Toward Freedom. The Montgomery Story, 1958 (dt. 1964: Freiheit! Der Aufbruch der Neger Nordamerikas; hier zitiert nach der Taschenbuchausgabe 1968); ders., Strength to Love, 1963 (dt. 1964: Kraft zum Lieben); Why We Can't Wait, 1963 (dt. 1964: Warum wir nicht warten können); Where Do We Go From There: Chaos or Community? 1967 (dt. 1968: Wohin führt unser Weg?); Testament der Hoffnung. Letzte Reden, Aufsätze und Predigten, eingel. und übers. von Heinrich W. Grosse, 1974; Clayborne Carson u. a. (Hg.), The Papers of M. L. K., 6 Bde., 1992–

2007. – Richard Crouter, Reinhold Niebuhr: On Politics, Religion, and Christian Faith, 2010; Tobias Dietrich, M. L. King, 2008; David J. Garrow, Bearing the Cross. M. L. King and the Southern Christian Leadership Conference, 1986 [ausgezeichnet mit dem Pulitzer Prize for Biography]; Heinrich W. Grosse, Die Macht der Armen, 1971.

27. Dorothee Sölle
Dorothee Sölle, Werke, 12 Bde., 2006 ff. (noch unabgeschlossen). – Peter Cornehl, D. Sölle, das «Politische Nachtgebet» und die Folgen, in: Siegfried Hermle u. a. (Hg.), Umbrüche, 2007, 265–284; Hermann Fischer, Protestantische Theologie im 20. Jahrhundert, 2002; Helga Kuhlmann (Hg.), Eher eine Kunst als eine Wissenschaft. Resonanzen der Theologie D. Sölles, 2007; Renate Wind, D. Sölle. Rebellin und Mystikerin. Die Biografie, 2008.

28. Johannes Paul II.
Johannes Paul II., Geschenk und Geheimnis: zum 50. Jahr meiner Priesterweihe, 1997; ders., Auf, lasst uns gehen! Erinnerungen und Gedanken, 2004; ders., Erinnerung und Identität. Gespräche an der Schwelle zwischen den Jahrtausenden, 2005. – Stefan Samerski, Johannes Paul II., 2008; Hubert Wolf, Johannes Paul II., in: Alf Christophersen/Friedemann Voigt (Hg.), Religionsstifter der Moderne. Von Karl Marx bis zu Johannes Paul II., 2009, 257–268, 308 f.

Personenregister

In das Register wurden diejenigen Personen aufgenommen, die im Haupttext eine besondere Rolle spielen.